Workshop Management of Modern Company

现代企业车间管理（第二版）

曹英耀　李志坚　曹　署／编著

中山大学出版社
SUN YAT-SEN UNIVERSITY PRESS

·广州·

版权所有　翻印必究

图书在版编目(CIP)数据

现代企业车间管理/曹英耀，李志坚，曹曙编著．—2版．—广州：中山大学出版社，2016.8

ISBN 978-7-306-05769-3

Ⅰ．现…　Ⅱ．①曹…②李…③曹…　Ⅲ．车间管理—高等职业教育—教材　Ⅳ．F406.6

中国版本图书馆 CIP 数据核字（2016）第 180056 号

XianDai QiYe CheJian GuanLi

出 版 人：	徐　劲
策划编辑：	周建华
责任编辑：	周建华
封面设计：	曾　斌
责任校对：	杨承勇
责任技编：	黄少伟
电　　话：	编辑部电话（020）84111996，84111997，84110779，84113349
	发行部电话（020）84111998，84111981，84111160
地　　址：	广州市新港西路135号
邮　　编：	510275　　传　真：（020）84036565
网　　址：	http://www.zsup.com.cn　E-mail: zdcbs@mail.sysu.edu.cn
印 刷 者：	广州市怡升印刷有限公司
规　　格：	787mm×960mm　1/16　15.75 印张　364 千字
版次印次：	2007 年 6 月第 1 版　2016 年 8 月第 2 版　2016 年 8 月第 7 次印刷
定　　价：	30.00 元

如发现本书因印装质量问题影响阅读，请与出版社发行部联系调换

内容简介

本书作为车间管理内容独立成书的尝试，集中概括了现代企业车间管理的组织、职能、任务和内容，具体阐述了车间领导班子建设、班组建设与民主管理、劳动与职工管理、生产作业管理、物料管理、设备和工具管理、生产现场管理和清洁生产、安全生产、经济核算和经济责任制、思想政治工作与企业文化建设等基本知识和技能，内容齐全，知识丰富，通俗易懂，实用性和操作性强。

本书可用作大学本科、专科及高职高专培养企业基层管理人才的基本教材，也可用作企业在职基层管理干部的培训教材，并适合企业车间在职人员作为自学用书。

二版前言

本教材自2007年出版发行以来，受到众多企业和一些高校欢迎，不少企业将它作为厂内办班培训中基层管理人员的教材，获得社会的好评，几年间多次重印。"车间管理"教材从无到有，出版后被广为采用，还成为一本热门教材，说明此类应用型较强的教材确为社会所需要。作为本书的主要作者，自然感到十分欣慰。

这次修订第二版，听取了一些读者的意见以及培训教学的需要，主要增加了流水线生产组织、车间物流管理、清洁生产基本方法、文明生产、企业文化落地生根、培养企业名牌员工等内容。任何一本教科书，都是在不断修改补充中走向完善的。盼望广大读者今后一如继往地不断提出意见，以作今后进一步修改之用。

曹英耀

2016年3月于广州花都

前　言

　　车间，是企业的基层生产行政管理单位，在企业里完成生产过程中若干工序或单独生产某种产品，为企业经营提供最基本的物质基础，是企业组织结构中最为重要的生产环节。车间由若干个工段、生产班组和一定数量的生产工人组成。企业的经营决策，要通过车间具体落实到全体员工中去贯彻实施；企业用以对外经营的产品，要通过车间具体组织生产工人去制造完成；企业的经济效益，要通过车间精心组织生产和管理，努力提高产品质量，大力节能降耗，降低生产成本，以获得投入产出的最大成果；企业的和谐环境，要通过车间深入细致的工作得以有效实现。可以说，无论古今中外，不分何种经济制度，所有企业都十分注重车间管理工作，都把车间管理的好坏视为企业管理好坏、经营能否成功的决定性因素和最基本条件。

　　车间管理无疑是非常重要的。但综观我国企业管理的教育和培训，一般只停留在企业整体管理的层面上，极少深入到车间管理乃至班组管理的教育和培训。这也是造成迄今为止许多工商管理、经济管理专业毕业生到企业工作不会从事实际管理操作的主要原因之一。就是在企业里，想对车间干部和班组干部进行培训，也因为找不到车间管理的系统资料而无法进行系统全面的教育。作者本人在进入大学教书之前曾在工业企业工作十几年，对此感触颇深。当时本人作为中国人民大学工业经济管理专业毕业的企业管理干部，长期从事生产管理，经常在企业生产第一线的车间、班组里工作、学习和生活，深深体会到车间管理工作的复杂、细致和重要性，也很想做点车间管理知识的培训工作。但当时无论是出版界还是工业生产企业，都根本找不到有关企业车间管理的成书或书面资料，搞学习培训只能请一些有一定实际管理经验的车间主任、班组长介绍一下车间、班组管理的切身体会，再结合实际介绍一些企业管理的一般知识。因此，编写一本车间管理的基本教材，是本人长期以来的心愿。环顾今天我国经济界和教育界，车间管理教育的成书仍然是一个空白。于是，在自己已有多年积累资料和调查研究的基础上，笔者决定着手编写车间管理的书稿。

　　处于21世纪我国市场经济蓬勃发展的新时代，编写《现代企业车间管理》一书，目的主要有两点：一是为企业培训车间管理人员提供书面教材。直至今天，我国仍然很少有关于企业车间管理的成书资料，而企业界又十分需要这方面的书面培训教材，用以培养提高车间班组管理工作人员的基本知识和能力素质。二是为高校特别是高职高专开设车间管理课程提供基本教材。进入新世纪现代化建设的中国，市场经济蓬勃发展，企业管理特别是车间管理工作是当今实业界的突出问题。一些高校为了适应实业界对实用型管理人才的需求，明智地决定开设车间管理课程，但这才发现有关车间管理的成书极少，无从寻找。这本《现代企业车间管理》或许能为这些欲开设车间管理课程的学校解决燃眉之急。本书作为企业基层组织——车间的管理教材，既有理论性，更具实践性和知识性，内容齐全，知识丰富，通俗易懂，操作性强。既可以作为大学工商管理专业及其他经济管理专业的必修或选修课教材，又可以作为工商企业办班培训车间班组管理人员的基本教材，还可以作为企业在职人员自学用书。

本书编著者曹英耀，20世纪60年代毕业于中国人民大学工业经济管理专业，先后在工业企业从事生产管理工作，在大学从事企业管理教学和系领导工作，在某市工商行政管理局当主要负责人，早几年又重返大学从事工商管理专业教学，为大学副教授、高级经济师。编著者李志坚、曹曙，于20世纪80年代大学毕业后即在工业企业从事教学和实际管理工作，有丰富的实际管理经验和理论基础，至今仍然是某国有大型企业集团的管理干部和教学人员。本书由曹英耀编写章节提纲，并具体负责编写第一、六、七、八、九、十一章，李志坚负责编写第二、三、五章，曹曙负责编写第四、十、十二章，最后由曹英耀统审修改定稿。

本书的编写得到中国人民大学商学院李占祥教授、李宝山教授和浙江大学工商学院徐金发教授的指点，得到广西玉柴机器集团的领导和广东培正学院有关领导和同志的关怀与指导；特别是机械工业出版社孔文梅同志的策划建言，使本书编写的宗旨和指导思想及内容框架更为明确，促使本书早日脱稿完成。中山大学出版社副总编、本书责任编辑周建华等同志，对本书的审核、编辑、修改、校对、出版付出了大量劳动，一丝不苟，精心斧正，纂辑成书。在此，一并表示衷心感谢。

本书编写过程中参阅了不少有关企业管理的著作和教材，从中得到许多启发和借鉴。但由于"车间管理"内容独立成书在我国还极为少有，本书作为尝试可能还有许多不足之处，甚至存在谬误，希望广大读者阅后提出宝贵意见，更祈有关专家学者予以指教和明鉴，以作今后修改完善之依据。

曹英耀
2007年3月于广州

目 录

第一章　车间管理概述 / 1

第一节　现代企业的概念及其组织形式 / 1
一、现代企业的概念 / 1
二、现代企业的一般特征 / 2
三、社会主义工业企业的基本特征 / 3
四、现代企业的分类 / 3
五、现代企业制度 / 5

第二节　车间设置的原则和布置方法 / 8
一、车间的类型及其设置原则 / 8
二、车间布置的内容和原则 / 9
三、设备布置的形式和方法 / 10
四、流水线生产组织设计 / 12

第三节　车间领导体制和管理组织 / 14
一、企业层级结构 / 14
二、车间领导体制 / 16
三、车间管理组织 / 17

第四节　车间管理的职能和基本原则 / 18
一、车间管理的性质和特点 / 18
二、车间管理的职能 / 20
三、车间管理的基本原则 / 21

第五节　车间管理的内容、任务和方法 / 22
一、车间管理的内容 / 22
二、车间管理的任务 / 23
三、车间管理的基本方法 / 24

复习思考题 / 26

第二章　车间管理基础工作 / 27

第一节　管理基础工作概述 / 27
一、管理基础工作的概念 / 27
二、管理基础工作的地位和作用 / 27
三、管理基础工作的特点 / 28

第二节　车间管理基础工作的内容 / 29
一、标准化工作 / 29
二、定额工作 / 29
三、计量工作 / 30
四、信息工作 / 30

第三节　车间规章制度建设 / 31
一、车间规章制度的种类 / 31
二、车间规章制度的制定 / 32
三、车间规章制度的贯彻执行 / 33

第四节　车间基础教育工作 / 34
一、技术业务学习 / 34
二、基本功训练 / 35
三、思想政治教育 / 38

复习思考题 / 39

第三章　车间领导班子建设 / 40

第一节　车间领导班子的选拔和组合原则 / 40
一、车间领导干部的角色扮演 / 40
二、车间领导干部的素质要求 / 41
三、车间领导班子组合的原则 / 42

第二节　车间领导的职责和权力 / 43
一、车间领导管理实务 / 43
二、车间主任的职责和权力 / 44
三、车间党支部书记的职责 / 45

四、工段长及班组长的职责 / 45
第三节　车间领导班子成员的分工和协调 / 46
　　一、车间领导班子成员的分工 / 46
　　二、车间领导班子成员协调的原则 / 47
　　三、正确处理车间党、政、工三者之间的关系 / 47
　　四、正确处理上下左右的关系 / 49
第四节　车间主任素质的培养和提高 / 52
　　一、未来车间管理的发展趋势 / 52
　　二、车间主任素质的自我提高 / 54
　　三、加强车间后备干部的培养工作 / 56
复习思考题 / 56

第四章　班组建设与民主管理 / 58
第一节　班组设置的原则和组织形式 / 58
　　一、班组设置的原则 / 58
　　二、班组的组织形式 / 58
　　三、班组的地位和作用 / 59
　　四、班组管理体制和管理原则 / 60
第二节　班组的中心任务和管理制度 / 61
　　一、班组的中心任务和主要工作 / 61
　　二、班组的职责和权利 / 62
　　三、班组管理制度 / 63
　　四、建立坚强有力的班组核心 / 64
　　五、大力加强班组建设 / 64

第三节　班组长的产生及其职责权限 / 66
　　一、班组长的定义和角色认知 / 66
　　二、班组长的选拔和产生 / 67
　　三、班组长的地位和作用 / 67
　　四、班组长的职责和权限 / 69
　　五、努力做好班组长 / 69
第四节　班组工管员的职责 / 70
　　一、工管员的类别及其职责 / 70
　　二、充分发挥工管员的作用 / 71
　　三、努力做好工管员的工作 / 71
第五节　班组民主管理 / 72
　　一、班组民主管理的组织形式 / 72
　　二、职工代表的权利和义务 / 73
　　三、职工的权利和义务 / 73
　　四、全国职工守则 / 73
复习思考题 / 74

第五章　车间劳动与职工管理 / 75
第一节　劳动管理工作研究 / 75
　　一、方法研究 / 75
　　二、时间研究 / 77
第二节　劳动定额 / 78
　　一、劳动定额的形式 / 79
　　二、工时消耗的构成 / 79
　　三、制定劳动定额的要求和方法 / 81
　　四、加强劳动定额管理 / 83
第三节　劳动定员 / 85
　　一、劳动定员的范围及要求 / 85
　　二、劳动定员的方法 / 86
　　三、劳动定员的贯彻执行 / 87
第四节　劳动组织 / 87
　　一、劳动组织的任务和内容 / 87
　　二、劳动分工与协作 / 88
　　三、车间作业组织 / 89

四、工作地组织 / 90
五、工作轮班组织 / 91
六、多机床管理和多面手组织 / 93
第五节 职工管理 / 94
一、职工管理的原则和方法 / 94
二、对青年职工的管理 / 95
三、对女职工的管理 / 95
四、对中年职工的管理 / 96
五、对老年职工的管理 / 97
六、生产骨干的选拔、使用和培养 / 97
七、培养企业名牌员工 / 100
复习思考题 / 100

第六章 车间生产作业管理 / 101
第一节 生产作业计划的任务和内容 / 101
一、生产管理的任务和内容 / 101
二、生产作业计划的任务 / 102
三、生产作业计划的内容 / 102
四、生产作业计划的特点和作用 / 103
第二节 生产作业计划的期量标准 / 104
一、期量标准的内容和作用 / 104
二、制定期量标准的原则 / 106
三、期量标准的制定方法 / 106
第三节 生产作业计划的编制 / 110
一、作业计划编制的要求和依据 / 110
二、厂部分车间作业计划的编制方法 / 111
三、车间内部生产作业计划的编制方法 / 113
四、车间生产作业排序 / 114

第四节 生产作业的执行与控制 / 118
一、生产作业的准备与执行 / 118
二、生产控制的任务和内容 / 119
三、生产控制的方法 / 120
四、生产调度工作 / 121
第五节 车间质量管理工作 / 123
一、加强质量教育 / 123
二、标准化工作 / 124
三、车间质量计划工作 / 124
四、质量信息反馈 / 125
五、车间质量责任制 / 125
六、开展QC小组活动 / 126
七、建立车间质量保证体系 / 126
复习思考题 / 128

第七章 车间物料管理 / 129
第一节 企业物资的构成和消耗定额 / 129
一、物资管理的任务和内容 / 129
二、企业物资的分类 / 130
三、物资自制与外购的选择 / 130
四、物资消耗定额的组成和依据 / 131
五、物资消耗定额的制定方法 / 131
六、物资消耗定额的管理和执行 / 132
第二节 车间物料管理工作要点 / 133
一、生产现场物料的分类 / 133
二、现场物料管理的内容 / 133
三、车间物料控制 / 135

四、车间物流管理 / 135
第三节　车间在制品管理和库房管理 / 137
　　一、车间在制品定额的制定 / 137
　　二、车间在制品管理 / 139
　　三、库存控制 / 140
　　四、仓库管理 / 142
第四节　物资和能源的节约 / 144
　　一、节能降耗的重大意义 / 144
　　二、物资和能源节约的途径 / 145
　　三、物资和能源利用管理分析 / 146
复习思考题 / 147

第八章　车间设备和工具管理 / 149
第一节　设备的选择和使用 / 149
　　一、设备管理的任务和内容 / 149
　　二、设备的选择和评价 / 150
　　三、设备的管理和使用 / 152
　　四、生产能力的核定与平衡 / 154
第二节　设备的维护和修理 / 156
　　一、设备的磨损与故障 / 156
　　二、设备的维护保养 / 157
　　三、设备的检查修理 / 157
　　四、车间班组的设备管理和维护工作 / 161
第三节　工具的分类和管理 / 162
　　一、工具的分类和编号 / 162
　　二、工具管理的性质和特点 / 163
　　三、车间工具管理的任务和内容 / 163
　　四、工具的领用和保管 / 164
　　五、工具的使用和报损 / 165
　　六、工位工具管理 / 165
　　七、班组工具管理 / 166
　　八、工具的合理使用 / 167
第四节　工具的供应和消耗 / 167
　　一、工具的供应 / 167
　　二、工具的供需平衡 / 168
　　三、工具的消耗 / 168
　　四、工具消耗定额 / 170
复习思考题 / 170

第九章　车间生产现场管理和清洁生产 / 172
第一节　生产现场管理的任务和内容 / 172
　　一、生产现场管理的特点和意义 / 172
　　二、生产现场管理的职能、任务和内容 / 174
　　三、生产现场管理体系 / 176
第二节　生产现场的标准化管理 / 178
　　一、作业程序标准化 / 178
　　二、产品生产均衡化 / 178
　　三、设备工装完好化 / 179
　　四、安全文明生产制度化 / 179
　　五、现场布置目视化 / 179
　　六、产品质量自控化 / 180
　　七、鼓舞士气多样化 / 180
第三节　生产现场现代管理方法 / 180
　　一、5S活动 / 180
　　二、定置管理 / 182
　　三、目视管理 / 183
第四节　清洁生产 / 184
　　一、清洁生产的定义和意义 / 184
　　二、清洁生产的目的和特点 / 185
　　三、清洁生产的目标和内容 / 185
　　四、清洁生产的基本方法 / 186
　　五、车间是清洁生产的前沿 / 186
复习思考题 / 187

第十章 车间安全生产 / 188
第一节 劳动保护和工业卫生 / 188
一、安全生产的概念和特点 / 188
二、劳动保护的任务和内容 / 189
三、改善劳动条件 / 189
四、劳动保护组织工作 / 190
五、工业卫生和职业病防治 / 191
第二节 安全生产技术和安全生产教育 / 191
一、安全生产技术 / 191
二、安全生产教育 / 192
三、安全生产检查 / 193
四、车间安全生产工作 / 193
五、班组安全生产工作 / 194
第三节 安全生产责任制 / 195
一、安全生产责任制的内容和要求 / 195
二、安全生产责任制的贯彻和执行 / 196
三、车间领导的安全生产责任 / 196
四、车间专（兼）职安全员的安全生产责任 / 197
五、班组工人安全员的安全生产责任 / 197
六、文明生产 / 197
第四节 安全事故处理 / 198
一、工伤死亡事故及处理 / 198
二、设备事故及处理 / 198
复习思考题 / 199

第十一章 车间经济核算和经济责任制 / 201
第一节 经济核算的意义和基础 / 201
一、经济核算的概念和特征 / 201
二、企业经济核算的重要意义 / 202
三、车间经济核算的重要性 / 202
四、班组经济核算的作用 / 202
五、经济核算的基础工作 / 203
第二节 经济核算体系 / 203
一、经济核算指标体系 / 203
二、经济核算组织体系 / 205
三、经济核算方法 / 206
第三节 经济活动分析 / 207
一、经济活动分析的内容 / 207
二、经济活动分析的组织和形式 / 208
三、经济活动分析的程序 / 208
四、经济活动分析的方法 / 209
第四节 车间成本管理 / 209
一、成本管理的意义 / 210
二、企业成本开支的范围 / 210
三、车间成本的构成 / 211
四、车间成本的核算 / 212
五、车间成本的控制 / 212
第五节 经济责任制 / 214
一、经济责任制的体系和内容 / 214
二、经济责任制的基本形式 / 216
三、企业内部经济责任制的考核标准 / 217
四、经济责任制的基础工作 / 218
复习思考题 / 219

第十二章 车间思想政治工作与企业文化建设 / 221
第一节 企业思想政治工作的任务和基本内容 / 221
一、思想政治工作的地位和作用 / 221
二、企业思想政治工作的任务 / 221
三、企业思想政治工作的基本内容 / 222

四、切实改进企业思想政治
  工作／223
第二节　企业文化与思想政治工作的
  异同／225
  一、企业文化的概念和作用／225
  二、企业文化与思想政治工作的
    相同点／225
  三、企业文化与思想政治工作的
    不同点／226
  四、企业文化与思想政治工作的
    相互作用／226
第三节　加强企业文化建设／227
  一、企业文化建设的迫切
    需要／227
  二、企业文化建设的基本
    内容／228
  三、坚持以人为本原则／230
  四、强化企业职工主体意识／231
第四节　企业文化落地生根／233
  一、企业文化的关键在执行／233
  二、软硬兼施实施文化管理／234
  三、企业文化落地生根的途径和
    措施／234
  四、车间是思想政治工作和企业
    文化管理的落脚点／235
复习思考题／236

参考文献／237

第一章 车间管理概述

现代企业是拥有现代科学技术，以社会化大生产为基础的营利性组织。企业的生产经营活动是通过其内部各生产经营机构具体展开的，其中最基本的一级生产和行政管理组织是车间。所谓车间，是指企业里完成生产过程中若干工序或单独生产某种产品的单位，由若干个工段、生产班组和一定数量的生产工人组成。一个生产性企业总有若干个车间，由这些车间实施和完成产品加工过程，为企业经营活动提供物质基础。因此，车间是企业组织结构中最为重要的生产环节和基层生产行政管理单位。

第一节 现代企业的概念及其组织形式

一、现代企业的概念

企业是经营性的从事生产、流通或服务的某种主体。"企业"一词最早源于英语中的"enterprise"，原意为企图冒险从事某项事业，后来用以指经营组织或经营实体。日本人用汉字将其意译为"企业"并传入中国。

企业主要不是法律概念，它基本上是一个经济概念。"企业"不同于"公司"等概念，公司的概念可反映出股东与债权人、债权人与债务人等社会经济活动当事人之间的某种法律关系，而企业的概念只能反映出某一主体具有经营的性质。

企业的经营性，是指它基于一定的经济目的进行筹划运作，考虑投入产出，重视经济核算，借以参与社会的经济、文化等活动。经营的目的一般是为了营利，即在企业运营中，设法获取超出所投入的资金和财物的利润或经济利益。但是经营性不等于营利性。企业可以从事营利性经营，如一般的竞争性企业；也可以从事政策性经营或公益性经营，如政府设立的水、电、公共交通等公用事业企业或控股公司、政策性银行等。同时，经营性也不等于经济性。在市场经济发达的国家和地区，企业不一定直接参与社会再生产活动，它可以追求营利目的，通过从事文化、教育、艺术、体育等活动，如设立报社、出版社、广播电视台、私立学校、演艺公司和体育俱乐部等企业来赚钱。我国在市场经济发展中，在这方面已显现出与国际惯例接轨的趋势，出现了足球俱乐部、报业集团、私立学校、营利性的演艺公司等非经济性组织。

因此，完整的企业概念，是指经营性的，以营利为目的的，从事生产、流通或服务的经济组织。

依照我国现行法律的规定，企业应当是一定的组织。《私营企业暂行条例》第二条规定，私营企业是指"企业资产属于私人所有、雇工八人以上的营利性的经济组织"。所以，是否为"雇工八人以上"的组织，就是自然人企业区别于个体工商户的重要标准或根本区别。而依国际惯例，凡经合法登记注册、拥有固定地址和相对稳定经营的组织或个人都属于企业，法律上对其雇用多少人员并无硬性要求，个体经营也是企业。在这里，企业就是一个与流动摊贩、业余制作贩卖、一次性交易等非固定、非稳定的经营行为相区别的概念。

现代工业企业是在传统工业的基础上发展起来的，由于采用的生产技术和管理手段不同，从而形成了现代企业的新概念。简要地说，现代企业是指拥有现代技术和现代管理的企业。具体地说，现代企业是指建立在现代科学技术和社会化大生产基础上，以营利为目的的，以市场为导向，自主从事生产经营活动，实行独立核算、自负盈亏，并承担一定社会责任的经济组织。

二、现代企业的一般特征

现代企业是建立在现代科学技术基础上的，具有高度分工与协作的社会化大生产单位。它具有共同的一般特征：

（1）现代企业拥有比较复杂的现代技术装备，广泛采用现代科学技术。现代企业以社会化大生产为基础，大规模地采用机器和机器体系进行生产。每个企业都拥有一套与其生产过程相适应的生产设备、动力设备、动力传导装置、起重运输机械等等。机器和机器体系的运用，使企业的生产具有高度的组织性、科学性和技术性。随着当代科学技术的迅猛发展，工业生产中科学技术的作用越来越大。系统地运用现代科学技术，不断地认识和掌握生产技术发展规律，有效地创造和使用现代技术装备和技术方法，合理地组织生产过程，大力促进生产发展，已成为现代企业的重要特征。

（2）现代企业内部劳动分工精细，协作关系严密。现代企业的生产经营过程包括一系列相互衔接、紧密联系的生产部门和环节，需要使用不同的机器设备，配备不同工种的生产技术工人、各种专业的工程技术人员和经营管理人员，这就要求企业内部实行精细的分工和严密的协作，而且要适应生产过程中机器体系运转的客观要求。只有这样，才能使生产过程中每一个人的活动都能同机器体系的运转协调一致，使生产活动顺利进行。

（3）现代企业的生产过程具有高度的比例性、连续性和适应性。现代企业采用各种机器和机器体系进行生产，生产过程各部分和各环节之间的联系，主要表现为各种机器设备之间的联系。各种机器设备和操作人员按照一定的比例配备，各种原材料和半成品按照一定的比例投入，并各自按一定的速度运转，生产才能顺利进行。同时，现代企业各生产环节、各工序之间在时间上是前后紧密衔接、不能中断的，劳动对象在整个生产过程中始终处于运动状态，保持高度的连续性。随着现代企业中的机械化和自动化水平不断地提高，以及采用流水生产线等先进的生产组织形式，对生产过程连续性的要求愈来愈高，对管理也提出了更为严格的要求。市场经济还要求现代企业必须根据市场需求变化的状况，及时地对产品进行更新换代，调整生产过程，使企业对市场需求变化具有较强的适应性。如果不具备适应市场变化的应变能力，任何企业都不能生存和发展。

（4）现代企业具有广泛的外部联系，企业之间必须信守和加强外部分工协作关系。现代企业作为社会化大生产和市场经济活动的主体，同其他企业保持着广泛的经济、技术联系，不仅企业内部要求分工协作，企业之间也要求分工协作，进行专业化生产。专业化愈发展，生产社会化程度愈高，企业同外部的联系就愈广泛、愈密切，协作愈要加强。因此，任何一个企业不能按期、按质、按量供应产品，就会影响到有关企业的生产正常进行，自己的生产也不能正常运转。加强同外部环境各方面的密切联系，搞好企业之间的分工协作，既是企业生存和发展的必要条件，又是国民经济正常运行的保证。

三、社会主义工业企业的基本特征

（1）社会主义工业企业坚持以公有制为主体、多种经济成分共同发展的基本原则。实行以生产资料社会主义公有制为主体的、多种经济成分共同发展的社会主义工业企业，有利于社会生产力的发展，更加适应处于社会主义初级阶段的中国国情，也有利于公有制经济的结构调整和效率提高，有利于适应市场经济中多种经济成分的成长。在此，我们要全面认识公有制的含义，公有制经济不仅包括国有经济和集体经济，还包括混合所有制经济中的国有成分和集体成分。公有制实现形式可以而且应当多样化。一切反映社会化生产规律的经营方式和组织形式都可以大胆利用。我们要解放思想，实事求是地努力寻找能够极大促进生产力发展的公有制实现形式，如股份制、股份合作制、职工持股制、社区共有经济组织等。我们要以邓小平理论"三个有利于"为标准，大胆探索公有制经济新的实现形式和多种经济成分共同发展的经济形式。

（2）社会主义工业企业实行各尽所能、按劳分配的原则，坚持以按劳分配为主体、多种分配方式并存的分配制度。社会主义企业的经济效益，一部分按规定向国家交纳税金，税后利润留给企业用于发展生产和各种集体福利事业；一部分以货币形态用工资和奖金的形式分给职工个人。每个职工的收入既与职工个人的劳动贡献相联系，又和企业的生产经营成果相联系。在分配制度的具体执行上，把按劳分配和按生产要素分配结合起来，坚持效率优先、兼顾公平，有利于优化资源配置，促进经济发展，保持社会稳定。

（3）社会主义工业企业的全体成员都是企业的主人，实行职工群众当家做主的民主管理制度。社会主义现代企业以社会化大生产为基础，采用先进技术设备以及生产技术和管理办法，按照法律规定和国家政策录用或聘用各类生产操作工人、工程技术人员和经营管理人员，他们都是具有平等公民权利和义务的企业员工，岗位不同，分工有别，但都是企业的主人。在社会主义企业里，贯彻以人为本的价值观念和基本原则，实行职工群众当家做主的民主管理，保障职工参加管理的民主权利。

（4）社会主义工业企业在建设物质文明的同时，要努力建设高度的社会主义精神文明。社会主义企业不仅要求出产品，满足人民日益增长的物质和文化生活需要，还要培养建设社会主义的一代新人。

四、现代企业的分类

不同类型企业的生产经营管理工作有其不同特点和规律。研究企业类型是研究企业管理的前提条件。根据不同的企业类型划分标准，企业可划分为以下不同的类型：

（1）根据生产资料所有制来划分，可将我国的企业分成国有全民所有制企业、集体所有制企业、中外合资企业、个体私有制企业等。按照这一划分标准，要求我们正确对待公有制企业和其他所有制企业。我国宪法规定，多种所有制经济是我国社会主义市场经济的重要组成部分。我们要坚持以公有制为主体、多种经济成分共同发展的原则，敢于借鉴发达资本主义国家在企业管理方面的先进经验和科学成果，并结合我国社会主义企业的优越性，建立具有中国特色的企业管理理论与管理方法。

（2）根据企业经营方式来划分，可将我国的企业分成国营企业、民营企业、合资经营企业、私营企业等。国营企业是指国有国营的企业，即生产资料归全民所有，由国家经营的企业。民营企业是指生产资料归全民所有或集体所有，由个人或集体承包、租赁而进行的经营的企业。合资经营企业一般是指中外合资共同经营的企业。私营企业是指生产资料归私人所有，由出资者自己负责经营的企业。

（3）根据企业使用的主要经营资源来划分，可将我国的企业分成劳动密集型企业、资金密集型企业、技术密集型企业、知识密集型企业等。由于企业使用的主要经营资源不同，企业管理的差别也很明显，必须根据不同类型企业的特点，制定出相应的企业管理方式和方法。

（4）根据企业生产规模来划分，可将我国的企业分成大型企业、中型企业和小型企业。衡量企业生产规模大小的主要标准是企业的生产能力、固定资产原值、机器设备数量和职工人数等，不同工业部门有其不同的分类标准。如汽车行业以年产多少万台汽车作为划分大型、中型、小型企业的标准，冶金、化工、水泥等行业以年产多少万吨产品作为划分大型、中型、小型企业的标准，而一般机械制造行业则以企业拥有固定资产原值的多少来作为划分大、中、小型企业的标准。

（5）根据企业的组织形式来划分，可将我国的企业分成工厂、总厂、公司、企业集团等。一个工厂就是一个企业，它具备企业的所有特征和基本性质，是负责全厂统一生产经营、独立核算盈亏、承担民事责任的企业单位。总厂是由若干个分厂按照一定的规则组织起来并进行统一生产经营活动的独立核算的法人单位。各个分厂不能独立对外，只对生产成本负责，是成本中心；而总厂则负责统一对外，对经营效益负责，是利润中心。公司是依照我国公司法规定的条件和程序，经国家主管机关批准注册登记设立的，以营利为目的，具有法人资格的经济组织。公司法规定在我国境内可设立有限责任公司和股份有限公司，对国家授权投资的机构或授权部门单独投资设立的有限责任公司称为国有独资公司。企业集团是指为取得规模经济效益，以骨干企业为核心，由若干具有独立经济地位的、相互之间具有一定经济技术联系的企业，实行较大规模的经济联合，组成具有多层结构的以母子公司为主体的多法人经济联合体。

（6）根据企业生产类型来划分，可将我国的企业分成大量生产、成批生产和单件生产三类企业。单件生产企业的特点是产品品种多而产量少，生产很不稳定，工作地承担的品种数和工序数很多，工作地专业化程度低。成批生产企业的特点是产品品种比较少，但每件产品都有一定的产量，可组织成批轮番生产，生产具有较大的重复性，工作地专业化程度相对提高。大量生产企业的特点是产品固定，品种少而产量大，生产重复性高，工作地专业化程度很高。一般又习惯称其为大量大批生产、成批生产和单件小批生产等各类企业。

（7）按照企业的法律地位来划分，可将我国的企业分成法人企业和自然人企业。其中，法人企业又分为公司制法人企业和非公司制法人企业；自然人企业又分为自然人独资企业和自然人合伙企业。这种划分是国际惯例对市场主体的分类方法，也是工商行政管理进行企业注册登记的依据。

五、现代企业制度

世界市场经济经过几百年的发展，逐步形成了三种基本类型的企业制度，即个人业主制、合伙制和公司制。我国改革开放从计划经济转为市场经济，虽然时间还不是很长，但也逐步形成了上述三种基本类型的企业制度，并正在向现代企业制度迈进。

所谓现代企业制度，就是现代企业的制度。"现代企业"一词首先是在20世纪80年代由美国著名的企业史学家钱德勒在考察美国企业内部生产和管理方式时提出来的。他把现代企业定义为："由一组支薪的中、高级经理人员所管理的多单位企业即可适当地称之为现代企业。"这一定义有两层内涵：一是强调现代企业应是由一组支薪的中、高级经理人员管理的企业。所谓支薪，就是说企业的中、高级经理人员是雇聘来的，因此要根据这些经理人员在经理市场上的价码来支付报酬。二是强调现代企业应是多单位企业。所谓多单位，是指福特制生产方式下的多厂制，而非单厂制企业。现代企业规模庞大，且实行多角化经营，它将许多单位置于其控制之下，在不同地点经营，通常进行不同类型的经济活动，处理不同类型的产品和服务。现代企业实行所有权与经营管理权分离，经营决策由职业经理人员来进行，并对所有权人负责。现代企业是具有独立民事权利、承担民事责任的法人组织，建立有比较完善的法人治理机构。上述含义和特征的现代企业，一般都是公司制的企业。因此说，现代企业制度也就是现代公司制度，其概念可以概括为：以完善的企业法人制度为基础、以有限责任为特征、以公司形态为代表的企业组织形式。

（一）现代企业制度的基本特征

建立现代企业制度，是发展社会化大生产和市场的必然要求，是企业改革和发展的方向。现代企业制度有以下基本特征：

（1）企业产权关系明确，企业拥有包括国家在内的各类出资者投资形成的全部法人财产权，成为享有民事权利、承担民事责任的法人实体。

（2）企业以其全部法人财产，依法自主经营，自负盈亏，照章纳税，对出资者承担资产保值增值责任；出资者按投入企业的资本额享有所有者的权益和对企业债务负有限责任。企业建有完善的法人治理机构，统一管理企业的生产经营活动。

（3）企业按照市场需求组织生产经营，并以提高劳动生产率和企业经济效益为主要目的，政府不直接干预企业的生产经营活动。企业在市场竞争中优胜劣汰，对长期亏损、资不抵债的，应依法破产。

（4）建立科学的企业领导体制和组织管理制度，调节所有者、经营者和职工之间的关系，形成激励和约束相结合的经营机制。

现代企业制度的上述特征，可以用当前我国企业改制的"十六字"方针来概括，即"产权明晰,权责明确,政企分开,管理科学"。在我国建立现代企业制度是一项艰巨复杂的任务,必须积累经验、创造条件、逐步推进。

(二) 现代企业制度的主要内容

现代企业的创建及其有效运转,都是在一定的行为规则、规范的约束下进行的,这些规则规范及其具体办法就构成了现代企业制度的主要内容。它包括:

(1) 企业组织制度。包括公司组织形式、组织机构及其职权分工等。

(2) 企业产权制度。即投资者与经营者的行为规范和相互制衡制度。现代企业的特征之一是企业财产的所有权与经营权分离,出资人(股东)将财产的支配权交由具有专业知识、受过专业训练、具有卓越经营才能的职业经理人员来行使。为了保证所有者的权益,促使经理人员管理好出资人的财产,必须对所有者及经营者的权利义务做出规范。因此,现代企业制度中应包括委托代理制度、法人财产制度、法人治理制度、有限责任制度、激励-约束制度、信息公开制度。在公司制企业中,这些制度主要是通过公司法和公司章程来加以明确的。

(3) 企业内部管理制度。在规模较大的多单位的现代企业中,企业内部的组织是一个非常重要的问题。企业内部组织是否合理,直接关系到组织的效率。这方面的制度包括层级制度、集权分权制度、业绩评价考核制度、分配制度、作业规范等。

(4) 企业产生与消亡制度。在市场经济中,企业的产生、发展壮大与破产、消亡是非常正常的现象,它是市场竞争优胜劣汰的必然表现。企业的产生与消亡涉及股东、债权人、职工、客户各方的利益,需要有一些制度来加以规范,这主要有企业法人制度、企业登记制度、企业清算与破产制度等。

(三) 现代企业制度的组织形式

市场经济发展至今,主要形成了个人业主制、合伙制、公司制三种类型的企业制度。前两种企业主要负无限责任(合伙制中有部分业主负有限责任),企业规模较小,寿命有限,融资较为困难,难以发展扩大,而要进一步发展和扩张,企业必须选择公司制的企业组织形式。公司制企业是指由一定数量出资人依法集资联合组成的,有独立的注册资产,自主经营、自负盈亏,对其债务承担有限责任的法人企业。公司制度是当今世界上最完善、最主要的企业组织制度。公司制企业的巨大优势在于其融资的有效性和对债务的有限责任,便于扩大公司规模和扩大经营范围,有利于实现规模经济和生产、管理的专门化,企业的连续性也很强。因此,作为现代企业制度,理所当然选择了公司制的组织形式。

当今世界上的公司组织形式,以股东责任范围为标准划分的公司形式主要有无限责任公司、独资公司、有限责任公司、两合公司、股份有限公司、股份两合公司。我国公司法根据中国的国情,规定中国的公司为两类四种形式,即有限责任公司和股份有限公司两大类,其中有限责任公司又具体分为一般有限责任公司、一人有限责任公司、国有独资公司。

有限责任公司是指依公司法设立,由不超过一定人数的股东出资组成,每个股东以其所认缴的出资额为限对公司承担责任，公司以其全部资产对公司的债务承担责任的企业法人。有限责任公司是人资两合性公司，其资产责任形式是有限责任。公司股东作为出资者，按投入公司的资本额享有所有者的资产受益、重大决策和选择管理者等权利。股东既可以用货币出资，也可以用实物、工业产权、非专利技术、土地使用权作价投资。有限责任公司不公开发行股票，其筹资和出资转让以及财务、经营状况具有封闭性，不向社会公开。由于有限责任公司只能发起设立，因而其设立程序简便，公司组织机构设置也比较简单，董事会不是其必设机构，股东人数较少和规模较小的有限责任公司可以只设一名执行董事。同时，监事会也不是必设机构，可以设立一到两名监事，也可以不设立监事，具体需要由公司自己选择。

国有独资公司是指国家授权投资的机构或者国家授权的部门单独投资的有限责任公司。国务院确定的生产特殊产品的公司或者属于特定行业的公司，应当采取国有独资公司形式。国有独资公司不设股东会，由国家授权投资的机构或国家授权的部门，授权公司董事会行使股东会的部分职权，决定公司的重大事项，但公司的合并、分立、解散、增减资本和发行公司债券，必须由国家授权投资的机构或者国家授权的部门决定。国有独资公司设立的董事会，由国家授权投资的机构或者国家授权的部门委派或者更换。董事会成员中应有公司职工代表，职工代表由职工民主选举产生。董事会设董事长一人，董事长为公司法定代表人。公司经理由董事会聘任或者解聘。国家授权投资的机构或国家授权的部门依照法律、行政法规的规定，对国有独资公司的国有资产实施监督管理。

一人有限责任公司是指由一个自然人或一个法人股东出资，按公司法规定的条件和程序经核准成立的有限责任公司。一人有限责任公司是我国公司法修改后新规定的一种有限责任公司的新形式。公司法规定一人有限责任公司采用严格的法定资本制，其注册资本的最低起额为 10 万元（高于一般有限责任公司），必须一次缴足其公司章程规定的出资额。公司法还规定一个自然人只能设立一个一人有限责任公司，并要求将公司财产与自然人股东个人财产严格界定和分离，并接受政府有关部门年终审计，以规范一人有限责任公司的经营行为，避免其随意性和违法性。

股份有限公司是指全部资本分成等额股份，股东以其所持股份为限对公司承担责任，公司以其全部资产为限对公司的债务承担责任的法人企业。股份有限公司是典型的合资公司，其设立可以采取发起设立或者募集设立的方式。所谓发起设立方式，是指由发起人认购公司应发行的全部股份而设立的公司。所谓募集设立方式，是指由发起人认购公司发行股份的一部分（35%以上），其余股份向社会公开募集而设立的公司。股份有限公司应当有 2 人以上为发起人，其中须有过半数的发起人在中国境内有住所。国有企业改建为股份有限公司的，发起人可以少于 2 人，但应当采取募集设立方式。发起人向社会公开募集股份时，必须事先向国务院证券管理部门递交募集申请，未经国务院证券管理部门批准，不得向社会公开募集股份。发起人、认购人缴纳股款或者交付抵作股款的出资后，不得抽回其股本。股份有限公司发行股份时，将公司的资本划分为每股金额相等的股份，同股同权，同股同利。股票发行的价格可以按票面金额，也可以超过票面金额，但不得低于票面金额。以超过票面金额发行股票所得溢价款列入公司资本公积金，不得作为实收资本处理。股票可以自由转让，但上市公司的股票向社会公开发行时，必须经国务院证券管理部门批准。股份有限公司的财务和经营状况具有公开性，其财务信息和其他涉及投资者利益的重大信息必须公开，以便其所有股东对公司的经营状况有比较详细的了解，股东可以根据公司公开的信息来决定自己的投资行为。股份有限公司设有股东会、董事会、监事会和聘任经理。经理由董事会聘任或解聘，对董事会负责，主持公司的生产经营工作，组织实施董事会决议。

我国公司法规定实行的上述两类四种公司形式，中小型企业一般适用有限责任公司，大型企业一般适用股份有限公司。两类公司均设有比较完善的公司法人治理机构和管理制度，能有效地保障企业的发展和扩张，较好地规范和处理所有者与经营者以及国家、企业、职工的利益关系，促进社会稳定和市场经济发展。现代企业制度选择公司制为组织形式，但并不排除其他各制企业的存在和发展，相反，公司需要其他各制企业乃至个体经营的辅助和补充，共同创建大中小相结合、各制度协力的生气蓬勃的市场经济体系。认识这一点，对于建立和发展中国特色的社会主义市场经济更有特别重要的意义。

第二节　车间设置的原则和布置方法

一、车间的类型及其设置原则

企业生产类型是影响生产过程的重要因素，而生产过程的组织形式决定着生产单位专业化的原则和车间组织形式。在生产性企业里，根据车间在整个产品生产过程中的地位，可以将其分为基本生产车间、辅助生产车间、附属生产车间、副业生产车间。其中，基本生产车间是基本生产过程直接对产品进行加工的车间，是严格按照不同的专业化原则组成的。生产单位专业化的原则主要有工艺专业化原则、对象专业化原则和综合原则，与此相适应地存在着三种类型的车间组织形式。

（一）工艺专业化原则与工艺专业化车间

工艺专业化原则，是指按照生产过程的各个工艺阶段的工艺特点来建立专业化的生产单位，也叫工艺原则。工艺专业化车间就是按工艺原则设置的车间。它具有"三同一不同"的特点，即在车间里集中着同种类型的工艺设备和同工种工人，对不同类型的加工对象进行相同的工艺方法加工。这类车间又可分为两种：一种是为完成一个工艺阶段的全部工种作业的工艺专业化车间，如机器制造企业设立的机加工车间、热处理车间、表面处理车间、铸造车间、锻造车间、组装车间等；另一种是为完成一个工艺阶段的部分工种或某一工种的工艺专业化车间，如车工车间、铣工车间、刨工车间等。

工艺专业化车间的优点是对产品品种变化有较强的适应性，有利于充分发挥机器设备的作用，便于加强技术指导和组织同工种工人培训。其缺点是运输线路和生产作业周期比较长，资金占用多，生产单位之间的协作比较复杂。工艺专业化车间属于开放式车间，适用于单件小批生产类型。

（二）对象专业化原则与对象专业化车间

对象专业化原则，是指按照加工产品为主来建立对象专业化的生产单位，也叫对象原则。对象专业化车间就是按对象原则设置的车间。它具有"一同三不同"的特点，即在车间里集中着为制造某种产品所需要的不同类型的设备和不同工种的工人，对同种产品进行不同工艺方法的加工。这类车间也可以分为两种：一种是以产品或部件为对象建立的总成车间，如汽车制造厂的发动机车间、底盘车间等；另一种是以同类型零件为对象建立的专业化车间，如机床厂的齿轮车间、轴承厂的滚子车间等。

对象专业化车间的优点是运输线路和生产周期比较短，占用资金少，生产单位之间的协作关系比较简单，有利于按期、按质、按量成套地完成任务。其缺点是对产品品种变化的适应性差，设备利用率低，给工艺管理和工人技术培训带来不便。对象专业化车间属于封闭式车间，适用于大量大批生产或成批生产类型。

（三）综合原则与综合性车间

综合原则，是指综合运用工艺专业化与对象专业化来建立生产单位的原则。综合性车间就是按工艺专业化和对象专业化结合运用的综合原则设置的车间。这类车间在一定条件下吸取了上述两类车间的优点而避免了它们的缺点，因而是一种较为灵活的车间组织形式。这类车间既有按车间主要零件的工艺过程顺序排列工艺设备，以设备组为基础设置的生产班组，如机加工车间的车工班、铣工班、钳工班、磨工班等；又有按部件或产品生产为基础设置的生产工段或班组，如机加工车间的标准件工段、油箱班等。

上述三种类型的车间各有优缺点，选择车间的组织形式必须从企业的具体生产技术条件出发，全面分析不同专业化类型车间的技术经济效果，考虑长远发展和现实生产需要而加以决定。

二、车间布置的内容和原则

生产过程空间组织中的一个重要内容是工厂布置和车间布置。首先要通过工厂平面布置决定各基本生产车间、辅助生产车间、仓库、办公室及其他单位或设施在平面图上的相互位置和面积大小，同时还决定物料流程、厂内外的运输方式和厂内运输系统。然后在安排工厂平面布置的基础上，合理安排车间内的平面布置，即正确规定各基本工段、辅助工段和生产服务部门的相互位置和工作地、机床设备之间的相互位置。

在设计和安排车间的平面布置之前，必须根据工厂的生产大纲和车间分工表明确车间的生产任务，然后编制车间的生产大纲，制定加工的工艺流程，确定工艺路线和生产的组织形式，确定机床设备和起重运输设备的种类、型号及数量。

不同的生产类型，车间的组成部分是不一样的。一般来说，车间主要由以下几个部分组成：

(1) 基本生产部分，如机加工车间的各种机床设备、装配车间的装配生产线等。

(2) 辅助生产部分，如车间的机修组、电工组、检验室等。

(3) 仓库部分，如中间零件库、半成品库。

(4) 其他必需部分，如休息室、更衣室、洗手间、通道等。

如何将这些部分在车间内布置好，是车间布置的重要内容和任务。车间布置的规模比工厂布置的规模小，但是却更具体一些，直接牵涉产品在车间内生产时的效率和便利，以及生产现场管理和安全文明生产。

进行车间平面布置时，要绘制车间区划图，即进行车间的总体布置，确定车间各组成部分的相互位置，特别是基本工段、辅助工段和工具室、中间库之间的相互位置。应当使各基本生产工段、班组的相互配置符合工艺流程的顺序，辅助工段、生产服务部门的布置有利于对生产工段、班组提供服务。例如，材料、毛坯库应设在车间的前段或侧面；中间仓库应设在机加工段的尾部、装配工段（车间）的前段或紧邻位置；工具室应设在工人领取工具方便的位置，并与磨刀间相近；修理工段应设在车间一侧的单开间或邻近屋室。

车间总体布置后，应进行车间的设备布置，并通过设备布置来校验和调整车间的总体布置。从整体意义来说，车间布置的重点是设备布置，因设备布置而形成工作地，因工作地布置而形成生产班组、工段，最终由工段班组布置而构成车间总体布置。车间布置的原则主要是：

（1）按照生产过程的流向和工艺顺序布置设备，尽量使加工对象成直线运动，线路最短，将倒流减少到最低限度。

（2）注意运输方便，充分发挥运输工具的作用，如加工大型零件和长棒料的设备应布置在车间入口处，大型加工设备应布置在有起重机的厂房里。

（3）合理布置工作地，保证生产安全，并尽可能为工人创造良好的工作条件。

（4）考虑多机床看管工人作业的方便。

（5）合理利用车间生产面积，正确规定设备、墙壁、柱子、过道之间的距离。

（6）注意维护设备精度，照顾设备工作特点，如精加工设备应布置在光线最好和震动影响最小的地方。

三、设备布置的形式和方法

（一）设备布置的形式

车间设备布置的基本形式有如下三种：

（1）工艺专业化的布置形式，又称为机群式布置形式。它是将大致相同类型的设备相对集中地摆放在一起，形成一个群体，对产品进行相同和相似的加工，如按车床组、铣床组、钻床组等分区进行布置。这种设备布置形式有利于多品种、小批量生产条件。

（2）对象专业化的布置形式，又称为流程式布置形式。它是将设备按产品的工艺顺序进行摆放，形成一条生产线，完成对产品的全部加工。这种设备布置形式有利于少品种、大批量生产条件，典型的形式就是流水线生产。

（3）综合性的设备布置形式，又称为混合式布置形式。它是介于工艺专业化和对象专业化之间的相互结合的一种设备布置形式。

(4) 产品定位的布置形式，又称定位式布置形式，即大型产品定位加工，加工设备围绕产品布置，如造船工业。

（二）设备布置的方法

车间设备布置的具体方法很多。在单一品种生产条件下，设备布置可采取直线式、蛇形式、"U"字式、环形式、"工"字式等，以形成一定形式的生产线。

(1) 直线式是常用的形式，它排列比较简单，组织比较容易，流程比较畅通。

(2) 蛇形式适用于厂房宽度较大、长度较短的情况，它可以缩短纵深流程，经济利用空间。

(3) "U"字式适用于受场地限制，材料进口与成品出口必须置于同一侧的情况。

(4) 环形式适用于辅助工具、容器、运输工具必须周而复始地送回起点的情况。

(5) "工"字式适用于空间狭窄、零件体积较小的情况。

在多品种生产条件下，设备的平面布置应十分重视运输线路和运量的问题，这对于减少运输费用、缩短生产周期、降低资金占用、便于管理工作都是非常重要的。在绝大多数加工对象的工艺路线相同时，即按照工艺过程的总流向和加工顺序布置设备。但在各加工对象的工艺流向不相同时，为了使总运输线路最短或总运量最少，必须做到工艺加工无倒流或少倒流，因此，应当对工艺设备布置进行调整。从至表法是多品种生产条件下进行设备布置调整的典型方法。其步骤如下：

第一步，编制零件加工路线图（图1-1）。

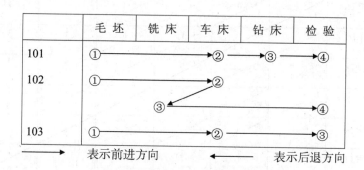

图 1-1 某方案零件加工路线图

图 1-1 中：──▶表示前进方向，填在初始从至表对角线右上方；

◀──表示后退方向，填在初始从至表对角线左下方。

第二步，根据零件加工路线图编制从至表（图1-2）。

由图1-2可得：

$$总运距 = \sum (各斜线与对角线距离 \times 从至数)$$
$$= 1 \times 2 + 2 \times 4 + 3 \times 1 + 1 \times 1 = 14$$

第三步，改进从至表，编制新方案。

具体办法是将从至数较大的设备调整到紧靠从至表对角线旁，使零件加工的总运距最小，如图1-3所示。

本方案是将从至数最大的车床与铣床互换位置，以减少总运距，并以改进后的新方案布置加工设备。由图1-3可得：

$$总运距 = 1 \times 5 + 2 \times 2 + 3 \times 1 = 12$$

从＼至	毛坯	铣床	车床	钻床	检验	合计
毛坯			3			3
铣床					1	1
车床		1			1	3
钻床					1	1
检验						
合计		1	3	1	3	8/8

图1-2 初始从至表

从＼至	毛坯	车床	铣床	钻床	检验	合计
毛坯		3				3
车床			1	1	1	3
铣床					1	1
钻床					1	1
检验						
合计		3	1	1	3	8/8

图1-3 改进后的从至表

用从至表进行车间设备布置是有好处的。但这要求车间生产产品比较固定，产品产量也比较稳定。如果产品属于单件小批生产，随时更改，就会出现车间设备和工作地移来移去，将无法保证设备的正常生产，甚至影响设备的精度，达不到加工质量的要求，这是为生产所不允许的。

四、流水线生产组织设计

车间现场生产组织形式，至今先后经历了生产点、生产线、流水线、自动线生产组织。生产点组织只有分散的生产点，不构成集中的生产线。生产线组织将加工设备集中形成生产线，但不是按节拍生产。流水线组织是按节拍生产的生产线，工人在线上操作。自动线组织是自动化生产的流水线，按节拍生产，机器手自动操作而不用工人在线操作。现代企业生产中，流水线生产最具有典型意义。

（一）流水线的概念和特点

流水线是指加工对象在生产过程中，按照一定的工艺路线和节拍，像流水一般有规律地不断从前一道工序流到后一道工序进行加工，最终形成产品的先进生产组织形式。

流水线是生产过程组织形式中，由对象专业化的空间组织形式与平行移动方式的时间组织形式相结合的先进生产过程组织。它的主要特点有：①工作地专业化程序高；②生产节奏性强；③生产过程封闭性强；④生产固定性很强，如固定生产线、固定节拍节奏、固定产品、固定产量、固定工作地、固定操作方式方法等。

（二）流水线分类

（1）按加工对象移动方式，分为制品固定流水线和制品移动流水线。前者适用于大型产品加工，加工对象不动而工人及设备移动加工；后者适用于中小型产品加工，加工对象移动接受工人及设备的加工。

（2）按加工对象品种数目，分为单一品种流水线和多品种流水线。后者产品品种变换时，要适当调整流水线。

（3）按加工对象轮换方式，分为不变流水线、可变流水线和成组流水线。不变流水线是单一品种连续生产；可变流水线是多品种轮换生产，产品变换时要调整流水线；成组流水线是多品种同时成组加工，不必调整流水线。

（三）流水线组织设计准备工作

流水线组织设计准备，主要是对产品进行分析并绘制加工工艺流程图。第一步，产品分解分析，将产品分解为零部件；第二步，零部件分析，决定哪些零部件自制还是外购；第三步，自制零部件分析，零部件是否需要上流水线加工，上哪种流水线进行加工；第四步，绘制零部件和产品加工工艺综合流程图。

（四）流水线组织设计的步骤

流水线组织设计的步骤如下：

第一步，计算和确定流水线的节拍和节奏。

$$节拍 = 流水线有效工作时间/计划期产量$$
$$节奏 = 节拍 \times 批量$$

第二步，进行工序同期化。

依工序加工的顺序，进行短工序合作、长工序分解，使工作地时间与流水线的节拍时间相同、相近或成倍数关系。具体周密的方法有列举消去法、分板界限法。

第三步，配置设备，计算设备负荷率。

$$最少设备（工作地）数 = 单件产品时间定额 / 节拍$$

流水线设备负荷率一般要求在 0.75 以上为适宜。

第四步，计算配备操作工人。

$$每工作地工人数 = 工作地同时工作人数 \times 工作班次$$

第五步，确定流水线的输送方式和输送设备。

输送方式有分配式传送带、连续式传送带、间歇式传送带。

$$传送带长度 = 工作地长度之和 \times 2 + 技术上需要长度$$

传送装置有传送带（链）、滚道、重力滑道、旋转大台、吊送装置、专用小车等。

第六步，流水线布置。

根据车间建筑物大小和流水线长度去布置，要求做到：运距最短，时间最省，面积利用最充分。

流水线形状有直线式、直角式、开口式、山字式、环式、蛇式等。

第七步，编制流水线工作标准指示图表。

内容包括：流水线名称、生产任务、节拍（或节奏）、看管期、加工顺序、工时定额、操作者（人数）、工作（范围）、工作进度图示等。

第三节 车间领导体制和管理组织

一、企业层级结构

层级结构是指管理系统和被管理系统之间的关系，表现为按等级顺序排列，并赋予相应权利和义务的独立的下属单位结构及其相互信息联系的总和。在企业层级结构的建立和管理中，管理层次与管理幅度是密切联系的。管理层次是指从企业组织机构的最高层到基层之间隶属关系的数量，而管理幅度是指一名主管人员有效地监督、管理直接下属的工作人员数量。从加强管理控制的角度看，要求增加管理层次而缩小管理幅度；从发挥下属的权力自主性来看，又要减少管理层次而扩大有效管理幅度。因此，减少管理层次与缩小管理幅度之间是有矛盾的，层次与幅度之间是反比例关系。我们必须根据企业的类型、规模、生产技术特点以及管理人员素质和组织监控手段完善程度进行综合考虑，决定管理层次结构和管理幅度大小。

我国工业企业的层次结构主要有两种：一种是五级结构：厂——分厂——车间——工段——班组；另一种是三级结构：厂——车间——班组。一个车间究竟应当设几个管理层次，每个层次设几个管理人员，主要应当考虑两方面的问题：一方面是生产技术特点，如规模大小、产品品种多少、生产技术复杂程度等；另一方面是有效管理幅度，即上一级领导能直接有效领导下级的人数，这受到领导者的知识、能力、经验的限制和职工素质的制约。

车间的层级结构主要有三级结构或二级结构，即车间、工段、班组等层级，它们各级的地位、职责及其相互关系有不同特点。

（一）车间

车间是指企业中按工艺专业化或对象专业化原则设置的现场生产组织，在企业里完成生产中某工艺过程或单独生产某种产品，是企业内部的基本生产单位和行政单位，也是企业内部的一级经济核算单位。它由若干工段和班组组成，在厂长的领导下工作。车间的主要活动是贯彻执行企业的计划、厂部命令和批示以及规章制度；它直接实现产品的生产过程，全面完成厂级下达的各项经济技术指标，完成生产和经济责任任务。

车间行政工作的主要领导人是车间主任。根据车间规模的大小和管理业务的繁重程度，可设立若干名车间副主任，分别协助主任负责生产、技术、设备、人事等方面的管理工作。此外，还设立一定数量的职能人员或职能组，在车间主任、副主任领导下负责车间的一些具体管理业务。

（二）工段

工段是车间现场生产的某工艺阶段，是大型车间内部中间的一级生产行政单位，它由若干生产班组组成。工段的主要任务是具体执行车间下达的各项生产经济计划和车间领导的命令、指示等，领导和组织班组完成各项生产任务及其他任务。

工段的设置，既可按工艺原则设置工艺专业化工段，如铸造车间的熔化工段、造型工段等；也可以按对象原则设置对象专业化工段，如汽车制造企业的机加工车间的底盘工段、油箱工段等；还可以按生产班次原则设立工段，如甲工段、乙工段等，每一工段就是车间的一个组成部分。

工段的行政负责人是工段长。在规模大、管理业务比较繁杂的条件下，可设工段职能员，在工段长领导下负责工段的管理工作，在业务上受车间职能组的指导，对下则指导生产班组工人管理员的工作。

（三）班组

生产班组是车间现场生产的基本组织，由一个、几个工序或工作地组成，是企业内部最基层的生产单位和行政单位，也是基层核算单位。企业的生产、技术、经济等各方面工作，都要通过生产班组的活动来实现。因此，班组的管理工作是企业、车间生产、行政工作的基础。

班组的主要职责是根据车间（工段）下达的生产经济计划任务，正确地组织生产，保证按质、按量、按期全面完成班组的各项任务，开展班组经济核算，组织职工劳动竞赛，严格执行工艺，遵守劳动纪律，提高产品质量，降低产品成本，贯彻岗位责任制和经济责任制，正确及时地做好各种原始记录，为车间和厂部提供最直接、最准确、最具体的数据和信息资料。

班组的负责人是班组长。班组长是指在生产现场，直接管辖若干名生产作业员工，并对班组生产成果负责的人。因行业、企业区别，班组长称呼也有所不同，有组长、班长、领班、拉长等称谓。班组长既是直接参加生产的工人，又是班组生产活动的组织者和指挥者。在班组里，通常由班组长、党小组长、团小组长、工会小组长组成班组的核心，在班组长的主持下研究和解决管理中的各项重要问题。

根据需要，班组可设个别副班组长和少数工人管理员。工人管理员既是班组长的助手，又是班组民主管理的形式，他们直接受班组长领导，并向班组长负责，协助班组长进行各项业务的具体管理工作。工人管理员通常有经济核算员、设备安全员、生活管理员、材料工具员、技术质量员、考勤员、宣传员等。有些工人管理员可以兼任，如班组长通常兼任考勤员，工会小组长通常兼任生活管理员，党小组长或团小组长兼任宣传员等。

（四）团队

团队是指由10人左右组成，有明确目标与个人角色定位，强调自主管理、自我控制、沟通良好、和谐合作的一种扁平型组织形式。团队的特征是：①扁平性；②目标性；③自主性；④跨部门性；⑤灵活性；⑥凝聚力强。团队分为常设的工作团队和临时的项目团队。团队是未来社会特别是企业内部的基本组织，是未来企业扁平化、团队化发展的方向。

二、车间领导体制

我国《工业企业法》规定"企业实行厂长（经理）负责制"。现代企业分工细密，生产具有高度的连续性，技术要求严格，协作关系复杂，市场复杂多变，必须建立统一的、强有力的、高效率的生产指挥和经营管理系统。只有实行厂长负责制，才能适应这种要求。厂长负责制包括以下主要内容：

（1）厂长全面负责，即对企业的物质文明建设和精神文明建设负有全面责任。具体包括：在企业贯彻执行党的方针政策和国家法律法规、全面完成国家计划、及时交纳税金等方面对国家负责；在企业履行经济合同、保证产品质量、降低产品成本和改善环境保护工作等方面对社会负责；在企业改善职工的劳动条件，做到安全生产，并在提高劳动生产率、发展生产的前提下，逐步提高职工的生活水平等方面对职工负责。为了使厂长能够全面履行责任，《工业企业法》规定了厂长在企业生产经营、行政管理、机构设置、干部任免等各方面的决定权和统一指挥权。

（2）党委保证监督，即对党和国家的方针政策在本企业的贯彻执行保证监督。这种保证监督作用通过两个方面来实现：一方面是管好党，发挥党支部的战斗堡垒作用和党员的模范作用，同时做好宣传群众、组织群众的工作；另一方面是以提意见和建议的形式，而不是作决定的形式，帮助厂长全面负责。

（3）职工民主管理。企业通过职工代表大会和其他形式实行民主管理，让职工对企业的生产和工作提出意见和建议，行使职工对企业各方面的工作评议、审议和监督的权利。在企业中实行职工民主管理，切实保障全体职工充分行使管理企业的权利，并以各种方式参加管理企业，切实保证职工当家做主的权利和地位，使职工群众真正成为企业的主人，从而增强职工的责任感，充分调动职工在生产技术和经营活动中的主观能动性、积极性和创造性，为企业的发展努力奋斗。

（4）工厂管理委员会协助厂长决策。企业管理委员会由企业各方面的负责人和职工代表组成，协助厂长决定企业的重大问题，既能保证厂长的统一领导，又可以避免厂长由于信息不足或主观武断造成的决策失误。因此，工厂管理委员会是厂长的智囊机构、参谋机构，也是防止厂长决策失误的有力保障。

车间作为企业内部的基本生产单位和行政单位，在企业中处于承上启下的重要地位和作用，实行的是厂长领导下的车间主任负责制。车间主任对本车间的生产技术经济和行政工作全面负责，上行接受厂长的直线领导，对厂长直线负责；下行对工段、班组直线领导，对职工负责。在具体工作中，对上，车间主任要听从厂长通过副厂长分工行使的领导和指挥，并接受厂部职能部门的业务指导；对下，要充分发挥作为自己助手的车间副主任的作用，多通过副主任分工领导和指挥工段、班组的生产技术和行政工作，多与车间党支部书记沟通，发挥党组织的保证监督作用，以及发挥工会、团组织的协同作用。

车间主任作为车间全面负责的领导人，要特别注意做好职工民主管理的组织、发动和领导工作。《工业企业法》规定："车间通过职工大会、职工代表组或其他形式实行民主管理；工人直接参加班组的民主管理。"国家以法律的形式规定了企业职工参加民主管理特别是基层组织的民主管理的权利，车间主任必须以满怀热情和诚恳，不折不扣地做好职工民主管理的具体安排和落实工作。诸如不定期地举行车间职工大会或工段班组职工会议，及时通报生产经营、生活福利、行政管理工作情况，自觉主动地接受广大职工的评议和监督，广泛征集职工对车间各项工作的意见，发动职工提合理化建议，多组织职工开展节能降耗、技术革新、劳动竞赛等活动，不仅能落实和发挥职工的民主管理权利，而且活跃了职工的工作、学习和生活，增进职工身心健康，弘扬以人为本的企业文化，促进车间的物质文明建设和精神文明建设。

三、车间管理组织

车间是企业上下联系的中层组织和直接组织生产的基层行政单位，具有相对的完整性和独立性。车间主任要完成车间的生产任务，必须根据车间的类型和规模，建立起一个强有力的管理机构，依靠这个机构对车间各方面工作实施有效的管理。车间管理机构是在劳动分工的基础上按管理的基本职能设置的，由车间各位领导和相应的职能组室所组成。

车间管理机构设置要贯彻三个要求：一是命令统一，即保证命令和指挥的统一。它要求下级必须服从上级的命令和指挥，而且只能接受一个上级机构的命令和指挥，而不能是多头领导和多头指挥。车间的生产经营管理的主要权力必须集中在车间，由车间主任对车间目标的实现承担全部责任。车间无论设置几个职能单位或几层管理，都应以便于车间主任统一指挥和控制为原则。二是分工协作，即既要有明确的专业分工，又要有密切的协作配合。分工是按照提高管理专业化程度和工作效率的要求，将车间的任务、目标分解成各工段、各班组、各职能组室乃至个人的任务和目标，明确干什么和怎么干。协作则要求各工段、各班组、各职能组室及其人员明确各自之间的协作关系和配合方法，切实做好协作配合，共同努力完成车间的任务和目标。三是权责相称，即分工必须与权、责相称，做到权责统一。如果权大责任小，就会出现滥用职权的现象；而权小责任大，则会导致有些工作无人负责或无法负责。

根据车间的组织类型和规模大小以及管理机构设置的要求，不同性质的车间内部管理组织机构有所不同。较大的车间一般设置各职能组，如计划调度组、工艺技术组、设备维修组和行政办公室等；较小的车间可以设置计划统计员、调度员、技术员等。车间职能组（员）是车间领导的参谋和助手，直接受车间主任或副主任的领导。厂部职能科室与车间职能组（员）只有业务上、技术上的联系，但不是隶属关系。车间职能组的主要职责是：

（1）贯彻执行车间领导的命令和指示，在自己业务范围内，检查执行企业的方针政策、上级指示和规章制度的情况。

（2）为车间领导提供生产经营活动的信息，使领导做到情况明确、心中有数，正确实施组织领导。

（3）在自己的业务范围内，根据实际情况，及时向领导提供改进管理工作的建议和方案。

（4）根据车间领导和上级管理部门的要求，负责处理本车间有关日常管理业务工作，并帮助指导工段、班组解决生产中的各种问题。

（5）总结推广先进方法、经验，在业务上指导各班组工管员的工作。

车间主任对车间的生产技术和行政管理全面负责，同时设置若干名车间副主任，作为车间主任的助手，分管生产、技术、设备维修等工作。车间党支部书记或专职副书记分管党支部、工会、团组织的工作，负责党的建设和职工的思想政治工作，发挥党组织对车间工作的保证监督作用。大型车间由于生产技术复杂，管辖范围较大，职工人数较多，往往再划分成若干个工段，而较小的车间则不必划分工段。车间或工段下设若干生产班组。班组是企业和车间最基层组织，其人数通常在 5～20 人之间，设班长一名或增设副班长一人，每班组还设兼职民主管理人员若干名。车间一般都设有配套完善的政、党、工、团机构，车间一级应同时建立党支部、团支部和工会分会，而党小组相应地以工段、班组或相邻工作地为单位建立。这样使车间相应地成为一个比较完整的组织系统，隶属于企业大系统，便于社会政治组织、群众组织与生产行政组织互相协调、配合。车间组织管理机构如图 1-4 所示。

第四节 车间管理的职能和基本原则

一、车间管理的性质和特点

管理是社会化大生产的客观要求和直接产物。随着共同劳动的分工越细致，生产经营规模越大，技术越复杂，管理也就越重要。企业管理是指为了保证整个企业生产经营

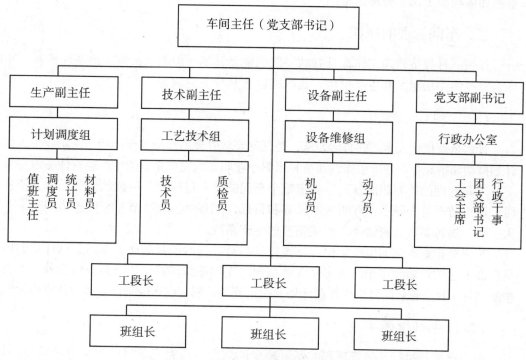

图1-4 大型车间组织管理机构

活动的统一协调而进行的计划、组织、指挥、协调和控制等一系列工作。车间管理是企业管理的基础和组成部分，具体是指对车间生产技术经济活动的计划、组织和控制。车间管理不但体现了企业管理中自然属性和社会属性的两重性质，并且更凸显了车间作为企业内的直接生产单位而具有的现场生产管理的性质，同时也由此而显现了车间管理的生产性、基础性、专业性、开放性和群众性的特点。

（1）生产性。凡车间都是搞生产的，不是直接对产品进行加工的直接生产，就是为直接生产提供生产条件的辅助生产，从而使车间管理具有生产管理的性质和特点。

（2）基础性。车间是企业的基层生产单位，其生产制造的产品是企业借以经营的前提条件和物质保证，其形成的车间成本是构成工厂成本的主要内容，其管理好坏直接影响企业经营的成败。

（3）专业性。车间是按照不同的专业化形式组织起来并从事专业分工的，不是从事工艺专业化生产，就是从事产品对象专业化生产，从而使车间管理具有明显的专业特点。

（4）开放性。企业由若干部门和若干生产车间组合而成，车间有不同分工，协作又把它们紧紧连在一起，只有相互开放和沟通才能共同完成生产任务。车间管理要善于处理好各车间、各部门的协作和协调工作。

（5）群众性。车间是企业的基层行政组织，处于企业生产第一线，内设的工段、班组集中着企业里最广泛、最大量的生产工人。车间管理要适应和反映最广泛的群众性意愿和体现职工民主管理的特色。

二、车间管理的职能

任何一种经济管理工作都具有的一般职能是计划、组织、指挥、协调和控制。车间作为企业的中层组织和生产单位，其职能也有其特定的内容。

（一）制订计划

计划是现代化大生产的必然要求，是任何经济管理工作的首要职能。在企业中，依靠计划推动和指导企业各项工作，动员和组织企业职工为完成企业的生产经营任务而奋斗。

车间管理的计划职能首先是制定整个车间的活动目标和各项技术经济指标，使各工段、班组乃至每个职工都有明确的任务和目标，把各个生产环节互相衔接协调起来，使人、财、物各要素紧密结合，形成完整的生产系统。

车间是企业内部的生产单位，不直接参与对厂外的经营活动。车间制订计划的依据是厂部下达的计划和本车间的实际资源情况。车间除每年制定生产经营目标外，主要是按季、月、日、轮班制订生产作业计划、质量控制计划、成本控制计划和设备维修计划。

（二）组织指挥

组织指挥是执行其他管理职能不可缺少的前提，是完成车间计划任务的重要一环。车间组织指挥的职能，一是根据车间的目标，建立、完善管理组织和作业组织，如管理机构的设置、管理人员的选择和配备、劳动力的组织和分配等。二是通过组织和制度，运用领导技能，对工段、班组及其职工进行作业布置、调度、指导和督促，使其活动朝着既定的目标和计划前进，协调行动开展各项工作。

（三）监督控制

监督就是对各种管理制度的执行、计划的实施、上级指令的贯彻过程进行检查督促，使之付诸实现的管理活动。控制就是在执行计划和进行各项生产经营活动过程中，把实际执行情况同既定的目标、计划、标准进行对比，找出差距，查明原因，采取纠正措施的管理活动。

（四）生产服务

生产服务的内容，一是技术指导，经常帮助和指导职工解决技术上的难题，包括改进工艺过程、设备的改造和革新等；二是车间设备的使用服务和维修服务；三是材料和动力服务等；四是帮助工段、班组对车间以外的单位进行协调和联系；五是生活福利服务。

（五）激励士气

企业经营效果的好坏，其基础在于车间生产现场职工的士气。在一定条件下，人是起决定性作用的因素，而车间负有直接激励职工士气的责任。要采取各种行之有效的激励措施，广泛吸收职工参与管理活动，充分发挥他们的经验和知识，调动职工的积极性和创造性，提高工作效率，保证车间任务的完成。

三、车间管理的基本原则

（一）车间主任全面负责原则

现代企业实行厂长负责制，企业的生产经营和行政工作由厂长实施直线领导，统一指挥。作为企业中层生产行政单位的车间，则由车间主任在厂长的直接领导下对车间的生产技术经济和行政工作负全面责任，统一领导和指挥，这是厂长负责制在车间工作的具体落实和体现，是企业基层领导工作的基本原则。

车间的全部生产经营活动由车间主任负完全责任，但车间的重大问题，必须由车间领导会同工程技术人员及工人共同讨论决定。其具体形式是车间职工（代表）大会、主任办公会议、党政工团联席会议等。因为只有集体参加讨论车间面临的生产任务，才能做出正确的决定，并保证决定的实行。而所作决定的正确程度、风险大小及其贯彻执行，则由车间主任完全负责。

（二）职工民主管理原则

职工民主管理也是现代企业领导制度厂长负责制的重要内容之一，是企业管理和车间管理的基本原则。民主管理是实行领导者个人负责的基础。离开职工的民主管理，没有群众的集思广益、群策群力，任何天才的领导也难以对现代化大生产实行有效的管理。反之，领导者个人负责制又是民主管理的结果，没有在高度民主基础上的集中指挥，也就没有严明的纪律和稳定的秩序，也就达不到民主管理的目的。同时，在车间管理中贯彻职工民主管理原则的更重大意义，在于通过各种形式的民主管理活动，不仅履行职工作为企业主人的权利，而且培养和发扬职工的主人翁精神，激发广大职工满怀热情关心和投身企业生产经营的主动性和创造性，为企业发展做出更大贡献。

（三）物质鼓励与精神鼓励相结合原则

企业职工积极性的发挥，不是单纯依靠个人一时的热情，而是借助于他们对物质利益和精神利益追求的激励。人们要生活，不能没有物质利益；同样，人们生活在社会中更需要荣誉和被尊重，需要丰富多彩的精神享受。在生产力还没有极大发展、劳动还是谋生手段的今天，企业职工的劳动热情很大程度上是从其个人的物质利益和精神利益出发的。企业思想政治工作就是要利用职工对物质利益和精神利益的追求，用看得见摸得着的利益去激发和引导职工投身企业生产经营活动的积极性和创造性，为企业的发展事业而奋斗。同时，社会主义现代企业不但要出产品，而且要培育一代代"有理想、有道德、有文化、守纪律"的新人。因此，在车间管理中，把对职工精神上的关心和物质上的关心正确地结合起来，把对职工的物质鼓励和精神鼓励统一起来，依据按劳分配的原则，不断完善分配制度和奖励制度，充分体现奖勤罚懒、奖优罚劣，这是不断提高职工的积极性、提高劳动生产率、增强企业活力的源泉，也是全面发展个人的理想追求、造就社会主义一代代新人的动力。

（四）以人为本、团结奋斗的原则

现代企业十分强调人的因素，强调企业从内到外的一切活动都要以人为本，以人为中心，主张人本主义，即创造人文关怀为主的社会环境和企业环境，尊重人、关心人、爱护人、信任人。从企业内部来看，企业不应是简单的制造产品、追求利润的机器，职工也不应是这架机器的附属。相反，企业应该成为企业成员能够发挥聪明才智，建功立业，实现事业追求、和睦相处和舒畅生活的大家庭。因此，在车间管理中，领导和管理人员要十分注意尊重职工的人格、言行和创意，关心职工的工作、学习和生活，爱护职工的身心健康和积极性、创造性，信任职工做好本职工作和谋求发展，并为职工的成长和发展提供条件和机会。同时，要教育和引导职工开阔胸怀，增大度量，讲究方式方法，学会尊重、谅解和忍让，加强团结，促进友谊，在车间和企业里形成互相尊重、互相关心、互相爱护、互相信任的友好气氛与和谐环境，互相鼓励，互相学习，积极向上，团结奋进，共同为完成车间生产任务、为企业发展和祖国繁荣贡献更大力量。

（五）承上启下、吃透两头的原则

车间是企业的中层组织，它具有过渡、连接、承上启下的性质。在管理上的特点是：对上是贯彻执行，具体落实；对下是指导、服务、组织、指挥、协调。因此，车间的管理必须抓好两头，既要"吃透"上级精神，又要充分了解车间、工段、班组的实际情况，只有这样，才能创造性地把党和国家的路线、方针、政策落到实处，才能有效地将企业生产经营的决策、目标、计划变为生产第一线职工的实际行动，齐心协力做好企业和车间的各方面工作。

第五节　车间管理的内容、任务和方法

一、车间管理的内容

车间是企业内部的一级生产和行政管理组织，它在以厂长为首的全厂统一的生产指挥系统中占有重要的地位。车间在厂部的统一领导下进行工作，它的主要活动是贯彻执行厂部的计划、指令以及规章制度，直接实施产品的生产过程，全面完成车间的计划任务。车间管理的内容大致可分为生产管理、经济核算、思想政治工作和组织领导等方面。

（一）生产管理

车间是企业内部的一级生产单位，一般不与外界发生经济关系，其基本任务是生产，不是直接从事产品加工的基本生产，就是为基本生产车间提供生产条件的辅助生产，因此生产管理是车间管理的核心工作。车间生产管理是从接受厂部的计划任务开始到完成产品生产任务这一全过程的管理，其内容包括制订计划、劳动组织、加工排序、

作业安排、生产进度、定额管理、质量管理、成本控制、工艺管理、工具管理、信息管理、物资管理、设备维护保养、生产现场管理、安全生产、清洁生产等具体生产事务工作，保证按质、按量、按期完成厂部下达的生产任务。

（二）经济核算

车间作为企业内部的一级组织，其本身虽然不是一个独立的经营单位，但在企业内部从管理上可以把它作为一个经营单位来进行管理，对它的投入与产出进行核算以衡量其经济效益。车间是企业的基本生产单位，企业的资财耗费在很大程度上从车间得到反映，车间生产成本占产品成本的75%左右，车间经济核算的好坏，直接影响厂部经济核算。车间经济核算是贯彻经济责任制的基础，其核算的数据又是企业经营管理不可缺少的数据来源。车间经济核算的内容包括车间收入核算、车间支出核算、车间产品成本计算和班组经济核算等。

（三）思想政治工作

企业管理首先是对人的管理，因为物的生产和管理是靠人去做的，把人管理好了才能将生产和管理做好。管理人的关键是对人的思想的管理，成功的企业思想政治工作能充分调动职工的主观能动性、积极性和创造性，为企业发展提供巨大的活力。车间是企业的基层行政单位，内设若干工段、班组和职能组室，相当数量的职工在一起工作、学习和生活，思想观念有所不同，工作态度也有差别，必须通过切合实际、生动活泼、行之有效的思想政治工作，使职工树立正确的世界观、人生观和价值观，提高思想觉悟，端正工作态度，积极劳动，多作贡献。车间的思想政治工作主要是对职工进行思想政治教育，抓好精神文明建设，内容包括比较系统的爱国主义、集体主义、社会主义的思想教育，民主法制纪律教育，以及日常的思想政治工作，使企业不但出产品，而且出"有理想、有道德、有文化、守纪律"的新人。

（四）组织领导

组织领导包括正确贯彻厂长负责制，建立车间主任负责制和车间民主管理制度，建立健全合理的规章制度和管理组织，加强车间领导班子建设和生产班组建设，形成坚强有力的组织领导和团结奋进的职工队伍。

二、车间管理的任务

车间管理的基本任务，是通过有效地执行各种管理职能，高效率、高质量地全面完成企业生产经营目标所规定的车间各项生产和工作任务，成为具有高度物质文明和高度社会主义精神文明的车间。具体任务，一是生产优质产品，满足社会需要和市场需要；二是提高经济效益，完成产品质量、数量、品种、价值、物耗、生产率、交货期、售后服务、环境保护等经济技术指标；三是培养坚强有力的职工队伍，价值观念正，思想觉悟好，劳动热情涨，工作效率高。四是实行安全文明生产，防止劳动灾害产生。

三、车间管理的基本方法

管理方法是指为了不断提高被管理系统的功效,在一系列管理活动中所采取的手段、措施和途径。从系统论的观点看,企业管理是一个系统,车间管理是企业管理中的一个子系统,车间管理的方法与企业管理的方法基本是相同的。

（一）行政方法

车间是企业行政系统的一级行政单位,是企业行政层次中的重要层次。企业内的行政管理系统的结构一般可分为四个层次：一是决策层,对企业的经营目标、政策、方法通过预测做出正确决策;二是管理层,主要任务是根据厂部的决策,将决策变为指令性信息,发布管理命令、指令,做出指令性计划等;三是执行层,主要是贯彻执行上一层次的管理命令、指示、计划等,使之具体化,合理组织配置人、财、物、信息等生产资源;四是操作层,主要任务是将管理命令变为实际活动,具体地完成生产任务。根据这一结构,车间一般属于执行层,工段和班组属于操作层。

行政方法的特征就是依靠行政机构和领导者的权力,通过强制性的行政命令直接对管理对象下达命令、指示、规定、指令性计划,制定规章制度等。车间行政管理主要依靠车间主任,根据车间主任负责制的规定直接对下属进行管理,要求工段、班组及其成员按计划完成生产任务。

（二）法律方法

作为企业管理方法的法律方法,是广义的法律方法,它不仅包括国家的各级立法机构制定的法律、法规和规章,而且包括企业制定和实施的各项规章制度。法律方法具有概括性、规范性、约束性和强制性的特点,宜于处理企业管理中的一般性问题,成为企业管理的依据和职工行为规范。企业内部管理依据的法律法规主要有合同制度、经济责任制度、经济法律制度、工厂法、劳动法等,同时企业还结合自己管理工作需要制定有各种规章制度。车间属执行层,主要是履行国家法律法规和企业的规章制度,但也可以结合车间的实际情况,根据厂部的有关规章制度制定实施细则或实施办法,以更具操作性地来组织管理车间的生产经营活动和各项工作。

（三）经济方法

经济方法是指依靠经济组织按照客观经济规律的要求,运用经济手段（如工资、奖金、津贴、税收、价格、利率等）来管理经济活动的方法。实行企业内部经济责任制的车间也是一级相对独立的经济组织,具有其相应的经济利益。目前,车间的经济利益主要体现在工资和奖金的分配上,经济手段就是将工资、奖金与劳动集体及职工的工作成绩和劳动成果相联系,多劳多得、少劳少得,奖勤罚懒、奖优罚劣,促进职工努力劳动,积极工作,多作贡献,出色完成生产和工作任务。经济方法具有利益性和诱导性的特点。在当今社会生产力发展水平有限的情况下,人们对经济利益的追求仍然是生产发展的动力,所以经济方法在企业管理中仍然是一种极为重要的有效的管理方法。同时我们要认识到，经济方法不仅仅是一种有效的管理手段，而且体现了社会分配关系。因此，在运用经济方法时必须重视研究劳动量和劳动成果的核算问题，必须注重原始记录，要以数据说话；还必须正确处理国家、企业和劳动者三者的利益关系，正确处理长远利益和眼前利益的关系。在运用经济方法进行管理的同时，还要防止把经济方法的作用夸大的倾向。经济方法是一种重要的管理手段，但它不是全能的，也不是唯一有效地促进生产的方法。单纯用经济方法是管理不好经济的，职工的主人翁思想不是靠经济方法就能树立起来的，而要靠思想政治工作，靠以人为本的企业文化。因此，我们在运用经济方法的同时，必须重视发挥行政方法、法律方法和宣传教育方法的综合作用。

（四）宣传教育方法

宣传教育方法强调做人的工作，启发职工自觉地指向共同目标并积极地为之努力奋斗。宣传教育方法不仅是激发人们劳动热情的主要手段，而且对其他方法的实施也起着巨大的配合作用。国家的法令、方针，企业的规章制度都要通过宣传教育使职工了解、领会，这样才能使职工统一思想、统一行动。宣传教育方法的具体内容上，一方面是要抓好思想政治工作，对职工进行社会主义思想教育，社会主义道德风尚教育，社会主义民主、法制、纪律教育，集体主义思想教育，科学文化教育。另一方面是要加强以人为本的企业文化建设，为职工塑造正确的企业价值观和企业精神，营造职工以厂为家作贡献的职业氛围，增强职工的主人翁责任感，积极主动地做好本职工作和其他工作。在企业管理实践中，已经形成了一些成功的具体方法，很适合在车间管理中具体应用：①正面教育、以理服人方法；②关心体贴、以情感人方法；③因人施教方法；④典型示范方法；⑤寓教于活动的方法；⑥思想预测、防患于未然的方法；等等。

（五）数学方法

企业管理中的数学方法，是指将企业管理中可变因素之间的相互关系，用数学符号和公式来进行描述的一种科学方法。它的作用主要表现在可以使企业管理工作进一步定量化、精确化、合理化和科学化。但是，数学方法本身也有很多局限性，不是任何管理问题都可以用数学方法来解答，因为实际管理问题都是很复杂的，很难用数学模型进行精确描述。因此，任何数学方法的应用，必须充分考虑它的应用条件与范围，否则会误导管理行为。特别值得提醒的是，管理模型的数学解，只能作为企业管理辅助决策的一个参考，而不是企业管理的唯一解。实际决策应以此为参考，结合其他因素，统一考虑，才可避免数学方法的局限性，将企业管理提高到一个新水平。在企业管理中建立数学模型的基本步骤，一是确定管理目标，二是收集管理数据，三是建立管理数学模型，四是求解管理数学模型，五是测试检验，六是实际应用。管理数学模型是从实际管理问题中抽象、概括出来的，又反过来应用于管理实际。在应用过程中，不断修正、完善、发展模型，是管理实际对建模者的基本要求。由于管理数学模型具有一定的局限性，因此要求管理者在实际应用过程中要充分注意各种模型应用的约束条件。

【复习思考题】

1. 什么叫现代企业？现代企业有哪些特点？
2. 社会主义工业企业具有哪些特征？
3. 现代企业怎样按生产类型、按法律地位分类？
4. 现代企业制度的基本特征和组织形式是什么？
5. 现代企业制度主要包括哪些内容？
6. 我国公司有哪些具体形式？
7. 现代企业的车间有哪些基本类型？它们的设置原则是什么？
8. 车间布置包括哪些基本内容？它的布置重点是什么？
9. 设备布置有哪些基本形式？
10. 我国的企业层次结构有哪些主要形式？
11. 我国的企业和车间实行什么样的领导体制？这种领导体制包括哪些主要内容？
12. 车间一般应设置哪些管理组织？
13. 车间管理的性质和特点是什么？
14. 车间管理有哪些职能？
15. 车间管理的基本原则是什么？
16. 车间管理有哪些主要内容？
17. 车间管理的主要任务是什么？
18. 车间管理有哪些主要方法？

第二章 车间管理基础工作

加强企业管理和车间管理必须首先抓好管理基础工作，使管理工作真正建立在坚实可靠的基础工作上。实践证明，基础工作的完善程度，直接关系着企业管理水平的高低和经济效益的好坏。

第一节 管理基础工作概述

一、管理基础工作的概念

企业管理基础工作，是发挥企业管理职能的各项专业管理的依据。它是我国在长期管理实践中形成的一个由各类专业管理基础工作综合而成的专用术语。它和各项专业管理互为条件、互相促进。一方面，各项专业管理都存在基础工作；另一方面，企业管理基础工作又是各项专业管理的起点，经常为专业管理创造前提条件，提供资料依据，对各项专业管理起约束、监督、评价和促进作用。管理基础工作在企业管理中既有被动的服务，又有能动地积极推动作用，成为企业管理必不可少的条件和工具。因此，企业管理基础工作的概念可以表述为：企业管理基础工作是为实现企业经营目标和履行各种管理职能而提供资料依据、共同准则、基本手段和前提条件的必不可少的经常性的管理工作。企业管理基础工作，同样又是车间管理基础工作。

二、管理基础工作的地位和作用

企业管理基础工作是企业管理工作的重要组成部分，是各项专业管理的基石，是企业进行有效管理的前提条件。管理基础工作的作用主要在于：

（1）管理基础工作是实现企业各项管理职能的专业依据。企业管理是为了保证整个企业生产经营活动的统一协调而进行的计划、组织、指挥、协调和控制等一系列工作。这"一系列工作"就分别体现为企业管理的计划职能、组织职能、指挥职能、协调职能和控制职能。这些职能的实现和发挥，需要依据各种专业资料数据和共同标准，用以对管理对象和生产过程进行分析、评估和鉴别，进而采取相应的管理措施。如果缺乏管理基础工作提供的专业资料数据，就失去了工作标准和依据，各项管理职能就无从实施和发挥，企业各方面工作就成为一团乱麻，无从做起。

（2）管理基础工作是改善企业经营管理的基本手段。改善企业经营管理，首先要从"基础"抓起，也就是说首先要有实施各种管理职能所依据的标准、定额、手段、信息以及健全的管理规章制度。以这些齐全配套的资料、标准和制度作为管理手段去整顿和改善企业各方面工作，改革才有成效，经营管理才能出成绩、出效益。

（3）管理基础工作是巩固企业改革成果的重要保证。我国许多企业曾经长期处于计划经济条件下，生产不计成本，企业不讲利润，产品供不应求，质量缺乏标准，不重视管理基础工作。改革开放后，为了适应市场经济的大环境，企业按照现代企业制度的要求进行了艰难的改革，并获得了初步的成效。而要巩固和发展改革的成果，必须不失时机地夯实企业管理基础工作，按照规范化的标准和定额去做好企业各项工作，以健全的规章制度和足够有用的管理信息保证企业健康发展，取得更大的成就。

（4）管理基础工作是推动企业管理现代化的前提条件。所谓企业管理现代化，就是根据社会化大生产的经济规律，为适应现代化生产力发展和客观要求，运用科学的思想、组织、方法和手段，对企业的生产经营进行有效管理，使之达到或接近国际先进水平，创造最佳经济效益的过程。企业管理现代化的内容主要包括管理思想现代化、管理组织现代化、管理方法现代化、管理手段现代化和管理人才现代化。企业管理基础工作作为"基础"，是推进企业管理现代化的前提条件。它要为现代化管理提供科学的管理思想、健全的管理组织和规章制度、先进有效的管理方法、翔实正确的管理标准和管理定额、灵敏高效的管理信息和管理手段。毫无疑问，只有管理基础工作的这个"基础"打好了，基石牢固了，才能为企业管理现代化提供基本的物质保证、技术保证和组织保证，才能保证我国现代化建设事业建筑在可靠的基础之上。

企业管理基础工作是一项涉及面广、工作量大、要求严格、人人参与的初始性管理工作。车间是生产经营活动的第一线，企业管理的各项任务要贯彻落实到车间管理中去，各种原始数据和资料都来自车间，因此车间在管理基础工作中担负着重要责任。车间管理不但是管理基础工作的落脚点，而且要直接参与管理基础工作。因此，车间主任必须把管理基础工作作为一项主要工作来抓，当管理中出现问题时，首先检查管理中是否有违反现有"管理基础工作"规定内容的地方，其次考虑如何进一步完善"管理基础工作"。实践证明，管理基础工作水平的高低，是决定某一企业或车间管理工作好坏的重要标志。

三、管理基础工作的特点

管理基础工作对企业管理和车间管理来说具有特别重要的意义，这是由管理基础工作的一些特点所决定的。这些特点主要有：

（1）科学性。管理基础工作中所规定的数据和标准，都是按一定的程序，采用一定的方式和手段，经过许多人许多次反复实践、观测、分析、试验和检验而最终产生出来的，具有严谨的科学依据。

（2）先行性。凡经济管理都要有一定的标准作依据。这些标准既是从管理实践中总结、概括而来，又要返回指导实践，是先于管理工作开始之前就必须具有并不断完善的，否则管理工作就无所遵循。

（3）专业性。管理基础工作包括非常丰富的内容，这些内容分别应用于不同管理职能中不同的具体工作，受不同条件约束，具有很细密的专业性质，不可互相串用。

（4）群众性。管理基础工作是依靠各方面的管理人员和广大的岗位工人认真实践完成的，专职部门及其人员主要起业务指导和综合分析、概括等管理作用。

(5) 经常性。管理基础工作是一种不断完善的工作，总是随着生产技术条件的变化而不断修改补充的，持之以恒，水平不断提高。

(6) 先进性。凡标准和定额等管理基础工作的具体内容，一般都要求具有一定的先进性，即平均先进，中上水平，不能落后于生产技术发展的客观要求，否则就起不到激励和鞭策作用。

第二节 车间管理基础工作的内容

不同行业的企业，管理基础工作有所不同，但就总体而言，所有工业企业的车间管理基础工作都包含有下列内容：标准化工作、定额工作、计量工作、信息工作、规章制度、职工教育等。

一、标准化工作

标准化工作就是对企业的各项经济技术活动和管理活动的标准进行制定、贯彻执行和管理的工作。标准化是企业从事生产、技术、管理活动的依据，是现代化大生产的产物，是企业管理基础工作的基准。做好标准化工作是提高产品质量、组织社会化大生产、合理利用资源的重要保证。企业标准化工作的基本任务，一是贯彻国家标准和专业标准，努力使本企业的产品达到有关国际标准。二是制定、修改和贯彻本企业的标准。对于尚无国家标准或专业标准的产品和工艺，企业有权根据实际情况制定企业标准，并贯彻实施。从企业开展标准化工作的要求来看，标准可分为技术标准和管理标准两大类。

技术标准是企业标准的主体，它是对技术活动中需要统一协调的事物制定的技术准则，是根据不同时期的科学技术水平和实践经验制定的，人们从事集体性的生产技术活动必须遵守的技术依据。它的主要内容有技术基础标准、产品标准、作业方法标准、安全卫生与环境保护标准等。

管理标准是对企业各项管理工作的职责、权限、程序等所作的规定。它是组织和管理企业生产经营活动的依据和手段。管理标准的内容主要包括生产经营管理方面的标准、技术管理标准、业务工作标准等。

二、定额工作

定额是指企业在一定生产技术条件下，为合理地利用资源，对人力、物力、财力的消耗及占用所规定的标准，一般包括劳动定额、物资定额、设备定额、流动资金定额、管理费用定额等。定额是编制各种计划的依据，是科学管理的手段，是进行经济核算、讲究节约、提高经济效益的有效工具。定额工作是指各类定额的制定、执行、修订和管理工作。定额工作的中心问题是合理确定定额水平，关键是制定先进合理的定额。制定各种定额必须有充分的技术和经济依据，既先进又合理，以使大多数职工经过努力都可以达到的水平为准。定额的执行是在维护定额严肃性的前提下，通过核查、统计等手段,切实保证定额的落实。定额的修改就是为了适应生产经营的需要,根据物质技术设备的更新改造、科学技术进步的情况,及时加以完善和修改,使之更符合实际,保持定额的先进合理性。定额管理工作涉及企业的各个方面,为了使定额达到总体上综合平衡,保证企业生产经营活动有条不紊地进行,必须建立健全定额管理制度,逐步做到定额工作的系统化、科学化、标准化和制度化,使定额真正成为促进生产经营、不断提高经济效益的科学工具。

三、计量工作

计量,是指标准化测量,是通过技术与法制相结合的手段,对量值进行统一的测量,保证量值准确一致。计量工作包括计量的检定、测试、化验、分析等方面的计量技术和计量管理工作,它主要是用科学的方法和手段,对生产经营活动中的量与质的数值进行掌握和管理。计量工作主要包括两方面内容:一是计量技术,是指从计量基准的建立到量值的传递,乃至到生产过程中实地测量的测量方法和测量手段;二是计量管理,主要是研究量值传递系统以及技术手段和法制手段的相互协调关系。

企业计量工作的主要内容包括:建立健全企业计量机构,合理选择和配备必要的计量器具,建立量值传递系统和做好计量检定工作,建立健全企业计量管理制度等。计量工作的基本要求是:保证量值的统一和准确,保证计量器具准确一致。具体要求生产中所必需的量具应配备齐全,使用的量具必须精确可靠,示值清晰;测试方法和测试手段科学合理;量值的传递、量具的修复和数据记录有严格的制度。企业应从实际出发,按照科学管理的原则,有计划地完善计量测试手段,建立健全计量管理制度,逐步实现计量技术的现代化,提高计量工作水平。

四、信息工作

信息是指原始记录、资料、报表、数据等。管理信息,是指反映生产经营活动的经过加工的数据或情况。信息工作,是指企业进行生产经营活动和进行决策、计划、控制所必需的资料数据的收集、处理、储存、传递等管理工作。企业对生产经营活动的实施、管理离不开信息。企业的生产经营活动又时刻都在发生变化,这些变化应迅速传递到管理中枢,在做出反应后又要及时得到贯彻,这就要靠企业的信息工作。信息工作大致包括三个部分:原始记录与统计工作、科技经济情报工作、科技经济档案工作。信息工作要做到及时、准确、适用和畅通。第一,要加强原始记录、统计工作、档案工作,以及相应的文件报表的传递收集工作;第二,要加强电话、电讯的利用和管理工作;第三,要建立必要的信息工作程序和标准步骤;第四,要有步骤地推广信息技术的应用。企业应尽快实现信息管理手段的现代化,建立起先进的管理信息系统,才能适应市场经济条件下企业生产经营发展的要求。

车间生产过程中的信息反馈,基本上有以下三种内容:

(1) 以生产工人为对象的信息反馈。把生产工人在一个作业班内的生产情况,如完成产品产量、质量、工时和设备利用以及执行计划的结果等信息,采用一定的报表格式,如实记录反馈回来。

(2) 以机械设备为对象的信息反馈。把机械设备加工处理的材料数量和完成的产量、质量、品种、台时利用以及执行计划的结果等信息，采用一定的仪器设备或报表格式，如实记录反馈回来。

(3) 以产品（加工对象）为对象的信息反馈。把某一产品从原材料投入到制成产品的全部生产过程的情况，包括投入数量、生产数量、质量、工（台）时消耗、生产进度等信息，采用一定的报表格式，如实记录反馈回来。

对于生产过程中反馈回来的生产信息，要及时抓紧时间进行分析、整理和决策，以便不失时机地通过在新一轮信息输出中对生产过程进行及时有效的控制和调整，保证企业生产经营活动顺利进行。

第三节　车间规章制度建设

现代工业生产是一个极其复杂的过程，必须合理地组织劳动者与机器设备、劳动对象之间的关系，合理地组织劳动者之间的分工协作关系，使企业的生产技术经济活动能按一定的规范向既定的经营目标协调地进行。要做到这一点，必须有合理的规章制度，对人们在生产经营活动中应当执行的工作内容、工作程序、工作要求和工作方法有所规定。所谓规章制度，就是指企业对生产技术经济活动所制定的各种规则、章程、程序和办法的总称。它是企业、车间的厂法厂规，是企业全体职工所共同遵守的规范和准则。有了规章制度，就使职工的工作和劳动有所遵循，做到统一指挥、统一行动，人人有专责，事事有人管，办事有依据，检查有标准，工作有秩序，协作有规矩。只有这样，才能保证生产经营活动顺利而有效地进行。离开规章制度，车间管理必然会陷入混乱。因此，要充分利用规章制度的职能来管理企业，管理车间。

一、车间规章制度的种类

企业的规章制度种类繁多，从车间的范围来看，按其所起的作用和使用范围，大体上可分为三大类：

（一）责任制度

这是按照社会化大生产分工协作的原则制定的制度。它明确规定车间每个工作岗位应该完成的任务和所负的责任及其相应的权力。这种按工作岗位确定的责任制度，不论谁在哪个岗位上工作，都要执行那个岗位的责任，做到事事有人管，人人有专责，办事有标准，工作有检查，这对稳定生产秩序、提高劳动生产率有着十分重要的作用。

责任制的内容包括三个部分：一是规定任务，本岗位应该干些什么事情；二是授予权利，为了保证任务的完成应有哪些权力；三是明确责任，对工作成果好坏要承担什么责任。

责任制分为岗位责任制和管理业务责任制两种类型。岗位责任制包括领导干部责任制、职能人员责任制、工人岗位责任制。管理业务责任制包括生产责任制、营销责任制、质量责任制、经济责任制等。

（二）管理制度

管理制度主要是指有关整个车间管理方面的制度。这方面的制度主要有：

（1）职工考勤管理制度。它规定了职工请假的批准权限和请假的手续以及对各种假别的处理解决办法，规定了考勤的办法。

（2）思想政治工作制度。它规定各级管理人员及党员做思想工作的任务和责任，提出思想政治工作的内容、形式和方法。

（3）职工奖惩制度。它规定了职工受奖的条件和等级，确定了受到惩罚的范围和类别，明确了从车间主任到班组长的奖惩范围和权限。

（4）车间工资奖金及工人福利费管理制度。根据厂部工资奖金分配的原则，制定具体的分配和管理办法。

（5）设备维修保养制度。明确设备维护保养的具体要求和落实责任，编制本车间设备修理的计划。

（6）交接班制度。确定交接班的内容、纪律和时间要求，严格交接班制度。

（7）仓库保管制度。明确物资入库、出库的手续，加强物资保管的"三防"（防火、防腐、防盗）制度。

（8）低值易耗品及废旧物资回收利用管理制度。

（9）安全生产制度。它包括安全生产责任制度、安全生产教育制度、安全生产检查制度、安全事故处理制度、职业病防治制度等。

（三）技术标准与技术规程

技术标准通常是指产品技术标准，它是对产品必须达到的质量、规格、性能以及验收方法、包装、储存、运输等方面的要求所作的规定。此外还有零部件标准，原材料、工具、设备标准等。技术标准是职工在生产技术活动中共同的行动准则。

技术规程是为了执行标准，保证生产有秩序地顺利进行，在产品加工过程中指导工人操作、使用和维修机器设备以及技术安全等方面所做的规定。一般有工艺规程、操作规程、设备维修规程和安全技术规程等。

技术标准和技术规程是由厂部制定的，车间主要是贯彻执行这些标准和规程。如果在执行中发现某些规定不符合实际，或者有缺陷，必须报请厂级有关职能科室进行验证，然后进行修改、完善，制定出新的规定后由主管厂长批准实施。

二、车间规章制度的制定

企业的规章制度主要由厂部统一制定，车间的主要任务是贯彻执行企业的规章制度。此外，还可以根据车间的实际情况，制定一些执行企业制度的具体规定，使企业制度在本车间实施更加细致、完善，更具有操作性。

制定车间管理制度必须注意以下四点：一是必须在内容上与上级制定的规章制度相一致，不要产生矛盾和冲突；二是必须适合本车间的管理实际，不能生搬硬套别的车间的管理办法；三是必须有利于调动全体职工的积极性，宽严适度，由宽而严，逐步过渡，使广大职工易于接受并逐步养成习惯；四是制定制度务必经过全体职工讨论，由大家共同制定自己的管理制度。只有大家共同讨论而制定的管理制度，才是最有群众基础、最具权威的制度，才能最有利于贯彻执行。如果光靠领导单方面制定制度，职工自己感觉到处于被动地位，往往会认为这是领导有意卡他们，从而容易产生逆反心理。而只有让广大职工都来参加讨论和制定制度，大家自然会感到受尊重的感觉和兑现了当家做主人的地位，心情舒畅，也更好理解到制度内容的必要性，从而会产生一种自觉遵守制度的责任感，利于制度在车间、班组及全体职工中贯彻执行。

三、车间规章制度的贯彻执行

再好的规章制度最终要靠贯彻执行，车间的职责是将规章制度变成职工的实际行动，而这一转变不是轻而易举的事情，中间要经历广大职工对制度的认识、接受、认同、内化而付诸实践最终变成行为习惯的各个环节，这要求车间领导做许多踏实细致的宣传教育、检查监督和积极引导的实际工作。

第一，宣传教育要"三令五申"。规章制度要变成广大职工的行动，不但要让职工充分了解其具体内容，更要职工懂得规章制度的重要性和必要性，以主人翁的责任感去自觉执行。因此，车间领导要亲自上台对职工进行纪律法规教育，工段长、班组长要经常组织职工学厂规厂法，熟悉厂规厂法的具体内容，以便在行动中得到贯彻执行。

第二，检查监督要持之以恒。坚持不懈、严格要求是规章制度的严肃性和权威性的体现。车间、工段、班组的领导都要经常检查、监督职工执行规章制度的情况，一有违背或偏离，立即予以纠正和教育。同时要把对规章制度的执行与必要的奖惩相结合，作为奖金考核、评先评优、工资晋级的一项内容。

第三，关键问题是干部带头。规章制度的贯彻执行，首先要发挥干部的模范带头作用。车间主任、工段长、班组长等领导人物以身作则、身体力行地带头执行规章制度了，职工群众就会跟着做，不愁难执行。因此，执行制度要一视同仁，不论是干部还是普通职工，违反制度的一样受处罚。

第四，重要的问题是提高职工素质。规章制度的贯彻执行，与一个人的基本素质有很大关系。素质高的人，懂得规章制度对于集体劳动、集体生活的重要性和必要性，会自觉地去执行；反之，素质低的人，不懂得处理集体生活中的人与物、人与人关系，视规章制度为管、卡、压，心存反感，不情愿受规章制度的约束。职工的素质主要包括文化素质、心理素质和道德素质。车间领导要积极发动和创造机会，让职工更多地参加企业统一组织开展的职工培训活动，同时自己车间、工段、班组也要利用班前班后和节假日时间多开展一些生动活泼的思想政治、科学文化、参观学习、公共交际、社会生活、岗位技能等有利于职工身心健康、意志锻炼和技能提高的活动，以全面提高职工的集体观念和整体素质，从而也为职工自觉地理解和执行规章制度打好基础。

第四节 车间基础教育工作

基础教育是指对企业职工进行的基础性的思想教育和技术业务培训。具体地说，基础教育就是指一个职工从事其职位工作所正常需要的、必不可少的职业道德和劳动纪律教育、本岗位必需的基本技术业务和管理知识教育，包括应知应会和基本功的训练。基础教育是培育和提高职工素质的重要手段，是造就高素质职工队伍，进而增强企业素质的关键和基础，是企业富有竞争能力、创新能力和持续发展的根本保证。基础教育是全员性教育，企业的全体职工都要有计划、有系统地接受基础教育。

一、技术业务学习

职工技术业务学习，主要有三种形式：

（一）长期系统文化技术教育

长期系统文化技术教育的具体形式和内容包括中专教育、大学教育、技工教育、专业教育。其中，大学教育包括企业或行业开设的业余大学、工人大学教育，函授大学教育，广播电视大学教育，高等教育自学考试教育等。技工教育又具体分为初级技工教育、中级技工教育、高级技工教育。专业教育包括外语专业、电子计算机专业、有关高新科学技术专业等教育。上述教育时间长、学费高，职工费用开支大，应采取职工自筹与企业或车间资助相结合的办法解决学费问题，一般可采取职工学习毕业后，再以毕业文凭为依据发给补助的方法。这些学历性质的长期学习，应以在职学习为主，需要脱产学习的必须经厂部批准。车间应对有学习能力的职工提出学习目标和要求，由职工个人订出学习计划，争取在一定时间内经过不脱产的学习达到中专、大专毕业以上文化技术水平，从而全面提高职工的文化素质。

（二）短期技术业务学习

短期技术业务学习的形式主要是短期办班和岗位训练。学习内容包括：

（1）新工人教育。进行思想政治、技术理论和操作技能的训练，着重进行思想政治、优良传统、厂规厂纪、专业工种、安全生产教育。

（2）工人初级技术理论教育。学习工人技术等级标准中三级以下"应知"部分的技术理论知识。

（3）工人中级技术理论教育。学习工人技术等级标准中四、五、六级工"应知"部分的技术理论知识。

（4）工人高级技术理论教育。不单独组织，主要通过业余大学来实现，实行短训班与长期班相结合。

（5）工人专题技术学习。根据生产需要组织专题学习培训，可以采取走出去、请进来等多种形式进行。

（6）工人操作技能训练。如岗位练兵、一专多能教育等，根据工作岗位和相关技术等级的"应会"要求安排学习训练，以提高职工的实际操作水平。

（三）鼓励职工自学

实践证明，自学成才也是职工成长提高的道路之一。车间和企业应采取行之有效的检查、考核、评价、鼓励的一套办法，鼓励职工自学自勉，把自己锻炼成为国家和企业需要的人才。

二、基本功训练

对职工的教育训练，要区分新职工与在职职工的不同情况去分别进行。新职工刚进厂不久，对环境、工作和人际关系都不清楚，正所谓人生地不熟，怀有怯生心理。而在职职工已在厂工作一定时间，对各方面情况比较了解，历练许多，习以为常，透出"老油条"味道。因此，对他们的教育训练必须采取不同的方法和不同的内容。

（一）新职工的教育训练

新职工是指企业新录用的人，有时也指转换岗位尚未熟练掌握工作的人。初进企业，新职工都要度过3～6个月不等的试用期或学徒期，试用合适，才能成为正式职工。

新职工一般是满怀着美好希望和憧憬进入企业的，但对工作现场一无所知，所以往往感到不知所措。他们一般存在以下问题：

（1）不了解企业的情况和自己工作的内容，只有简单的直觉判断。

（2）只有在学校学习的书本知识，无法展开实际工作。

（3）与人相处陌生，不能正确表达自己，被领导问及只会用含糊词语回答。

（4）出现问题时手忙脚乱地补救或寻找借口，不愿承担责任或不会考虑防止再错的方法。

（5）无法以正确的心态去接受指责和批评，不能正确使用礼貌用语。

（6）不知道工资的来源，即使工作做得不好，也觉得领这份工资是应该的。

对新职工的教育训练是车间基层领导和管理人员最重要的工作。要通过训练使新职工掌握工作岗位的基本要求，培养端正的工作态度和作风，能够发现和判断生产工作中的异常情况，正确处理工作和生活中的人际关系，心情放松，愉快工作。针对新职工的特点和训练要求，其训练内容应着重于以下项目：①企业的基本情况介绍；②有关工种的具体内容；③对自己工作业务的理解，包括工作范围、职责、目标、业务等；④本工种的技术理论和基本操作技术或工作方法；⑤工作场所的人际关系处理；⑥个人技术水平提高和能力开发的途径和方法等。

对新职工的教育训练，重点是岗位工作训练。其基本步骤如下：

第一步，消除新职工的心理紧张。

刚开始学操作时，新职工心里高度紧张，生怕做错了什么，如果培训人员也板着脸的话，那新职工就会手足无措，结果越紧张越出错，越错越紧张，错上再加错。培训人员可先找一两个轻松的话题，打消新职工的紧张心理。心情放松了，培训也就顺当了。

第二步，解说和示范。

对工作内容、要点、四周环境作逐一说明，待新职工大致有印象后，实际操作一两遍做示范。解说和示范的主要目的是让新职工在脑海里有个印象。同时还应注意的是，如在操作过程中有可能危害人身安全的地方，要重点说明安全装置操作或求生之道；解说时使用通俗易懂的语言，如有疑惑时，要解答清楚；必要时多次操作示范。

第三步，一起做和单独做。

操作做完一步，就让新职工跟着重复一步；每一小步的结果都进行比较，若有差异，要说明原因在什么地方。反复操作解说几次后，可让新职工单独试做一遍。这时，培训人员要站在一旁观察，以策万全。此外还应该注意的是，新职工操作每进步一点，都应立即给予口头表扬，以消除新职工的紧张心理和增强其自信心；操作关键的地方应让新职工口头复述一遍，看其是否记住；培训人员观察实习操作时动口不动手，让新职工自行将操作修正到好为止。

第四步，确认和创新。

新职工学会操作方法后，培训人员要判定其操作是否满足作业标准的要求，能否一个人独立作业，操作中有无偏离各种规定的行为。新职工能够独立工作后，对最终结果要反复确认，直到"出师"为止。培训人员传授新职工操作技能后还不能算功德圆满，还要指导新职工不断巩固提高，鼓励其大胆创新、勇于改革，借助新职工的新视点，将操作技术水平提上新台阶。

（二）在职职工的训练与学习

由于在职职工在本企业工作已有相当时日和一定的经历，其操作技能也有一定水平，但仍会参差不齐、良莠有别。因此，在车间里还常常看到这些所谓"老职工"中存在的一些不可忽视的问题：不遵守正确的操作规程和工作方法；工作质量未达到标准；常有做错的现象；损坏工具和设备；辅助器具及计测器的使用方法不当；废品及返工过多；没有正确地使用安全装置；发生工伤事故；通道和车间塞满了物品；浪费材料能源；工作偷工减料；对本职工作不感兴趣；经常迟到早退；工作无计划；待人接物态度差；队伍不稳定，人员流失多；等等。

对于在职职工中上述问题的存在和发生，一要分析具体原因和主要原因，二要检讨管理办法，三要有针对性地采取再教育、再训练的培养措施。对在职职工的训练培养应着重抓住以下六个要点：

（1）注重人格的培养。教育的首要任务是培养一个人健全的人格，知识的传授只是教育的第二意义。如果缺乏应有的人格锻炼，职工就容易在职业道德上产生偏差，造成不良的影响。所以日本企业流传着这样的一句话：再笨的员工，肯学也有一门好技术；而没有起码道德的员工，有多大才干就有多大危害。

（2）注重员工的精神教育和常识培养。企业管理要通过思想政治工作和企业文化建设，使职工树立正确的人生观、价值观和精神风貌；通过多种形式的职工民主管理活动，保障职工的合法权益和主人翁地位，增强职工对企业的向心力和凝聚力，使职工以强烈的使命感和责任心做好本职工作。同时还要加强对职工进行常识教育，使职工懂得做人、做职工的基本常识，树立优良的谈吐举止、待人接物方式以及对待工作的正确态度，体现出现代工人阶级优良的精神风貌。

（3）培养职工的专业知识和实际工作能力。没有足够的专业知识，不能满足工作上的需要；而缺乏实际工作能力，将成为无用之才。因此，企业基层领导者要十分注重对在职职工的岗位专业理论和操作技能的再教育，反复锻炼，不断提高。特别是当今社会科学技术发展飞快，新技术、新理论不断涌现，不抓紧对在职职工的再教育和再训练，必然跟不上时代发展的步伐和市场竞争的要求，"老职工"也将面临知识老化并失去实际工作能力。

（4）训练职工的耐心和细心。耐心和细心，看起来似乎是不足挂齿的小节，其实也是非常重要的。如果职工不具备耐心细致的工作作风，粗枝大叶，马马虎虎，就不可能生产出高品质、高附加值的产品。所以要特别注意这方面的锻炼培养，对一些细节也要严格要求，精益求精。

（5）培养职工的竞争意识。企业注重分工协作，同时也强调竞争促进步。只有有竞争意识，才能产生督促自己的力量，彻底地发挥自我潜力。市场经济是竞争经济，没有竞争意识和竞争能力，就没有企业的发展，也没有职工个人的出路。企业管理者要通过不同途径培养职工的竞争意识，争第一、争上游、争卓越，造就新世纪的竞争人才。

（6）注重职工心理素质的建设。一个具有良好心理素质的人，工作环境条件好，就能自我勉励，做到今天胜过昨天，明天胜过今天，即使在恶劣的环境或不景气的情况下，也能克服困难，承担压力，以积极的态度渡过难关，开辟胜利的新局面。特别是在市场经济高度发展的当今世界，竞争激烈，环境复杂，收入差别大，诱惑特别多，职工更要有坚强的心理承受力，胜不骄、败不馁，心不馋、手不贪，勇于战胜困难和不受诱惑，不怕风吹雨打，胜似闲庭信步，才能适应各种复杂环境，永远立于不败之地。

对在职职工的教育训练，根据其数量多和差异大的特点，应当采取个别辅导与集中指导相结合的方式。个别辅导解决具体职工的个别性、特殊性的问题，体现具体问题具体分析解决，分类指导，各得其所，各显其能。集中指导则解决职工队伍中的集体性、共通性的问题，强调协同配合，用集体的智慧和力量，共同完成企业的生产经营任务。对职工的个别辅导，可以采取下列不同形式：①说明辅导。事前准备一些通俗易懂的文字资料、音像制品，边说明边注意学员的理解程度，不明之处可反复说明。②咨询辅导。对心里怯难、惶恐不安的职工，班组长应采取积极倾听法，对其所提问题予以正面回答，既解疑又鼓励，让对方消除不安心理，坚定对自己的信心。③挑战辅导。对有能力的职工出色完成工作后，除了肯定和鼓励之外，还要适时交代更难一点的工作，让其向更高一级的难度挑战。④刺激辅导。对能力高的职工不作任何具体指导，只在想法和创意的要点上略作提示，刺激鼓励，继续前进。⑤答疑辅导。对自己有一套意见和想法但又心存疑问的职工，班组长除要尽可能地摆明自己的观点之外，还要解难答疑，使职工明白正误，更好工作。

通过个别辅导，职工的"单兵作战"的能力提高了，但这还不够，还要进行集中指导，以进一步提高组织的"整体作战"能力，发挥集体的智慧和力量做好工作。集中指导要做好下列工作：

（1）明确集体目标。集体的目标应当体现集体的智慧和集体的利益。之所以有人反对集体目标，一是没有反映其利益，二是没能让其参与其中。因此，制定集体目标，可以的话，应让每个职工都参与集体目标的制定，不但能使每人都明确集体的目标和集体的利益，并且能发挥每个人的聪明才智，群策群力，都成为目标的坚定拥护者和执行者。

（2）强调协同配合意识。企业是个大集体，车间是个中集体，工段、班组是个小集体，大家都要为集体的目标而共同奋斗。因此，要层层明确配合的目标、题目、规则、约定等事项，分配好每个人的职责和任务，并积极贯彻执行。要强调尊重彼此的职责，先打招呼后行动。要让每个职工都认识到自己在车间、班组里是不可缺少的，同时知道如果自己的工作没有做好、没有配合好，就会给别人添麻烦、拖后腿，影响集体目标的实现。

（3）借用集体的智慧。制定规则、约定时，要听取大家的意见，汲取集体的智慧。管理者要根据情况而放权放手，使大家有欲望地自主完成工作。基层领导者要十分明白，只有集中集体的智慧，沟通思想，才能增进领导者与被领导者之间的理解和支持；要懂得领导绝不能只停留在口头指挥上，而应该以身作则、身体力行、身先士卒，带领全体职工共同奋斗，夺取胜利。

（4）提高集体的自豪感和自尊心。谁都喜欢在一个有荣誉和有知名度的集体里工作，好的传统、风气、习惯要有意识地传下去，发扬光大，使每个职工都紧紧地团结在一起，为共同的目标做贡献。因此，当每个人都为这个集体而感到自豪和自尊，都在为维护这个集体的荣誉和尊严而努力时，任何集体目标的实现都将成为可能，并共同努力向着更高的集体目标前进。我们教育训练企业职工，就是要提高职工的集体荣誉感、自豪感和自尊心，增强集体主义观念，发扬集体主义精神，齐心协力，为实现企业发展的一个又一个目标而奋斗。

三、思想政治教育

车间思想政治教育的任务，是对职工进行系统的思想政治教育和日常思想政治工作，提高他们对工人阶级的历史地位和历史责任的正确认识，增强他们认识世界和改造世界的能力。目标是造就一代代有理想、有道德、有文化、守纪律的新工人，塑造坚强有力、勇于竞争、善于开拓创新的特别能战斗的职工队伍，为企业发展和国家建设贡献力量。

车间思想政治教育的内容，一是有步骤地对职工进行系统思想政治教育，包括爱国主义精神教育、集体主义教育、社会主义教育、民主法制纪律教育、职业道德教育等，使职工树立起正确的世界观、人生观、价值观和道德观。二是经常性地对职工开展时事政治、经济形势和科学技术发展教育，使职工了解天下大事，懂得社会发展趋势和国家建设形势，掌握党和国家的方针政策，提高思想政治觉悟。三是有针对性地抓好日常思想政治工作，切实解决职工日常工作、学习、生活中产生的认识问题和现实问题。四是配合开展和加强企业文化建设，树立以人为本、以职工为本的主导思想，尊重职工的主人翁地位，积极动员和组织职工参加民主管理活动，使职工不但努力完成生产技术经济工作任务，而且踊跃参与企业管理，充分发挥职工的主人翁作用。

开展车间的思想政治教育，车间主任全面负责，党支部具体管，党政工团一起抓，开展各种行之有效的活动和做法，如学习报告会、座谈讨论会、班前班后会、短训辅导班、自学兴趣小组、学雷锋小组、一帮一、结对子、个别谈心、集体访谈、外出参观、请进报告、野外郊游、交谊联欢、劳动竞赛、体育交流、扶贫帮困、志愿支农等等。内容丰富多彩，形式多种多样，方法生动活泼，不但能活跃车间班组气氛，增进职工身心健康，而且使职工增长见识，拓宽视野，提高觉悟，更加愉快和努力地做好本职工作，促进企业生产经营发展。

【复习思考题】

1. 什么叫企业管理基础工作？
2. 怎样看待企业管理基础工作的地位和作用？
3. 管理基础工作有哪些特点？
4. 管理基础工作包括哪些主要内容？
5. 什么叫标准化工作？它的基本任务是什么？
6. 什么叫定额？定额工作的"四化"是什么？
7. 什么叫企业规章制度？它包括哪些基本类别？
8. 企业和车间应怎样做好规章制度的贯彻执行？
9. 什么叫企业基础教育？
10. 职工技术业务学习有哪些基本形式？
11. 怎样做好新职工的岗位工作训练？
12. 对在职职工教育训练应抓哪些要点？

第三章 车间领导班子建设

工业企业是从事生产经营活动的经济实体，车间是这个实体的基层生产单位。车间主任是车间的行政领导人，对车间的生产技术经济活动负全面责任。车间工作千头万绪，企业的各项生产任务都要落实到各个车间去完成，毫无疑问，光靠车间主任一个人是做不完工作的。因此，在车间主任之外，一般还设若干名副主任作为车间主任的助手，受车间主任委托分管车间里各方面的管理工作。同时，车间作为企业里一级行政单位，一般还设立党、工、团等组织，由车间党、政、工、团的负责人组成车间领导核心，这个核心就是车间的领导班子。车间领导班子的素质和能力如何，直接决定着车间管理工作的成效大小，关系到企业分配给车间的生产任务能否如期完成，影响到企业整个生产经营活动的顺利进展。

第一节 车间领导班子的选拔和组合原则

一、车间领导干部的角色扮演

车间领导干部在企业里的角色和功能定位，与厂部领导干部和管理人员有很大的不同。车间是企业里基层的生产和行政单位，身为车间基层领导人员，在企业扮演着以下角色：

（1）车间领导干部是企业里的基层管理者。企业所有生产经营计划和指令，都必须透过车间领导干部而落实到车间、工段、班组去执行。因此，如果没有训练有素的车间基层干部，则企业所有工作的推行都将难以落实或大打折扣。可以说，车间领导工作上任何疏忽、遗漏的事，都将造成公司生产经营活动的失败或损失。因此，车间领导干部必须认识到自己在执行任务时正肩负着企业的使命和责任。

（2）车间领导干部是车间职工最直接的主管。车间领导人员每天和职工在一起工作、学习和生活，是对职工最具影响的人。因此，车间领导干部应建立起自己的威信，以获得职工的尊敬和信赖。

（3）车间领导干部要做好职工的老师。车间领导干部要领导好职工，无疑地在许多方面必须去教导职工，教导他们思想观念、生产技术、工作要领、工作规矩等，从而成为职工的导师。因此，车间领导干部本身在观念、技术、经验、学识、行为上都要认真要求和提高自己，才能成为职工心目中敬重的导师。另外，车间领导干部也要学习教导方法，才会更好地教导职工。

（4）车间领导干部要做职工的兄长。车间的生产技术、各项经济任务要通过组织领导本车间职工去努力完成。因此，车间领导干部应关心和照顾职工的生活、学习和工作，做他们的兄长，和职工打成一片，甘苦与共，才能获得职工的爱戴，顺利完成工作任务。

（5）车间领导干部是厂部领导的部属和幕僚。在组织系统里，车间领导干部是厂部的部属和幕僚，是厂部生产经营决策的参谋和执行者。因此，车间基层干部在工作上应全力与厂部配合，支持厂部的决定，协助厂部领导完成工作，做一个好的部属。千万不要逞一时之气与厂部领导作对，无论如何，与厂部作对，与上级领导作对，对于自己、对于上级、对于车间、对于企业都是不利的。

（6）当车间领导干部是自我提升的最好机会。担任车间基层领导干部，官虽小，管的人却不少，管的事更多，责任也很大，但正是在基层磨炼的好机会，从中可以造就出一个管理者待人处事的扎实经验，这就像在军队里当连排班长，将来出任将军的机会最大。因此，担任车间基层干部者应该自我庆幸和严格要求自己，现在的基层工作磨炼正是将来更大成就、更大进步的基础。

二、车间领导干部的素质要求

领导干部的素质，是指从事领导工作必须具备的基本条件，以及在领导工作中经常起作用的内在要素的总和。作为企业基层生产第一线管理者的车间领导干部，应当具备下列基本素质：

（1）知识素质。车间处于生产第一线，直接从事产品的加工，其车间领导干部必须具有相关的专业技术理论知识和基本操作技术，以内行的身份领导和指导本车间的生产技术经济活动。此外，车间领导干部还应该具有行政管理、劳动组织、职工教育、思想政治、生活管理等方面的知识。车间是企业里一个相对独立的集体组织，有相当数量的职工在一起工作、学习和生活，不仅要完成生产任务，而且要开展各项有益活动，要求车间领导干部不仅要有专业生产知识，还应尽可能具备更多的综合知识，以满足领导和管理工作需要。有些知识是本已具有的，而有些知识还欠缺，这要求车间领导干部"亡羊补牢"，尽快通过各种途径学会和掌握急需的管理知识。

（2）能力素质。车间领导干部的能力素质主要包括创新能力和综合能力。创新能力是企业领导干部最基本的能力素质，表现为洞察力、预见力、决断力、推动力、应变力等。综合能力主要包括信息获取能力、知识综合能力、利益整合能力、组织协调能力等。车间领导工作，既有对具体的生产技术活动的组织领导，又有对基层职工管理教育的各种事务，需要车间领导人具有较强的综合管理能力和实际操作能力。

（3）政治素质。政治素质主要体现在政治方向、思想境界、价值观念、政治道德和职业道德等方面。社会主义中国的企业车间领导干部应当具有社会主义信念、民主法制观念和爱国主义、集体主义精神，具有以人为本、以职工为本的价值观念以及光明正大、办事公正、大公无私、热心为民、踏实肯干、勤俭节约、不怕脏苦的良好品性，才能率领车间全体职工沿着正确的生产经营方向团结奋进，为企业、为国家、为人民做出贡献。

（4）心理素质。心理素质主要包括气质、性格、意志等几个主要方面。车间领导干部应当具有敢于决断、敢于负责的气质，竞争开放型的性格，坚忍不拔的意志，率领全体职工坚决执行厂部的决策和计划，努力完成生产任务，为实现企业经营目标提供低成本、高质量的产成品。

（5）身体素质。车间处于企业生产现场，条件比较艰苦，每逢任务紧急时还得加班加点，突击生产，车间领导理所当然要亲临现场指挥，甚至与职工一起苦干，没有健康的身体根本无法胜任领导工作。加之基层职工往往琐事繁多，遇事总先找直接领导作处理裁决，这样常使车间领导人日夜操心，奔波忙碌，没有较强的健康条件简直是无法应付得了的。因此，车间领导干部一般应以身体健康的中青年干部为主。

三、车间领导班子组合的原则

所谓车间领导班子，从狭义上讲是指车间主任、书记、副主任等几名车间负责干部；从广义上讲还应包括工段长、职能组长，以及党、政、工、团四大组织的负责人。车间领导班子是企业生产第一线直接指挥生产的指挥部，必须结构合理、团结协调，责权明确，善于应变，富有凝聚力和战斗力，车间主任必须紧紧依靠这"一班人"才能做好车间领导工作。

车间工作的好坏，关键在于是否有一个坚强有力的领导班子。而要建立一个坚强有力的车间领导班子，必须遵循下列原则：

（1）班子的组合必须有利于领导核心的形成。领导核心，主要是指整个领导班子的团结协调，在这个车间中富有凝聚力、号召力。其中，关键又是政、党一把手的团结和协调。明确地说，解决领导班子问题，主要是配好一、二把手。一、二把手团结协调，"敢"字当头，就可以把队伍带起来，出成绩。车间行政和党的一把手也就是车间主任和党支部书记，能否担当起核心的角色，并不单纯靠职位上的权力，主要靠他们自己内在的实力和品格对其他成员的吸引力、影响力，更重要的是靠车间主任和书记的团结协作精神。因此，配备车间领导班子首先要考虑车间主任与书记的协调，以及主任、书记对其他领导成员的影响力。只要车间主任和党支部书记能团结一致，并通过他们有效的工作，与领导班子中其他成员密切联系，建立感情，就一定能形成坚强的领导核心。

（2）班子的组合必须做到责、权明确。领导班子是一个集体，各成员之间必须明责定权、责权相当。一是成员之间的职责范围和职责界限必须明确，做到人各有职，职有专司，各司其职。责任界限不清，要么一部分工作无人负责，要么各自认为该工作应属自己管辖。尽管这种现象有时是从工作大局出发，但出现次数多了，领导成员之间难免会产生"争权"的误解，同时也难以排除确有争权夺利的现象存在。所以，责任不清常常是造成领导班子冲突分裂的根源。二是责、权必须相称。一个人负责某一项工作必须赋予其相应的权力，权大责小必然出现滥用权力而不负责任的现象，权小责大就会出现难以负责或无人负责的现象。

（3）班子的组合必须造成一种合理的"互补"结构。领导班子不仅要求有个体优势，而且要讲班子的最佳组合，才能搞好领导工作。这好比是一个乐队，乐器配备得当，才能演奏出好的乐曲。同样，车间领导班子也必须在其成员的性格、知识、智能、年龄等各方面有一个合理的"互补"结构，相互之间取长补短、相得益彰，才能产生优化的整体功能。如果领导班子成员虽然个人能力很强，但没有形成一个合理的"互补"结构，联系松散，相互排斥，能力内耗，就会起反作用，无法领导和团结全体职工做好各项工作。

第二节　车间领导的职责和权力

一、车间领导管理实务

在企业管理层级结构中，车间管理既属于管理层，又属于执行层，即执行厂部的决策、命令和计划，管理本车间的生产行政工作，以完成厂部下达的生产任务。车间管理是执行厂部生产计划中的管理，享有相应的职责和中度的权限，处事以务实和权变相结合。具体来说，车间领导担负着下列管理实务或者说职责范围、工作内容：

（一）领导统御

（1）管理职责：包括对"事"（生产技术经济活动）的组织、计划、指挥、控制，对"人"的领导、训练、使用等。

（2）团队沟通：包括会议沟通、联谊沟通、面谈沟通、申诉沟通、宣传沟通等。

（3）教育训练：包括对新进人员的教育训练，对在职职工的训练学习。

（4）考核奖惩：包括对职工的试用考核、平时考核、年终考核和奖金发放或扣减。

（二）日常管理

（1）物料管理：包括物料分类、领料发料、暂存保管、存量控制、余料退库、半成品转拨、成品入库等。

（2）设备管理：包括设备登记、资料保存、三级保养、故障排除、设备请修等。

（3）人员管理：包括人员资料、职工专长、一专多能、职务代理、工作安排等。

（4）方法管理：包括工作标准、动作训练、标准应用、操作规范、制程作业、检验作业、工作标准化等。

（三）机能管理

（1）质量管理：包括质量计划、设备点检、仪器校验、首件检查、自检互检、制程巡检、异常处理等。

（2）成本管理：包括成本结构、成本分析、节能降耗、费用节减、成本降低等。

（3）交货期管理：包括作业配合、进度分析、进度控制、产品统计、现场工作交接等。

（4）安全管理：包括安全作业规范、安全生产教育、安全管理工作、安全防护措施等。

（四）工作改善

(1) 生产现场管理：包括生产现场的整理、整顿、改善等工作。
(2) 合理化建议活动：包括提案制度、提案范围、提案处理、提案奖励等。
(3) 工作质量改进：包括发掘问题、分析问题、改善措施、巩固提高、经验交流等。

二、车间主任的职责和权力

车间主任是车间生产、行政工作的主要负责人，直接受厂长、副厂长领导，并对其负责。车间主任的主要任务是领导车间的全部生产经营活动，确保安全、均衡地完成计划任务，提高产品质量，降低产品成本。其职责是：

(1) 了解整个企业的战略地位、服务方向和经营目标，明确本车间的地位、作用和任务，明确自己的职责和权力范围，以及与其他车间单位之间的相互关系，以确定自己工作的方向和原则。

(2) 贯彻执行厂部的决策和计划，领导车间计划的编制，全面完成厂部下达的生产技术经济指标和工作任务。

(3) 改进和健全管理机构，选择管理人员，规定他们的工作内容，并授予相应的权力；积极发动和组织职工民主管理活动，齐心协力做好车间管理工作。

(4) 制定和修订管理制度，不断完善各项管理的基础工作，积极推行现代管理方法。

(5) 监督劳动纪律，检查所属工段、班组的生产效果，及时发现问题，分析原因，采取纠正措施。

(6) 按照生产技术发展的要求，积极组织安排车间职工参加政治、文化、技术培训、管理知识的学习。

(7) 积极抓好安全生产和劳动保护，大力加强生产现场管理，对本车间安全生产负完全责任。

(8) 关心职工生活、关心职工身心健康，以调动广大职工的生产积极性。

(9) 提出车间职工的任免和奖惩意见，做好工资奖金的核定工作。

(10) 按厂部规定的生产经营计划和各种经济指标进行工作总结，并向车间职工大会和厂部报告。

车间副主任在主任领导下工作，主要负责某一方面工作，并向车间主任负责。车间值班主任在值班期间，负责协调各工段、班组的劳动，创造必要的条件，使他们有效地利用工时、设备、原材料和动力，保证及时完成本班次的生产任务。

对照以上职责，车间主任应有以下相应的管理权力：

(1) 有对车间计划指标的分解权及在完成厂部计划后承接和安排超产、对外劳务加工等项任务的建议权。

(2) 有对本车间人员的派工权和工作调动权。

(3) 有对本车间奖金及其他收益的分配决定权。

（4）对违反厂纪厂规或发生工作责任事故的人有一定的处分权或建议权。

（5）对本车间下属人员有考核权，同时有对其他单位协作、服务工作的考核建议权。

（6）对不符合安全防火规定的行为或发生严重危及工人安全的情况，有紧急处置权。

三、车间党支部书记的职责

车间党支部书记是车间思想政治工作的主要负责人。他在厂党委的领导下开展工作，并对厂党委负责。车间党支部书记的主要任务是抓好党支部的建设，通过党员和工会、共青团组织做好职工的思想政治工作，保证车间各项政治、经济、生产任务的圆满完成。其主要职责是：

（1）按照民主集中制的原则，主持开好支部大会和支委会。把党的路线、方针、政策和上级党委的指示与本单位的具体情况结合起来，提出具体贯彻落实的方案，并认真组织实施。

（2）组织督促检查支部计划、决议的执行情况，及时发现和解决问题。在计划、决议贯彻执行告一段落时，要做出工作总结，经支委会讨论通过后，按期向支部大会和上级党委报告。

（3）经常与各委员保持密切联系，互通情况，密切配合。注意了解各委员履行职责的情况，帮助解决工作中的困难和实际问题，团结委员们发挥党支部的集体领导作用和战斗堡垒作用。

（4）和车间主任一起定期对干部进行培养、考察和提出任用建议。

（5）协调本车间内党、政、工、团的关系。掌握重点，照顾全盘，使之相互配合，步调一致，齐心协力做好车间各项工作。同时，通过党组织、工会及全体职工对车间主任和车间的管理工作实行监督。

（6）围绕生产行政工作做好经常性的思想政治工作。同职工保持密切的联系，经常深入到职工群众之中，细心倾听他们的呼声，关心他们的生活，关心他们的成长进步。

（7）教育干部和职工，不断提高他们的思想觉悟，支持和维护车间主任对各项管理工作的统一指挥。

党支部副书记协助支部书记工作，支部书记不在时，支部副书记代理支部书记的工作。

四、工段长及班组长的职责

工段长直接受车间主任、副主任的领导，并对其负责。班组长在工段长的领导下工作，并对其负责。工段长及班组长的主要任务是，按照车间下达生产任务，对具体生产作业进行组织、指挥。其主要职责是：

（1）了解车间的生产经营目标和方针，明确自己的职责和权力范围，以及和其他单位之间的关系。

（2）根据可利用的人力、物力、生产数量、质量和单位成本，安排和分配职工的具体工作，尽可能按良好的生产日程最有效地组织生产作业。

（3）按操作程序和标准对生产的每一个工序进行监督，及时发现问题，及时帮助职工解决生产技术上的难题，指导职工改进生产作业。

（4）定期对每一个职工的实际工作进行评价，帮助职工发扬优点，克服缺点。经常找职工谈心，鼓励他们提出建议，重视职工的想法和创造精神，在单位内维持高昂的士气。

（5）维护良好的生产秩序和工作纪律，保证按时上下班，及时公正地处理职工中的申诉和纠纷，鼓励他们互相理解、谅解和帮助，并为下属的个人问题做参谋，维护良好的人际关系。

（6）定期向上级报告本单位所取得的成绩和存在的问题，以便使上级及时地了解本单位的情况和给予指导。

第三节　车间领导班子成员的分工和协调

一、车间领导班子成员的分工

根据我国《工业企业法》的规定，我国的企业实行厂长（经理）负责制，车间则是实行厂长领导下的车间主任负责制。车间主任对本车间的生产和行政管理负全责，对车间的生产技术经济活动实行统一领导和统一指挥。同时，车间配置若干名副主任，作为车间主任的助手，在主任的领导下工作，受主任委托分管生产、技术、设备等某一方面或某几方面的工作，对车间主任负责。车间主任是车间行政上的最高负责人，他与副主任之间的关系是领导与被领导的关系。以车间主任为首的主任办公会是车间生产经营活动的指挥机构。主任办公会议形成的决议不是以少数服从多数为原则，而是在充分发表意见的基础上由车间主任个人决断。车间主任对本车间的工段、班组实行直接领导，车间的职能组或职能员只当车间主任的参谋而不能指挥工段、班组的工作，但要对工段、班组的工作给予业务指导。

车间党支部是车间的政治组织，受厂党委直接领导。在党支部里，书记与委员之间不是领导与被领导的关系，而是平等关系，党支部是以少数服从多数的原则形成决议的。车间党支部书记在车间里主要抓党支部建设和管好党员，同时抓职工的思想政治工作和监督车间主任及其副主任的工作，保证党的路线、方针、政策能在车间贯彻执行，教育全体党员和职工为完成本车间的生产任务而努力工作。党支部副书记协助党支部书记工作，并分管工会、女工和共青团组织工作。支部书记不在时，支部副书记代理支部书记的工作。在车间主任兼车间党支部书记的车间，一般还配备专职的党支部副书记。由专职副书记专门抓党支部的建设和职工思想政治工作，并与党支部其他委员一起行使党支部对车间主任及其副主任的监督，党支部的日常工作仍在兼职党支部书记主持下进行。工会、妇女、共青团组织在车间党支部分管、领导和指导下开展活动。

二、车间领导班子成员协调的原则

车间领导班子的团结、协调是实现领导班子结构优化的最主要的标准,也是车间主任实行有权威的、集中统一的生产经营指挥最根本的前提条件。要做到领导班子的协调统一,最主要的是要做到相互通气、沟通思想,达到谅解、支持和友谊,正确处理党、政、工三者关系以及上下左右的人际关系。

(1) 谅解。谅解是相互支持和建立友谊的融合剂。领导班子成员之间性格特点各有不同,兴趣爱好各异,知识能力各别,各有所长、各有所短。在工作中也常常有正确顺利的时候,也有失误受挫的时候,互相之间也难免产生一些分歧和矛盾、摩擦和误解。当发现这些苗头时,首先要求各自从工作的大局出发,不计较个人恩怨,求大同,存小异,相互谅解。如果斤斤计较,只会加深矛盾和分歧,使整个班子涣散。

(2) 支持。尤其是车间主任和支部书记之间的相互支持,是车间领导班子、领导效能充分发挥的强化剂。红花虽好还得绿叶扶托,任何事物都是相辅相成、相互联系、相互支持的。一个领导班子也是如此,离开了相互的支持,就不可能产生领导的整体效能,车间工作就会受到损害。

(3) 友谊。谅解和支持的结果是促成友谊,反过来,友谊又可以促进相互之间的谅解和支持。可以说,友谊是使领导班子效能持久的凝聚剂。友谊需要相互之间的珍惜,更需要各方有意识地去培养,达到友谊长存,愉快合作,共同做好领导工作。

一个领导班子成员之间达到了谅解—支持—友谊的良性循环,这个班子就可能无往而不胜了。而这种良性循环,主要通过健全的信息沟通才能实现。如果各干各的、互不通气,就会相互"撞车",增加矛盾和内耗。信息沟通的形式是多种多样的,开会讨论、个别商量、征求意见、谈心交心、文体娱乐等,都可以达到互通情报、沟通思想的目的。

三、正确处理车间党、政、工三者之间的关系

企业实行厂长负责制,相应地在车间也实行车间主任负责制,由车间主任对本车间的生产技术经济活动和行政管理统一领导和指挥。怎样使这种集中统一的领导制度真正发挥作用,以卓有成效地做好车间各方面工作,关键是正确处理好车间党、政、工三大组织的关系。

(一) 正确处理车间主任和党支部的关系

车间主任是车间的最高行政领导人,车间党支部则是车间的政治组织,他们二者之间不存在隶属关系。但车间主任作为一名干部或一名共产党员,他与党支部的关系则是个人与组织的关系,是领导与被领导的关系。车间主任对车间生产和行政管理统一领导和指挥,全面负责,而车间党支部则是通过对生产行政工作的保证监督作用,使车间贯彻执行党的路线、方针、政策以及厂部的决策和计划,完成本车间的生产经营任务和其他工作。

车间党支部的保证作用主要体现在:①抓好党支部的自身建设,端正党风,发挥党

支部的战斗堡垒作用和党员的先锋模范作用，使党支部成为实现车间目标的中坚力量。②做好思想政治工作，统一认识，调动广大职工的生产积极性、创造性。③建立规章制度，严明纪律，维护生产指挥系统的权威。④管理好干部，做好干部的选拔、培养工作，不断提高干部的素质。⑤健全职工民主管理，集思广益，使车间领导有用之不竭的集体智慧。

车间党支部的监督作用主要体现在：①通过职工代表大会，组织广大职工定期听取车间主任的工作报告，评议车间主任的工作。②通过建立正常的民主生活会制度，用批评和自我批评的方式解决思想上和工作中的分歧。③通过参与管理，用意见和建议的形式，把党的方针政策贯彻于各项行政决定和指令之中。

从党支部的保证监督作用可以看到，车间主任与党支部的关系是一种相互促进、相互制约的辩证关系。车间主任要处理好与党支部的关系，必须做好两方面工作：

（1）车间主任要注意尊重党支部的意见。虽然制度上规定车间生产行政管理工作不必经过党支部讨论决定，但为了保证指挥的通畅便当，保证决策尽可能符合实际、完善正确，主任在决策前最好事先征求党支部的意见，特别是重大问题应当请求召开支部委员会讨论，以便得到党组织的支持和监督。当然，支委会对生产行政工作的讨论意见只是为车间主任提供建议，不能作为决定。

（2）车间主任作为一名干部应带头执行党支部的决定，响应党支部的号召；如果是一名党员，更要严格要求自己，过好组织生活，自觉地定期、不定期地向党支部、党员大会汇报自己的工作和思想，主动征求党支部、党小组和党员对自己各方面的意见，主动争取党的领导和监督。

（二）正确处理车间主任和职代会的关系

车间职工（代表）大会是职工行使民主权力的机构，车间工会分会是职工（代表）大会的常务工作机关。车间主任与职代会的关系，是民主与集中的关系，是指挥与监督的关系。正确处理双方相互关系的主要形式是健全职工对车间的民主管理。职工民主管理包括两方面含义：既是职工行使主人翁权力监督领导、维护职工合法权益的有效形式，又是车间主任集思广益、发挥集体效能、调动职工劳动积极性、培养职工的主人翁精神的最好手段。

车间主任要处理好和职代会的关系，必须注意以下两点：

1. 思想上要重视民主管理

要从思想上重视民主管理，应当真正摆正两个关系：

一是摆正主人翁与公仆的关系，明确"领导就是服务""工人是企业的主人"的真正内涵。现代企业强调以人为本、以职工为本的管理，从而决定了车间的主人翁不是车间几个领导人，而是全体职工。车间领导实质上是为人民、为车间职工谋福利的公仆。车间主任只有真心实意地领导好、服务好，关心职工的疾苦，尊重职工，爱护职工，理解职工，才能调动起职工高度的生产积极性和主动性，去创造优异的生产经营成果。

二是摆正个人智慧与集体智能的关系，树立"群众是真正的英雄"的历史唯物主义观点。现代企业管理的经验证明，职工的民主管理是对企业实施有效管理的坚实基础。一个再高明再内行的领导,也不可能洞察一切,只有坚持民主管理,集思广益,发挥集体的智慧,才能取得正确的领导,做出正确的决策,才能得到广大职工群众的理解、拥护和支持,才更有利于贯彻执行。

2. 制度上要保证民主管理

一是要建立职工(代表)大会制。每年年初、年中定期召开职工(代表)大会,审议车间主任的工作报告,通过车间主任修订完善管理制度,检查和评议车间干部的工作。

二是不定期地邀请职工代表参加主任办公会议,一起分析车间的生产、技术、质量、成本等重大经济技术指标的执行和完成情况。特别是有关职工的切身利益问题,如晋级、浮动升级、重要的奖惩问题,一定要征求职工代表的意见。

三是健全工会组织,做到车间有工会分会,班组有工会小组,选拔有群众威信、热心为职工服务、作风正派、敢于直言的人担任车间工会分会主席和工会小组长,并保证他们有职、有权、有经费开展有益活动。在日常工作中,工会分会主席和工会小组长有权过问、评议和检查车间、班组对职工的奖惩情况,认为不合理的有权要求有关领导做出解释或予以纠正,敢于不管领导干部的"面子"而坚决捍卫职工的合法权益。

四是制定合理化建议奖励制度,鼓励和奖励职工随时可以提出合理化建议和意见。对于有重大合理化建议被组织和领导采纳,并产生一定好效果的,要及时给予奖励和宣传。对于技术革新、节能降耗等有一定贡献的职工,要及时给予奖励和鼓励,以造成广大职工都来关心企业、关心车间、关心管理、关心生产经营的热烈的民主气氛。

四、正确处理上下左右的关系

上下左右关系,实际上是人们在社会中的人际关系。美国"霍桑试验"的结果认为,影响工作效率和生产发展的最大障碍,不是或不完全是物质待遇和工作环境,而是在工作中形成的"人际关系"。现实许多事例证明,一个人失败的原因,往往不是因为欠缺能力,而是由于不会处理人际关系,上下级关系紧张,同级相互掣肘。无论个人有多大才能,因受各方牵制也会无能为力。因此,车间主任要想顺利地实施统一领导和指挥,必须正确处理好上下左右的人际关系,使各方面因素协调一致,正常地开展车间各项工作。

(一) 正确处理车间主任和党支部书记的关系

车间主任和党支部书记同是车间的党政主要负责人,是车间领导班子中的核心成员,两人是相互配合、相互促进的同志关系,不存在隶属关系,也无第一、第二之分。主任和书记能不能相互支持、相互配合,能不能团结协作、步调一致,是车间整个领导班子能否发挥整体效能的关键所在。所以两人都要十分谨慎地珍惜和处理好双方之间的关系,以"谅解、支持、友谊"的原则和"互通情报"的要求,认真对待以下三个问题:

(1) 各司其职,相互支持,真诚配合。在车间里,车间主任对生产和行政管理全面负责,党支部书记负责思想政治工作和保证监督。主任与书记的分工和责任不同,接受不同系统的领导，但相处一起，目标都是为了把车间的工作做好。两人的根本利益是一致的，车间搞好了，双方都有功劳；工作搞糟了，谁也逃脱不了责任。因此，主任与书记必须互相支持，步调一致，齐心协力完成车间生产经营任务。但是，由于主任与书记的职责不同，权力也有区别，双方都必须认识到要在自己的职责范围内工作，而任何超出职责范围去行使权力都是极不明智的，很容易伤害上下左右同事的感情，影响正常的工作秩序。所以，属于别人职权之内，决不能干预；属于自己的责任，也不能推卸。那种是好事就争、就抢，见困难就推、就踢的行为，特别是推过揽功、争权夺利的行为，是破坏同志间良好关系的腐蚀剂，必须坚决予以根除。

同时又要清楚地认识到，任务分工都是相对的。车间工作是一个整体，各项管理工作是相互联系、相互交叉的。主任全面负责，书记保证监督，同属一个车间，同干一个主体任务，双方必须相互支持，真诚配合。车间主任在生产行政工作上是唱主角的，在思想政治工作方面就要唱好配角；反之，书记在思想政治工作方面要当好主角，在生产行政方面要当好参谋和助手。主任和书记不管工作上是主角还是配角，都要互相沟通信息，多碰头、多交谈、多商量，以取得共同意见。凡在重大问题上非取得一致意见不能行动。当然也不可能事事一致，没有分歧。而在生产行政上发生分歧意见时，一般应尊重车间主任的意见；在思想政治工作方面发生分歧时，应尊重党支部书记的意见。这样，既有职责分工，各司其职，又有真诚配合，相互支持，就一定能把车间工作做好。

(2) 宽容为怀，相互谅解，维护团结。误解—猜疑—斗气—分裂，几乎是一切组织解体的规律。"误解"是分裂之始，消除误解是维护组织团结的重要保证。"误解"有来自群众的误解，有来自上级的误解，有来自相互的误解，还有原则性与非原则性之分、长期性与暂时性之别。对于非原则性的、暂时的误解，大可不必当真，不必要斤斤计较，以谅解、宽容为宜。对原则性的长期的误解，当然需要尽快解释清楚，以明是非，消除误解。但有些一时还解释不清的，就要冷静对待，同志之间求同存异、委曲求全，决不能踏上"猜疑""斗气"的台阶。如果遇到上级或下级对一方的误解，另一方应尽力解释，以消除误解。对于对方的"斗气"行为，更要以宽容为怀，不要动不动就向上级汇报，须知一旦把矛盾暴露在上级面前，分裂恐怕就在眼前了。即使对方真有了错误，也不要"以牙还牙""以眼还眼"，更不能以错对错。只有宽容谅解，甚至以德报怨，才是正确的态度。以德报怨，从眼前看个人要受点委屈，但从长远看是有益无害的。一旦对方知道你是以德报怨，你们之间的友谊就会像醇酒一样愈久弥香，团结更加紧密精诚。

(3) 求同存异，珍重友谊，携手共进。车间主任和党支部书记同在一个车间做负责工作，分工不同，职权有别，又从属于不同领导系统，还兼有互为制约的关系，工作中的不同意见总会少不了的。但这些意见只要不是为谋私利的钩心斗角的分歧，就能找到双方的共同利益和共同基础，达成互相谅解，求同存异，共同努力做好车间工作。组织上将两人安排在一起工作，朝夕相处，不说是缘分，也是有机会，人生苦短不容易，都应好好珍惜，友好交往，真诚配合，培植友谊，须知"友谊和团结比什么都重要"。因此，主任和书记在工作和生活中都要互相尊重，互相关心，互相支持，互相学习，取长补短，共同提高。车间工作受挫，双方都应主动承担责任，不应诿过对方；工作有了成绩，应归功于大家，归功于部下和职工，不应贪功为己有。不争权、不争名、不争利，正确对待权力关、名利关和困难关，齐心协力，携手共进。

（二）正确处理车间主任与下级的关系

车间主任与下级的关系，主要是车间主任与副主任的关系，以及与工段长、班组长、职能组长的关系。车间主任要和下级搞好关系，相互尊重、相互支持，如果出现矛盾，一般来说主要责任应在上级，因为下级往往有一种对上级的尊敬趋向和依附心理。车间主任应该充分利用这一优势处理好与下级的关系。

（1）要注意言传身教，以德才影响下级。构成领导权力基础的有两方面的力量：一是领导者的领导地位，二是领导者的专长和品德。二者对下属群众产生的影响力，也就是平日所说的"威信"，它是一种客观存在的社会心理现象，也可以说是一种使人甘愿接受领导者影响的心理因素。要真正发挥有效的领导，光靠地位、权力是远远不够的，重要的还得靠领导者的威信。只有靠领导者个人的良好素质和品德表现，才能取得被领导者的遵从和信服。因此，车间主任要通过自觉地学习和锻炼提高自己的素质，树立自己的威信，这是处理好上下级之间的关系、调动下级工作积极性的前提条件。

下级对上级最可信服的是示范，是领导者的以身作则、带头作用。要求下属遵守的，自己首先做到，言行一致，身体力行，下级才会信服你；劳苦在先，享受在后，下级才会敬重你；有自知之明，不做自己能力达不到的事，发挥己之专长，不干则已，干则成功，下级才会佩服你；大公无私，主持公道，关心下属疾苦，办事公正廉明，下级才会亲近你；善于发现部下工作中的问题，对部下严格要求，不轻易妥协，下级才会敬畏你；在困难和挫折面前不退缩，总是给人以鼓舞，下级才会依附你；对下级不轻易许诺，一旦答应，就应切实做到，不提做不到的目标，下级才会信任你。只有这样，你才能对下级产生强大的吸引力，下级才会乐于接受你的领导。

（2）要注意放下架子，对下属以诚相见。阻碍人际关系正常化的最主要障碍之一，就是人与人之间的尊卑、贵贱，人与人之间的不平等。不通人情，互相之间的不尊重，人际关系必然恶化。领导者要想让下级愿意接近你，并无拘束地讲真心话，就应放下架子，平等待人，和下属以诚相见，也讲真心话。

以诚相见就要宽以待人，要容人之长，不妒贤嫉能；要容人之短，不求全责备；要容人之怨，愿听逆耳之言。有成绩者要及时给予鼓励和表扬；有缺点错误者，既要给予严厉的批评和帮助，并要给予改正的机会。以诚相见，宽容大度，才有利于上下级之间融洽感情、亲密无间。以诚相见，还要"一碗水端平"。领导对待下级若不能一视同仁，厚此薄彼，必然是人言啧啧、众心离散，难以实施有效领导。

（3）要注意尊重下级职权，放手让下级负责。保姆式的领导是最不受下级欢迎的领导。上级对下级要充分信任，大胆放权。正常情况下，上级不要随便干预插手或代行下级职责之内的工作。随便干预下级的工作，不但会影响下级的自主能力和责任心，造成下级对上级的依赖心理，而且必然使下级产生对上级的不满。

（4）要注意区分下级能力大小，善于指导下级工作。对下级的领导和指导工作好不好，关键看效果，不能只凭好心。要想有好效果，其中之一是对下级要求水平要适当，要使下级有"成功感"和"胜利感"。因为，一个人有了"成功感"，就会促使他连续不断地实现其工作目标；相反，有了"失败感"，就会泄气，不想再向前了。这就要求领导者处理好要求水平和下级能力之间的关系。下级能力有大有小，上级领导要洞察下级能力情况，有针对性地提出要求，给予指示。对能力强者，提要求要高些，但管得要松些，让其更多地放手去做，挑战新高度，以获得成功感和胜利感，更加奋发前进；而对于能力低些的，提要求不宜过高，但管理要更严厉些，指导更具体些，使其更加放心工作，以争取成功的目标，也当胜利者，获得进步感。只要车间主任清楚掌握下属的能力情况，有针对性地根据下级能力不同提出不同的要求，精心指导下级，就一定能使上下级关系更加密切，更好地领导全车间职工出色完成生产经营任务。

（三）正确处理车间主任和上级的关系

处理好同上级的关系，也是车间主任的人际关系中的重要内容。在我们的社会里，上下级之间，既是领导与被领导的关系，也是同志关系。因此，在处理与上级的关系时，必须革除旧社会那种庸俗的官场作风。

（1）要尊重领导，不阿谀奉承。尊重领导，是下级应有的起码态度。领导讲话要认真听取，不要交头接耳、看书看报；领导布置工作，要做好记录。遇到领导，应主动问好打招呼。重要工作任务完成后，要及时向领导汇报。汇报力求简明扼要，尽量不影响领导的正常工作和休息。而有些人，为了讨好领导，吹吹拍拍，这种吹牛拍马的行为最使正直的领导厌恶。这样做，既失望于群众，也降低了自己的人格。

（2）相见以诚，不弄虚作假。和上级领导相处一定要相见以诚，实事求是，从工做出发，不夸大成绩，也不回避问题。相反，那种弄虚作假、欺上瞒下的行为必然损坏工作，最终破坏整个计划，而且迟早会被揭穿，其结果不但贻误了工作，也害了自己。

（3）尽职尽责，不夸功摆好。上级最喜欢的下级就是忠于职守、尽职尽责的人。这样的人对上级的决定执行坚决，令行禁止，而不各行其是。对自己职权范围的事，能任劳任怨、知难而进，决不推给上级。取得成绩，从不夸功摆好，向领导索价讨赏。领导奖惩错了，能顾全大局，不埋怨、不消极，而是一如既往，做好工作。

（4）维护领导威信，不犯自由主义。维护领导威信，是促进上下级关系的良好途径。不以己之长比上级之短。不因一时一事得不到解决，就对领导妄加非议，甚至采取无理行为。当领导的意见和指示有不对的地方，应当面委婉地指出，不能当面顶撞。明知领导不对，也不劝阻，而采取"等着瞧热闹，干错了你负责"的态度，是一种不负责任、对领导阳奉阴违的行为。

第四节 车间主任素质的培养和提高

一、未来车间管理的发展趋势

当今世界是市场经济高度发展、全球经济一体化的新时代，现代化的浪潮席卷全球。我国作为世界上人口最多、幅员广大的发展中国家，恰逢其时地汇入了现代化建设和现代化管理的洪流中。我国的现代化建设指的是工业现代化、农业现代化、科学技术现代化和国防现代化，而作为现代化建设的重要手段的现代化管理则指的是企业管理现代化。企业管理现代化是企业管理总体的现代化，包括管理思想现代化、管理组织现代化、管理方法现代化、管理手段现代化和管理人才现代化。车间管理是企业的基层管理，是企业管理现代化的重要内容。未来的车间管理将随着企业管理现代化的进程而具体展开，现代化管理的思想、组织、方法、手段和人才都将最终落实于车间管理，展现出科学、民主、先进、高效和更具操作性、更加丰富多彩的新景象。

（1）人本管理主题化。随着现代经济的迅猛发展，人的作用显得越来越重要。人的积极性、创造性已成为当今企业发展的第一要素。以人为本的企业文化应运而生，人本管理成为企业管理的主题，并越来越显示出其根本意义。车间是职工聚集最多的地方，车间管理要突出对职工的尊重、关心、理解、爱护和培养，以此体现出生产管理中的人文关怀，激发职工的主人翁精神和巨大的劳动热情。

（2）人才开发多能化。当今社会市场经济高度发展，竞争异常激烈，市场变化极其复杂，为此，企业生产经营中需要更多的多面手人才，以应付市场多变、生产多变的情况。作为企业生产第一线的生产车间，培养和使用一专多能的操作者是突出的要务。

（3）劳动组织灵活化。因为市场变化快，品种生产变换也快，为适应品种生产而调整的劳动组织也越来越多。虽然先进的成组加工技术可以减少劳动组织的调整，但社会生产仍以灵活多变的生产组织为主。特别是随着更富人情味的职工上班时间灵活选择制度的实施，生产作业的灵活性和劳动组织的灵活性也就更突出。车间管理如何灵活而又有条不紊地安排生产作业和劳动组织，也就成为日常的突出事务。

（4）劳动制度合同化。实行市场经济，劳动力商品化已成必然。今后的企业职工，从管理人员到操作工人，都将全部实行来去自由、自主择业的合同制。职工流动性大，使车间的劳动力管理和使用也更灵活但也更复杂，急需摸索出一套更适合本企业使用的劳动合同管理办法。

（5）管理人员知识化。科学技术高度发展的社会化大生产，生产技术和管理技术都有很高的知识含量，非过去推崇的"老经验"所能应付得了。车间管理人员不但要有丰富的实践经验，同时要掌握系统全面的管理知识和管理技术，否则将一筹莫展。试想，连先进的管理设备也不会使用，还谈什么开展现代管理工作。

（6）管理思想民主化。随着科学技术的普及和传播手段的发达，人们见识更多，接触面更广，职工思想也更活跃，不再是过去"一切行动听指挥"的被动服从，往往会提出许多对管理的挑战。特别是当今世界十分强调企业职工的主人翁作用，职工民主管理也更加深入人心。因此，车间管理必须立足于职工民主管理的基础，认真发动和组织职工参与管理，齐心协力做好车间各项工作。

（7）管理方法综合化。现代化大生产应用越来越多的学科知识，许多边缘学科如系统论、信息论、控制论等由此而产生和应用。同时，现代管理还综合运用行政、法律、经济、数学、心理学和行为科学的知识和方法，形成综合化管理。车间管理干部必须通过各种途径学会和运用综合管理的方法技能。

（8）管理手段自动化。以电子计算机和闭路电视为主的自动化管理手段正陆续在企业中广泛应用，不仅用于计算和分析，而且用于信息传递、执行指令和作业监督。因此，要求车间管理人员必须学会电脑操作技术和软件知识，有关操作人员也要掌握电脑技能，才能有效地开展车间的生产经营活动。

（9）管理基础科学化。企业管理基础工作一般都是经过严密的测算统计分析而确定的。随着实验手段和计算分析手段的发达，标准、定额、计量等更加精确，制度也更加完善，教育也更具针对性和有效性，使管理基础更具科学性，为企业管理和车间管理提供出更加精确的信息依据和规范准则。管理人员和操作人员必须对管理基础进行重新核定和重新学习，以便更有效地进行管理和生产。

（10）人际关系复杂化。随着现代通讯、交通工具的发达和职工知识面的扩大，职工思想越来越活跃，人们的交往也更加广泛和复杂。特别是随着新生产方式（如供应链等）的出现，企业生产的分工协作越来越社会化和复杂化，职工对内对外交往大大增加，人际关系越来越复杂，思想渗透影响也越来越复杂。因而企业和车间的思想政治工作任务也越来越重，要求党组织只有更加深入地调查研究，才能掌握职工的思想动态，以便有针对性地采取行之有效的思想政治工作，为完成车间生产任务提供有效的保证和服务。

二、车间主任素质的自我提高

面临企业管理、车间管理的新形势和新任务，作为企业的基层领导干部的车间主任，应当怎么办？毫无疑问必须知难而上，努力学习，刻苦锻炼，不断提高自己的业务素质和工作能力，做现代企业一名合格的管理者，努力成为出色的企业家，为祖国的现代化建设事业努力奋斗。车间主任应该如何在繁忙的工作之中提高自己的素质和管理水平呢？下面几点应当是必须考虑和做到的：

（一）确定目标，制订计划

首先应当确定自己所要达到的主要目标，为自己树立一个努力的方向。然后根据目标，制订一份精确、简要而清楚的自修计划。比如确定一个五年奋斗目标，制订三年的自修计划大纲，每年一份按月安排的详细计划。至于制订计划的内容，要根据各人的情况而定，因为各人基础不同、起点不同、短缺不同，不能一概而论。一般来说应确定一个主攻方向，对主攻方向的知识、智能力求精、细、深，对其他方面缺什么补什么，该补到什么程度就补到什么程度，即通常所说的专业方向或一专多能。总的来说，一个优秀的企业管理者必须具备的知识、智能和品德包括下面内容：

1. **基本知识方面**

（1）企业管理的基本原理、方法、原则、制度和各项专业管理的基本知识。

（2）系统工程、决策技术、滚动计划、网络计划技术、成组技术、价值工程、量本利分析等18种现代管理方法。

（3）与本单位产品有关的生产知识，如产品结构原理、工艺原理、加工制造过程等。

（4）人文知识，即处理好人际关系、调动人的积极性所必须具备的知识，如心理学、教育学、行为科学、哲学、社会学、经济学、企业文化、思想政治工作等。

（5）其他方面的知识，如文学、美术、体育等。

2. 智能和品行方面

智能即运用知识的能力，也就是通常所说的实际工作能力。品行是指人的思想品德和工作作风、生活作风，这是人们运用智能待人处事的思想基础。具体包括：①探索、创新能力；②组织、计划能力；③协调、控制能力；④沟通人际关系能力；⑤精神体质能力。

（二）持之以恒，坚持自修

自修，即自我修炼，包含自我学习和刻苦修炼两重意义。自修是中华民族的传统美德，自古至今，多少名人学者无一不是经过艰苦自修而成就事业的。一个人不论他有多么优秀，具有许多长处，如果他不刻苦学习，深入研究，亲自实践，历经磨难，也不可能担当大任，有所成就。

第一，要有对事业的执着追求和信心。对事业的忠诚、热爱和执着，矢志不移，凭着对事业追求的驱动力、黏着力、浸透力和持续力，形成一种坚强的毅力，顽强拼搏，百折不挠，没有爬不上的高山，没有成就不了的事业。

第二，按照计划每天坚持学习。据对近百年来活跃于世界实业界的成功人士的调查，坚持业余自学是他们成长成就的重要原因。每天坚持一个小时的业余学习，再加上节假日学习时间，日积月累，天长地久，就能读书破万卷、下笔如有神，事业就有了雄厚的基础。

第三，每天坚持写日记，随时习惯记卡片。也就是说，每天进行工作纪实，利用少量时间回顾一下当天处理的主要工作，有什么体会，有什么欠缺，有什么错误，再安排一下明天应该做什么事，应该注意些什么。同时，对读到、看到、想到的好语句、新资料、新观点、奇念头，随时记于卡片上，以作日后启发参考。写日记、记卡片，看起来简单，坚持也非易事。写日记不仅是天天写、日日记，而且是一种毅力自炼，天天锤、日日炼，不断记事体会，不断总结分析，不断改进提高，连自己也会惊异进步之快，成就事业就在眼前。

第四，定期进行自我检查，修订自修计划。自我检查过程就是一个总结、改进、提高的过程。不断完善自修计划和自我实践，在已取得成绩的基础上，对自己树立更高的目标，提出更高的要求，勉励自己不断前进，永不止步。

（三）虚心好学，能者为师

凡企业管理者均有所长所短，车间主任要善于学他人之长，拜能者为师。师者不分职务身份高低，一技之长也该自己虚心请教，取他人之长补自己之短，使自己更快成长。向他人学习不是丢面子的事，也不是掉架子的事；相反，越是勇于向地位低的人学本领，越显得其虚心高尚，备受众人称赞和尊敬，而不懂装懂，高高在上耻于下问者，才是被人最瞧不起、最鄙视的。

（四）干中学习，锻炼提高

除了学龄青少年，成年人绝大多数是在干中学习，将过去学到的理论知识与实际工作相结合，既巩固了已有的知识，更增长了实践才干。车间主任工作繁忙，不可能经常脱产学习，主要还是靠一边工作一边学习，在实践中学，边干边学，边学边干，学干结合，相得益彰，不断锻炼提高。同时，也要努力争取外出进修、外出参观考察和各种锻炼机会，促进思考，扩大视野，增长管理知识，增强实际工作能力，使自己成为成熟的企业管理者，成为成功的企业家。

三、加强车间后备干部的培养工作

培养后备干部，是一切事业长盛不衰的重要保证。车间领导班子建设，也要十分注重后备干部的培养工作。车间领导工作属于基层管理的踏踏实实的工作，选拔后备干部，一要强调实干性，找有实干精神、会实干的人；二要注重专业性，找有一定专业理论知识或专业生产知识的人；三要考察勤奋性，找积极肯干、不怕脏和苦、又能勤俭节约的人；四要了解品行性，找有道德、作风正、讲信用的人；五要注意年轻化，一般要求在二十来岁到三十几岁之间。

车间后备干部的来源，一是从生产第一线的骨干即工段长、班组长中选拔，他们最具实践知识和操作技能，最了解本车间产品生产情况和人员情况，最适合将来从事车间主任、副主任工作。二是从机关管理干部中选拔，他们既有专业知识，又通晓整个企业生产经营运转概况以及各车间的分工协作，一旦深入车间基层进行学习锻炼，不仅能胜任车间领导工作，而且还是将来遴选企业领导干部的苗子。三是从学校毕业来厂来车间工作锻炼已有三几年头的大学毕业生中选拔，他们拥有比较系统的专业理论知识，又有了三几年本企业实际工作的经验和体会，对基层领导工作是很快就能上路的，并且能有长远发展的前景。

对车间后备干部的培养，要根据入选者的不同情况有针对性的补缺和锻炼。对于从工段长、班组长中选拔来的，应给予更多办班进修的机会，补充专业理论知识。对于从机关科室选送来的管理干部和大学毕业生，多让他们在车间管理实践中学习提高，边干边学，增强实际工作能力。不管是哪些来源的后备干部，都要组织安排他们学政治理论、学市场经济、学职业道德、学法制观念、学创新思维、学思想政治工作和本车间产品生产知识，这样才能培养和锻炼出德才兼备的车间后备干部，将来接班把车间、企业的生产经营搞得更好，事业后继有人，企业永葆兴旺发达之青春。

【复习思考题】

1. 车间领导干部在企业里扮演什么角色？
2. 车间领导干部必须具备什么素质？
3. 车间领导班子组合的原则是什么？

4. 车间领导的职责范围是什么？
5. 车间主任有哪些职责和权力？
6. 车间领导班子成员怎样分工？
7. 车间领导班子协调的原则是什么？
8. 怎样处理好车间主任与党支部的关系？
9. 怎样处理好车间主任与职代会的关系？
10. 未来车间管理的发展趋势是什么？
11. 车间主任应怎样注意其素质的自我提高？
12. 怎样做好车间后备干部的培养工作？

第四章　班组建设与民主管理

班组是企业的细胞，是企业内部最基层的生产单位和行政单位，企业生产、技术、经济等各方面的工作，都要通过生产班组的活动来实现。班组的建设和管理工作是企业生产、行政工作的基础。加强班组建设是提高企业生产水平、技术水平和经营管理水平的重要环节，是增强企业活力的源头，是实现企业物质文明建设和精神文明建设双丰收的重要保证。

第一节　班组设置的原则和组织形式

一、班组设置的原则

班组是企业生产行政管理最基层的一级组织，它是根据产品或工艺的要求，把若干相同或不同工种的工人，在明确分工、分清职责、相互密切协作的基础上，运用所拥有的机器设备、工具、原材料等生产资料，从事生产产品的劳动集体和劳动组织形式。在工业企业里，不管其组织结构怎样变化，其高层和中层机构采取什么样的组织形式，其最基层都一样地设置班组形式。所以说，上有千条线，下为一根针，不论规模大小的企业组织，其生产、技术、经济各方面任务都必须通过最基层的班组来落实和完成，班组成为企业一切工作的落脚点，是企业开展生产经营活动和其他工作的基本单位，是企业里最基本的劳动组织形式。

生产班组是根据生产类型、工艺特点和生产需要来划分和设置的。其设置的原则有三个：一是工艺原则，即按生产工艺的性质来设置班组，在班组里集中同类型的工艺设备和同工种的工人，担负着对不同产品进行同类型工艺方法加工的任务；二是对象原则，即按加工对象（产品）来设置班组，在班组里集中着为生产某一产品或零部件所需的不同类型的工艺设备和不同工种的工人，担负着对同一产品进行不同工艺方法的加工任务；三是混合原则，也称综合原则，即按照生产活动中协调配合很强很重要的特点来设置班组，将有关的设备和工人集中混编，担负混合生产、工作任务。

二、班组的组织形式

生产班组根据班组设置的原则和不同情况，可采取不同的组织形式。其基本形式有：

（1）工艺专业化班组。此为根据工艺原则而采用的班组形式。它是按生产工艺的特点，把同类设备和同工种工人组织成一个班组，对不同产品进行相同工艺方法的加工。这种劳动组织形式由于工人进行同样的工种工作，因而便于工人相互学习、培训指导和考评管理。

（2）对象专业化班组。此为根据对象原则而采用的班组形式。它是按加工对象的任务，将为加工某产品所需的不同设备和不同工种工人组织成一个班组，对相同产品进行不同工艺方法的加工。这种劳动组织形式因设备不同和工人工种不同，培训指导比较复杂，但作业管理简化许多。

（3）混合班组。此为根据混合原则而采用的班组形式。它是在劳动分工的基础上，为完成某项工作任务，把相互紧密联系的不同工种工人及其工具设备组成一个班组。这种劳动组织形式有利于加强各工种之间的协作配合。

（4）机组班组。此为根据成组加工的要求而采用的班组形式。它是将同类机器组成机组或不同机器按工艺顺序组成机组，形成机群式的工作地，由一定数量的工人在明确分工的基础上，对零件进行加工的劳动集体组织形式。一个机群组及其操作工人就是一个班组。大型联动设备实际上也是一个相互联结的机群组，其劳动组织形式也归入机组班组形式。一台大型设备及其各岗位上的工人，就是一个班组。随着机械产品向大型化、精密化、自动化方向发展，机械加工设备自动化、数控化程度的提高，成组及特种工艺加工技术的推广应用，机组班组这一种劳动组织形式必将促进工人生产效率和设备利用率的提高，取得更好的经济效益。因此，机组班组是机械加工行业中一种先进的劳动组织形式。

以上四种生产班组的组织形式，究竟采用哪一种形式，应从各自的实际情况出发，根据具体生产条件和需要来确定。但不论采用哪一种形式，都必须注意人员的合理配备，明确岗位责任，搞好协作配合，齐心协力完成生产任务。

三、班组的地位和作用

班组是工业企业的基层生产组织和行政单位，是工人参加生产活动和管理的重要场所，处于生产第一线，是企业各项工作的落脚点，是出产品、出经验和培养人才的基地。工业企业的设备、工具和原材料等劳动手段在班组里掌握使用，企业的生产、技术、管理工作都要在班组落实和显示效果。所以，加强班组建设和管理，对提高企业管理水平、发展生产有着十分重要的意义。

（1）班组作为企业最基层的生产单位，其生产经营活动直接决定着企业成本和利润的高低。企业生存的目的和意义在于利润，班组的存在也是因为它能实现这个目的。企业生产经营的具体活动要在一个个班组中进行，班组的资源消耗和产品质量决定着产品成本高低和利润大小。所以，企业要降低成本、提高劳动生产率，首先就要从班组抓起，抓班组节能降耗，抓班组生产质量。如果不从这个根本上抓，那么一切的改善活动都只是在刮表面风，成本降不下，利润上不去，连企业的生存也受到了威胁。

（2）班组作为企业最基层的管理单位，其管理水平直接影响到企业管理效果的大小。班组直接面对每一位职工，企业的精神和管理措施最终要通过班组贯彻到每位职工，然后通过职工的工作成果——产品反映出来。所以，企业的管理、思想、文化一定要深入到班组这一层次，管理效能才能发挥作用，企业才能焕发生机。特别是通过发动和组织职工直接参加班组民主管理活动和企业民主管理活动，体现和发挥职工的主人翁作用，调动职工的当家做主精神及其劳动积极性、创造性，更好地做好企业各方面工作。

（3）班组作为企业生产流程的一个个环节，其协调与合作情况直接决定着企业生产过程的正常运转。整个企业的生产经营活动，就是一个产品的制造过程。这个过程有的长有的短，而衔接整个生产流程的，是一个个班组，每个班组都是其中一个环节。因为生产流程是由一个个环节构成的，所以，需要各班组、各环节更多的协调与合作，企业生产经营活动才能正常进行，才能按质、按量、按期完成生产计划任务，使企业的再生产能够周而复始地正常运转，不断重复，不断增值，不断提高经济效益。

（4）班组作为企业提高职工素质和培养人才的场所，其团队气氛直接影响到职工队伍素质的提高和人才成长。凡经营成功的大中型企业，都有长远的战略眼光，都不约而同地把培养人才当作是企业的使命。培养人才、提高职工素质为了什么？当然是为了创造更大的价值。企业人才主要在哪里培养？实践证明，企业所需要的人才，既不是在研究所也不是在大学里培养出来的，而是在生产现场、在班组、在生产第一线、在企业里培养出来的。如果没有一支认真负责、精益求精、熟悉生产业务的职工队伍和企业人才，想制造出精品、创立名牌，是很难办到的。而这样的职工队伍和创造人才，既不是在厂长的几次训话中形成的，也不是发几次奖金或罚几次款就能"激励"出来的，它是靠班组长和工人师傅长期的严格要求，工作上手把手具体指导，同事间无障碍切磋交流，在这样的团队集体气氛里逐渐锻炼影响而造就的。

（5）班组作为企业中最能激发创意、解决问题的基层劳动集体，其生机和活力直接影响到企业的生机活力和提高经济效益。看一个企业有没有活力，首先看班组有没有活力，而不断创意、不断改善是保持活力的"灵丹妙药"。如果班组是激发创意、解决问题的劳动集体，永远都生机勃勃，职工在这个集体里每天都保持着新鲜感和成就感，每天都面对新的挑战，那么他们就会快乐工作，不断进步，不断发明创造。职工不断激发创意和解决问题，班组具有较强的开拓创新能力，企业的生机和活力就会不断增长，经济效益也会相应提高。

四、班组管理体制和管理原则

班组实行在车间主任领导下的班组长负责制。凡属日常生产或行政工作，由班组长统一指挥。班组长既是直接参加生产的工人，又是班组生产、行政活动的组织者和指挥者。

在班组里，通常由班组长、党小组长、工会小组长、团小组长组成班组的核心（称为领导小组或核心小组），在班组长的主持下，研究和解决管理中的各项重要问题。班组的重大问题，在做出决定之前，应通过班组民主会的形式，广泛听取班组成员的意见。班组根据实际情况需要，可设个别副班组长和少数工人管理员。工人管理员是班组长的助手，受班组长和工会组长领导，同时接受有关业务科室和专业管理人员在业务上的指导。工人管理员主要协助班组长进行各个业务方面的具体管理工作，同时又是职工民主管理的重要形式。

在工业企业里，班组管理的基本原则是"管理无小事"。对于企业高层管理者而言，其工作原则是"行政长官不过问琐事"，其主要精力应放在管理企业的战略发展方向、重大决策的调整上。对于一名班组长而言，根据其定位要求关注生产现场工作中的每一个环节，绝不能有丝毫的疏忽，否则就可能造成某种失误、事故，甚至出现重大的事故。因此，班组长在管理中必须遵循"管理无小事"的原则，做到班前布置，中间控制，事后检查。班前要对职工进行工作布置和讲明注意事项，中间要对班组生产的进度、质量、方向等各方面进行恰当的及时控制，事后还要进行检查和总结。

根据班组的实际情况，班组管理应坚持下列具体原则：

（1）以人为本原则。班组是操作工人聚合的集体，集中着生产第一线的工人。关心职工就是关心群众，班组管理要以职工群众为出发点和归宿点，在工作、学习、生活中都要体现出尊重职工、关心职工、理解职工、爱护职工和培养职工的观念和行动，维护职工的合法权益，发挥职工的主人翁作用。

（2）情感管理原则。对班组职工遇到的困难和问题的处理，特别对棘手问题和犯错误问题的处理，管理者要将人比己、设身处地地从情感和认识两方面去启发和教育职工，动之以情，晓之以理，帮助职工提高认识，寻求妥善的解决办法。

（3）思想教育与解决实际问题相结合原则。对职工的思想情绪波动，要及时了解和解决，一方面教育其正确对待，另一方面要尽力帮助解决实际问题，包括工作、学习、生活、经济、家庭、婚姻、团结、纠纷等，凡属合理要求或合法权益的，都要努力协助解决。许多实践证明，实际问题解决了，思想也就通顺了。

（4）严格要求与耐心教育相结合原则。对职工生产、技术、培训要严格要求，不能降低标准，不能马虎过关。但同时要耐心给予指导和鼓励，使职工克服畏难情绪，更快掌握生产技能，提高业务素质。

（5）以生产实绩论英雄原则。班组的中心任务是搞生产，评先奖优一定要以生产实绩为依据。实绩就是贡献，实绩高就是生产能手，就是劳动模范，就该评优获奖，借以鼓励职工努力学艺，积极生产，苦干加巧干，为企业做贡献。

（6）能者为师原则。班组人员都是生产第一线操作工人，岗位练兵提高技术素能是最重要的。相互学习，相互指教，不分年龄，不论老少，不限职级，能者为师。一帮一，一对红；对手赛，哥俩好；齐努力，红一片，在班组里形成一种积极钻技术、学业务、当能手的比学赶帮超的浓厚氛围。

（7）合理化建议有奖原则。发动职工大胆对班组、车间的生产、技术、经济、管理等各方面提合理化建议，特别是技术革新、节能降耗、提高质量、治理污染等方面的建议。凡经鉴定、采纳使用的合理化建议，应视其重要程度向厂部申报奖励，以调动职工对企业生产经营的关心和创意。

第二节　班组的中心任务和管理制度

一、班组的中心任务和主要工作

班组的中心任务是：在不断提高职工思想道德素质、技术业务素质和完善经济岗位责任制的基础上,以提高经济效益为中心,全面完成车间下达的生产作业计划任务,为满足人民日益增长的物质和文化生活需要,促进两个文明建设,办好中国式的社会主义企业做出贡献。

班组的主要工作是:

(1) 做好思想政治工作,教育职工坚持四项基本原则,贯彻执行党和国家的方针、政策和法令,遵守社会公德和职业道德,做有理想、有道德、有文化、守纪律的新工人。

(2) 讨论生产计划或承包任务,积极总结、推广先进经验,大力开展技术革新和合理化建议活动,保证全面均衡地完成作业计划和承包任务。

(3) 组织班组人员积极参加政治、文化、技术、业务学习,大力开展岗位练兵和帮教活动,不断提高全班组成员的素质。

(4) 加强班组管理,以质量管理为重点,以岗位经济责任为基础,建立健全各项管理制度,不断提高班组科学管理和民主管理水平。

(5) 搞好职工劳动竞赛,积极开展比、学、赶、帮、超活动和其他有益的竞赛活动。

(6) 搞好安全技术教育,精心维护保养设备,认真执行劳动保护法规和操作规程,保持生产现场整洁,做好劳动保护和环境保护工作,与伤亡事故、尘毒危害和"三废"污染做斗争,努力做到安全生产和文明生产。

(7) 关心班组人员的健康和生活,搞好互助互济,做好计划生育工作,开展各种有益的文体活动。

二、班组的职责和权利

班组的主要职责是:根据车间下达的生产计划任务,正确有效地组织生产,保证按质、按量、按期全面完成班组的各项任务,开展班组经济核算,组织职工劳动竞赛,严格执行工艺,遵守劳动纪律,提高产品质量,降低产品成本,贯彻经济承包责任制,正确及时地做好各种原始记录,为车间、企业提供最直接、最准确的数据和信息资料。

班组在对企业负责的前提下享有如下权利:

(1) 在有利于生产(工作)的前提下,允许合理分配工人工作和调整本班组的劳动组织。

(2) 工艺文件不齐全,工艺装备和主要原材料不符合工艺设计要求和没有使用说明书或合格证,有权拒绝加工生产。

(3) 发现设备运转不正常,影响产品质量或威胁工人身体安全时,有权停止设备运转。

(4) 对班组工人在生产(工作)中有突出成绩或发生重要事故造成严重经济损失及违法乱纪不遵守规章制度的,有权建议上级给予奖励或处分。

(5) 在工人技术(业务)考核、晋级等工作中有组织评议和建议权。

(6) 对那些在生产(工作)中严重失职的行政管理人员,有权提出批评或向上级反映情况。

(7) 对工厂和车间不符合实际情况的规章制度,有权建议取消或修改。

三、班组管理制度

（一）工人岗位责任制

(1) 班前准备：做到提前到岗位，看好交接簿；检查安全防护装置，穿戴好劳保用品；了解作业计划，熟悉工艺图纸；校对材料（毛坯），检查设备和工装完好情况；先加油润滑后试车。

(2) 班中坚持：坚守工作岗位，按工艺操作规程和产品质量标准进行生产；坚持"三检"（首检、自检、互检）制度，保证产品质量；经常检查设备各部位完好情况，发现故障隐患及时排除，按时维护保养设备，保证设备清洁、完好和正常状态，提高设备开动率；坚持安全文明生产，按照规定使用劳动保护用品和安全装置，严防违章作业；妥善保管和合理使用各种工具辅具，精打细算，修旧利废，节约使用，降低消耗，提高质量，减少不良品。

(3) 班后做到：擦拭好设备，整理好工量辅具、零件；清扫现场，为下一班创造良好条件；记好当班的各项原始记录，按规定交接班。

（二）班组管理制度

(1) 思想政治工作制度：坚持学政治和时事，贯彻国家各项法令法规，遵纪守法；广泛开展谈心活动，人人做思想政治工作，大力表彰先进，做好后进职工转化工作；开好民主生活会，积极开展批评和自我批评，讲团结互助，讲协作风格，讲思想觉悟，不断调动职工生产工作的自觉性、积极性和创造性。

(2) 技术质量管理制度：提高和保证产品质量，严格按工艺操作，按图纸加工，按制度办事，做到"三对"（对照图纸卡片、对公差尺寸、对工装量具）、"三检"（首件交检、中间自检、互相抽检）、"三不将就"（机床有毛病不将就、准备工作不充分不将就、工装刃量具不好使不将就）、"三不放过"（出了不良品和废品时查不清原因不放过、不吸取教训不放过、措施不落实不放过）；组织好文化技术学习，开展技术革新活动，练基本功，能者为师，互教互学，搞好传、帮、带；坚持安全文明生产，零件、毛坯和工装摆放整齐，做到"四无"（无锈蚀、无油污、无毛刺、无磕碰）、"一不落地"（零件不落地）；搞好环境卫生，做到地面无油污、无垃圾、无杂物，道路通畅无阻。

(3) 设备维护保养制度：遵守设备操作规程和维护保养制度，实行定人、定机、定工位；设备运转中有故障隐患，要及时排除，防止设备带病运转；坚持设备点检制度，搞好设备维护保养，做到"三少"（停歇台时少、维修费用少、维护人员少）、"一高"（设备开动率高）。

(4) 工具管理制度：合理使用工具，减少工具消耗，用完的工具及时送回，量检具按周期交检；专用和常用工具做到机台保管，通用工具小组保管，定期核点，对损坏和丢失工具要分析并查明原因；工具箱内要摆放整齐，做到账、卡和物"三一致"。

(5) 经济核算制度：把车间下达班组的各项经济技术指标逐项分解到机台、人头，及时统计，认真汇总、核算和分析，定期公布成果；贯彻按劳分配原则，把小组完成任务的好坏与小组个人经济利益结合起来，奖惩分明，调动职工积极性。

（6）安全生产制度：新工人到岗位前必须进行安全教育，熟悉设备结构与性能，有操作证后才能独立操作；工作中不谈笑打闹，不擅自脱离岗位；离开时，必须先停车；定期检查、分析安全生产情况，制止违章作业，发现不安全因素要及时采取措施，及时排除故障；发生人身、设备事故，对伤员要急救，要保护好现场，认真查明原因，吸取教训，杜绝人身、设备事故再次发生。

（7）生活管理制度：加强职工互相间的团结，生活上要互相关心，经常进行家访，做到一人有困难，大家帮助解决，坚决响应国家号召，提倡晚婚晚育，做好计划生育工作；办好互助储金会，教育职工勤俭持家，安排好家庭生活，搞好困难补助。

四、建立坚强有力的班组核心

班组要建立以行政班组长、工会组长、党小组长、团小组长和班组骨干为核心的班组领导小组或核心小组。领导小组或核心小组会议由行政班组长和工会组长共同主持。班组的重大问题，在做出决定之前，应通过核心组和班组民主会的形式，广泛听取班组成员的意见。

建立一个坚强有力的班组核心，首先要配备好班组长。要通过民主选举思想好、技术高、能力强、干劲大、会管理的同志担任班组长和工会组长。班组长要严于律己，以身作则，事事起模范作用，做到思想工作做在前，生产任务干在前，艰巨工作抢在前，执行制度走在前，关心群众想在前。其次是建立起由党、政、工、团四个小组长和主要"工管员"参加的班组核心。没有党、团小组的班组，应由班组长、工会组长、党团员、老工人或主要"工管员"组成核心组。再次是要求班组核心组成员和骨干力量都要自觉地在班组各项工作中起模范带头作用，成为学政治、学技术、学文化、学业务、学管理的模范，做思想政治工作的模范，遵守纪律和执行制度的模范，坚持团结、关心同志的模范，大干"四化"，创优质、高产、低耗、安全的模范。

发挥班组核心在班组管理中的作用，要求做到以下几点：一是核心组成员既要有分工又要有协作，分工不分家。经常碰头，互通情况，有事共同商量，统一思想，步调一致，统一行动，发挥集体力量的作用。二是加强核心组成员之间的团结。有不同意见，开诚布公摆到桌面上，开展批评和自我批评，做到互相关心，互相帮助，取长补短，共同提高。要防止自由主义，杜绝派性。三是调动班组所有人员的积极性，依靠群众，实行班组民主管理，根据需要设立若干"工管员"，做到人人有事干，事事有人管，并大力支持"工管员"的工作。四是既要充分发扬民主，集思广益，又要强调集中，统一指挥。

五、大力加强班组建设

班组是企业组织生产经营活动的基本单位，是"两个文明"建设的第一线，是企业活力的源头。只有把班组建设搞好，把班组工作抓好，企业才能稳步发展；只有班组充满生机和活力，企业才会有活力和后劲，才能发掘出蕴藏在广大职工群众中的积极性和创造力，在国内外市场的激烈竞争中立于不败之地。班组建设的基本要求是：班组不仅要组织好生产劳动，而且要懂得技术、会管理，认真执行职业道德规范，能从事一定的技术革新和技术开发，既能出产品、出经验，又能出人才，逐步使班组由"单纯生产型"转变为"生产管理结合型"，由"体力劳动型"转变为"智力体力结合型"，以适应市场经济的需要，建设"四有"（有理想、有道德、有文化、守纪律）队伍，做到高效、优质、低耗、安全和文明生产。

加强班组建设，要具体落实到班组的思想建设、组织建设和业务建设等几个方面去开展工作：

（一）思想建设

（1）加强思想政治工作。开展群众性的思想政治教育，开展谈心活动，做到热情帮助，耐心细致，及时发现和解决问题。大力宣传先进，积极扶植正气，开展批评与自我批评，做好后进职工的思想转化工作。

（2）关心群众生活，经常进行家访，了解工人生活状况，直接帮助或协助车间、工厂解决工人群众生活上的实际问题。

（3）建设精神文明，认真培养队伍作风，坚持高标准严要求，努力建设一支思想好、干劲足、技术精、作风好、团结紧、纪律严、顾大局、向前看、贡献大的战斗集体。

（二）组织建设

（1）建设坚强的班组核心。关键是配备好班组长。班组长应实行民主选举，由思想好、技术精、干劲足、会管理、原则性强、联系群众、作风民主的同志担任。建立以班组长、党小组长、工会组长、团小组长或党团员和老工人组成的班组核心，并公布于众。班组长和班组核心成员要加强团结，以身作则，处处起表率作用。

（2）组织工人参加班组民主管理。从班组实际出发，配齐必要的工人民主管理员，明确职责和职权范围，充分发挥他们的作用。"工管员"要积极主动地开展工作。

（3）建立健全班组管理制度。除企业和车间的各项管理制度外，班组还应根据实际情况，建立一套以岗位责任制为主要内容，包括思想政治工作、技术质量管理、经济核算、工具管理、设备维护、安全生产、生活管理等的制度。建立制度要走群众路线，使制度变为群众的自觉行动，并在工作中不断完善制度。

（三）业务建设

（1）加强生产管理。根据企业的要求和车间（科室）向班组下达的作业计划，因人因活因设备制宜，合理分配生产任务。掌握生产进度，组织均衡生产，及时处理生产中的问题。开展劳动竞赛，保证优质、高产、低耗、安全生产，全面和超额完成生产（工作）任务。

（2）加强劳动管理。建立健全班组各项原始记录和凭证，按日统计品种、产量、质量、节约等指标完成情况，定期核算出勤率、工时利用率和劳动定额完成率等，并定期公布，分析原因，及时总结经验，表彰先进。针对生产中的薄弱环节，发动群众大搞技术革新和技术革命，不断提高班组出勤率、工时利用率和劳动生产率。

（3）加强技术管理。牢固树立质量第一思想，认真贯彻工艺，建立产品质量责任制，实行自检、互检、专职检验相结合，推行全面质量管理，保证产品质量和工程质量。做好质量标记、统计工作，定期进行质量分析，搞好不良品管理。开展岗位练兵和质量管理（QC）活动，不断提高产品质量。

（4）加强设备管理。要建立健全和认真执行设备维护保养制度，实行定人、定机、定岗位。每个工人都要做到懂设备结构，懂设备原理，懂设备性能，会操作使用，会做一级保养，会检查设备，会排除故障，使设备保持良好状态。开展日常点检活动，主动配合检修人员，搞好设备检修工作，不断提高设备的开动率。

（5）加强经济核算。把生产（工作）任务分解到机台、人头，开展"小指标"竞赛，进行指标分项核算或价值综合核算。把完成指标的好坏与个人利益结合起来，把竞赛和奖励结合起来。坚持各项指标的经济分析活动，比先进，找差距，总结经验，调动群众的生产积极性和创造性，不断扩大经济效果。

（6）坚持安全生产和文明生产。经常进行安全文明生产教育，严格执行安全文明生产制度，定期检查，落实措施，交流经验，预防事故发生，确保安全生产和文明生产。

加强班组建设是提高企业生产水平、技术水平和经营管理水平的重要环节。企业各组领导要把班组建设纳入工作的重要议事日程，加强领导，抓好典型，以点带面指导工作。企业各业务部门要按系统定期轮训"工管员"，充分发挥专业管理对群众管理的指导作用，使专管与群管紧密结合。工会要多做具体组织工作，开展竞赛，组织比、学、赶、帮、超活动，定期检查，总结交流经验，表彰奖励先进，不断推动班组建设工作的开展。

第三节　班组长的产生及其职责权限

一、班组长的定义和角色认知

班组长是指在车间生产现场，直接管辖若干名（一般不超过20名）生产作业职工，并对其生产结果负责的人。班组长管理控制的幅度，因行业、企业的区别而有所不同，而其称呼也有所不同，有班长、组长、领班、拉长、线长等称谓。班组长一般由车间主任任命，或由班组群众民主推选，再经车间主任批准产生。班组长既是直接参加生产的工人，又是班组生产活动的组织者和指挥者。

班组长的使命是为实现企业的生产经营目标而根据本班组现有的条件，优质高效地完成车间下达的生产经营任务或业务。班组长的工作是对将生产资源投入生产过程而生产出产品（服务）的管理，其任务包括对班组人员的领导监督和对班组生产活动的组织指挥，保证按质、按量、按期完成生产作业计划。

班组长按不同的角度，扮演着不同的角色：

（1）对于企业来说，班组长是基层的管理员，直接管理着生产作业人员，是产品质量、成本、交货期等指标最直接的责任者。

（2）对于车间来说，班组长是车间主任命令、决定的贯彻者和执行者，是企业精神传播的窗口，又是车间领导与班组职工沟通的桥梁。

（3）对于班组职工来说，班组长是本班组职工的直接领导者和生产作业指导者，并对本班组职工的作业能力和作业成果做出评价。

（4）对于其他班组长来说，相互之间是同事关系，是工作上的协作配合者，又是职位升迁的竞争者。

班组长在企业、车间、职工、同事之间，扮演着不同的角色，不同的角色赋予其不同的价值：其一，班组长是企业价值和利润的创造者，班组长应努力锻炼自己成为能为企业创造更大价值的人，才会获得企业的珍惜和任用。其二，班组长是中层管理人员的"左右手"，认真贯彻执行车间主任的指示和命令，与上司形成配合和辅助的关系，才是班组长应有的聪明之举。其三，班组长是班组作业人员的帮助者和支持者，班组长应诚意为职工解决工作上以至生活上的困难，才会获得职工的拥护和爱戴，以权相压只会适得其反。其四，班组长是同事之间的战友和兄弟，彼此之间应多多交流，认真搞好协作配合，切忌互相拆台和互相攻击，主动搞好协作配合和团结，才受上司赏识。

二、班组长的选拔和产生

班组长由班组成员民主选举产生或由车间主任任命。民主选举产生的班组长，每届任期为两年，可以连选连任。对不称职的班组长要及时进行调整，同时也要保持班组长的相对稳定性。班组长的条件是：①坚持原则，敢于负责，作风正派，办事公道；②会管理，能带领群众完成本班组的各项生产、工作任务；③熟悉生产，懂业务，技术精；④善于搞好团结，关心同志；⑤有中专以上文化水平，身体健康。上述条件中，第③条是要特别强调的。班组长作为一个兵头将尾，一定要是业务尖子、行家里手，只有如此，说话才能有力量、有权威。当然，班组长的人际协调能力应该较强，作风正派。至于会管理，可以在干中学，并接受组织培训。

企业厂长、车间主任和工会组织，都要重视和加强对班组长的选拔和培训工作。班组长的产生，无论采取何种方式，都必须坚持群众路线，把群众拥护的人选拔出来。要制订培训计划，通过各种形式对班组长进行系统的班组工作基本知识教育，尽快把他们培养成为合格的、优秀的班组活动的组织者。要创造条件，逐步实行班组长职前培训教育制度。经培训不合格的，不能担任班组长。对已培训过的班组长，还要经常组织知识更新短期培训，不断提高他们的素质。工会组长、党团小组长以及工管员等班组骨干，都应纳入培训计划。

三、班组长的地位和作用

在企业，从纵向结构上划分为三个层次：经营层、管理层、执行层。经营层指总经理、董事长等，负责企业战略及重大决策的制定。管理层指部门经理、部长、科长、车间主任等，负责层层组织和督促职工们保质、保量地积极生产市场上所需的各种产品。执行层就是最基层的管理者，又称为作业层，例如工段长、队长、领班，更多的是班组长。有的企业将车间主任也划入执行层。

  班组是企业组织生产经营活动的基本单位，是企业最基层的生产管理组织。班组中的领导者就是班组长，班组长就是班组生产管理的直接组织者和指挥者，也是企业中最基层的负责人，属于兵头将尾，是一支数量庞大的队伍。班组管理是指为完成班组生产任务而必须做好的各项管理活动，即充分发挥全班组人员的主观能动性和生产积极性，团结协作，合理地组织人力、物力，充分利用各方面信息，使班组生产均衡有效地进行，最终做到按质、按量、按期安全地完成上级下达的各项生产计划指标。班组长既是产品生产的组织领导者，又是直接的生产者。在实际工作中，经营层的决策做得再好，如果没有班组长的有力支持和密切配合，没有一批领导得力的班组长来组织开展工作，那么经营层的决策就很难落实。班组长的特殊地位决定了他们要对三个阶层的人采取不同的立场：面对本班组的部下（职工），他应站在代表经营者的立场上，用领导的声音说话；面对企业经营决策者，他又应站在反映部下（职工）呼声的立场上，用部下的声音说话；面对直接的上司，他又应站在部下和上级辅助人员的双重立场上讲话。总之，班组长的特点可以用四句话来概括：职位不高，决策不少，"麻雀"虽小，责任不小。

  班组长是企业产品生产的组织领导者和直接生产者，其使命就是在生产现场组织创造企业利润。班组长的使命通常包括四个方面：一是提高产品质量。质量关系到市场和客户，关系到消费者的直接利益，班组长要领导职工为按时、按量地生产高质量的产品而努力。二是提高生产效率。提高生产效率是指在同样的条件下，通过不断地创新并挖掘生产潜力，改进操作和管理，生产出更多更好的高质量的产品。三是降低成本。降低成本包括原材料的节省、能源的节约、人力成本的降低等。企业成本中80%是由车间成本构成的，而车间成本的大小又主要由班组生产过程中资源消耗量的大小所决定。抓好节能降耗是班组长义不容辞的责任和使命。四是防止工伤和重大事故。有了安全不一定有了一切，但没有安全就没有一切。班组长一定要坚持安全第一的观点和原则，采取措施防止工伤和重大事故，包括努力改进机械设备的安全性能，监督职工严格按照操作规程办事等。事实早已证明，很多事故都是由于违规操作造成的。

  班组是企业的"细胞"，班组管理是企业管理的基础。无论什么行业、工种，其共性就是拥有一定的劳动手段和劳动对象，直接承担着一定的生产任务，其中包括产品、半成品或服务。在这里，班组长有着三个重要作用：一是班组长影响着企业决策的实施。因为决策再好，如果执行者不得力，决策也很难落到实处。所以，班组长对决策的态度及其实际工作表现，影响着企业目标最终能否实现。二是班组长既是承上启下的桥梁，又是职工联系领导的纽带，班组长的思想和态度，直接影响职工的思想和态度，在很大程度上决定着能否上下齐心协力为实现企业的生产经营目标去奋斗。三是班组长是企业生产的直接组织和参加者，既是生产技术骨干，又是业务上的行家里手，他的态度和行动直接影响和决定着班组与车间能否按质、按量、按期完成生产经营任务，从而影响企业的生产经营成果。因此，如何选拔好班组长和怎样调动他们的积极性，以发挥良好作用，是企业领导者和车间主任都要十分重视解决好的问题。

四、班组长的职责和权限

班组长的职责是，按照企业经营目标的要求，根据车间主任的指令，做好本班组的生产、经营和管理的组织工作，确保完成各项生产技术指标和工作任务。概括地说，班组长的职责，一是管理生产，包括现场作业、产品质量、成本核算、材料管理、机器保养等；二是管理劳务，包括人力调配、排班、考勤、情绪管理、技术培训、安全操作、卫生、福利、保健、班组建设等；三是辅助上级，及时向上级反映工作中的实际情况，提出自己的建议，做好上级领导的参谋助手。具体地说，班组长的职责范围主要包括下列内容：①亲自参与和发动骨干做好班组职工的思想政治工作；②组织全班组完成企业或车间下达的各项生产计划及工作任务，努力实现安全生产；③组织好劳动竞赛和岗位技术培训，大力表扬好人好事；④抓好劳动纪律，搞好考勤；⑤组织指导"工管员"开展班组民主管理工作，检查督促各种原始记录的填写；⑥开好核心会、班前班后会和民主生活会。

班组长作为班组生产行政的负责人、生产经营活动的组织者和指挥者，具有以下权力：①有权组织指挥和管理本班组的生产经营活动；②有权根据生产经营活动的需要调整本班组的劳动组织；③有权根据本厂的规章制度制定班组工作的实施细则；④有权拒绝违章指挥和制止违章作业；⑤有权向上级提出对本班组职工的奖惩建议；⑥有权按照企业内部经济责任制的规定，对本班组的奖金进行分配；⑦有权推荐本班组优秀职工学习深造、提拔和晋级；⑧有权维护班组职工的合法权益。

五、努力做好班组长

加强班组建设和班组管理，做好班组各项工作，班组长是关键。班组长应做到以下五点：

一是要以身作则，处处起模范带头作用。严于律己，宽以待人，有重担抢先挑起来，有困难带头去克服，有缺点自觉检查改正，有方便主动让给别人。

二是要善于做团结工作。班组共同的事，大家议，集体定，分头干，不搞"专政"，不突出个人；有意见分歧，依靠骨干分头解决，或拿到会上，当面开展批评与自我批评，不搞"小广播"，不搞小动作；互通情报，及时交流思想，不搞"老死不相往来"，不搞突然袭击；大家都走一盘棋，互相支持，互相关心，不互相拆台，不另搞一套；原则问题开展思想帮助，小事问题互相谅解，不斤斤计较、吹毛求疵；受到表扬时，首先想到别的同志，工作中有缺点，主动承担责任，首先检查自己。

三是要有革命事业心。在工作中要敢于负责，善于管理，不能睁只眼闭只眼；要做有心人，发现问题随时解决，克服怕得罪人的"老好人"思想；要坚持原则，主持正义，对班组工作负责，对革命事业负责。

四是要有过硬的技术本领。努力钻研技术，成为练基本功的尖子、优质高产的闯将、技术革新的能手、本班组工作的多面手。如果作为班组长的基本功不过硬，心中就没底，出了技术问题就不知道怎么办、瞎指挥，别人不服气，说话就没人听。

五是要有好的工作方法。按客观规律办事，做到每日"三抓"，即抓思想，开好班前班后会；抓生产，开展比、学、赶、帮赛；抓典型，表扬好人好事。每周"五查"，即查政治文化技术学习情况，查各项指标完成情况，查工具保管使用情况，查设备保养和安全文明生产情况，查事故隐患。每月开好"四个会"，即：月初开好生产（工作）安排会，月中开好生产（工作）完成情况分析会，月末开好生产（工作）总结评比会，开好每月一次的民主生活会。班组长只要把这些带规律性的工作方法形成制度，就能使班组工作忙而不乱，显出成效。作为兵头将尾的班组长，工作琐碎而责任不小，对自己也是很好的锻炼机会。

第四节 班组工管员的职责

一、工管员的类别及其职责

（1）政治宣传员：安排班组的政治时事学习，检查学习情况，组织交流，记好学习记录；协助班组长掌握全班人员的思想、家庭、生活等情况，通过家访、谈心等形式做好思想工作；对班组出现的好人好事，及时进行宣传表扬和报道，办好学习园地和黑板报；组织群众积极参加上级组织的有关政治学习和文娱体育活动。

（2）技术质量员：检查与督促全班职工严格执行技术操作规程和各项制度，组织召开小组质量分析会；会同车间技术员、工艺员和专职检查员研究查明废品和不良品原因，制定改进措施，不断提高产品质量；做好记录，及时汇总、公布个人和班组每月质量指标完成情况；组织好全班业余技术学习和岗位练兵，开展技术革新活动。

（3）设备安全员：经常进行设备维护保养和安全生产教育，严格执行安全操作规程，开展"三好"（管好、用好、修好）、"四会"（会使用、会保养、会检查、会排除故障）活动；根据机床换油卡，定期向车间润滑工提出设备的换油，班前督促注油，班后督促擦拭设备，管好通用设备；搞好环境卫生，制止不按设备安全操作规程操作机床，开好设备和人身事故分析会；管好、用好劳动保护用品，记好设备台账。

（4）经济核算员：经常宣传增产节约的意义，人人树立当家理财的思想；认真组织全班开展"小指标"竞赛，协助班组长做好记分评奖工作；管好各项指标公布板和竞赛板；掌握各种物资的消耗情况和使用情况，按时搞好经济核算，公布核算结果，记好台账；负责积累班组、个人各项指标完成情况，协助班组长开好经济活动分析会。

（5）材料工具员：掌握材料、工具消耗指标，会同经济核算员做好消耗指标的核算；严格执行材料、工具领用和退库制度，并指导班组工人合理使用；检查班组人员专用工具的使用和保管情况，查明损坏工具的原因；组织分析材料、工具消耗指标超支原因，研究改进措施；记好工具、材料台账。

（6）考勤员：协助班组长和工会组长对班组成员进行劳动纪律教育，严格执行考勤制度；掌握本班组的出勤情况，准确及时填报考勤统计表；协助劳资部门做好定员、定额工作，研究制定提高出勤率和工时利用率的措施；协助班组长贯彻执行经济责任制,搞好班组工资奖励工作。

(7) 生活福利员:经常进行家访,掌握职工家庭生活情况,协助搞好职工困难补助,并开展互助互济活动,管好班组互助储金,搞好班组集体福利;配合医疗部门做好防病保健工作;经常进行晚婚和计划生育宣传工作,帮助青年正确对待和处理恋爱、婚姻和家庭问题;搞好女工"五期"(经期、孕期、产期、哺乳期、更年期)保护。

二、充分发挥工管员的作用

搞好班组建设,不仅要有一个坚强有力的班组核心和一个好的班组长做带头人,而且还要发动全班职工群众参加班组民主管理。设置班组工人民主管理员是实行班组民主管理的重要形式。要充分发挥他们的作用,使其真正负起责任,须做好以下工作:

(1) 加强教育,不断增强工管员的责任感。使工管员对工人参加管理的意义和前景有一个正确的认识,激发他们的工作热情。领导要经常与工管员谈心,进行个别帮助,召开座谈会、经验交流会,帮助工管员提高认识和改进工作方法。要尊重工管员的职权,支持工管员的工作。

(2) 明确任务,确定工管员的职权范围。工管员干什么,要发动全班组成员讨论确定,大家立规矩,大家自觉遵守。确立工管员的职责,要与班组的规章制度结合起来,每设一种工管员,就要建立相应的管理制度。例如,设立经济核算员,就要建立班组经济核算制度;设立设备安全员,就要制定设备安全制度;等等。这样,就明确了工管员的主要任务,是贯彻执行班组管理制度。同时还要为工管员创造条件,印制一套原始记录表格,疏通传递路线,并督促他们认真填写,及时统计、汇总、上报或公布。

(3) 认真培养,不断提高工管员的业务水平。专业管理部门要与工管员挂钩联系,运用各种形式培训工管员,进行业务上的指导和帮助,增强工管员的管理知识和业务知识。一些企业开展专业系统"一条龙"竞赛,定期评选和奖励优秀工管员,这对调动工管员的积极性、加强班组各项管理工作起到了显著的作用。

三、努力做好工管员的工作

班组工管员明确自己的职责范围后,要做好工作,还要讲究工作方法:

一是工作要有计划性。按照职责分工制定工作指导书,明确任务,制定措施,及时召开分析会,发动群众完成各个时期的工作任务。

二是要当好班组长的参谋和助手。要积极主动地协助班组长处理生产、工作、学习、生活中的一些问题。

三是要努力钻研业务和管理知识,虚心向专业管理人员学习,不断提高自己的工作能力和业务水平。

四是在专业管理人员的指导下,积极主动记好原始记录和台账,定期统计公布,为班组总结、评比、奖励、竞赛提供准确数据。

五是要有强烈的责任心和事业心,工作不怕麻烦,不怕风言风语,以实事求是的精神和严细的作风做好本职工作和工管员职责工作,成为职工群众的表率。

第五节　班组民主管理

一、班组民主管理的组织形式

企业职工是否具有积极向上的精神风貌，是否能积极主动地做好企业的各方面工作，很大程度上取决于他们在企业中是否具有主人翁意识，是否具有主人翁责任感、义务感。企业职工一旦觉得自己成为企业的真正主人，成为企业名副其实的主体，就会自觉地将企业的目标内化为自己思想行为的规范，企业目标就会成为职工发自内心的执着追求和为理想而献身的精神力量。怎样能使职工自觉地成为企业的真正主人而具有主人翁意识和主人翁责任感、义务感？在东西方企业界都强调以人为本的企业文化的今天，国内外普遍通行的办法就是发动和组织职工参与企业管理，实行企业职工民主管理制度。

在企业一级，职工民主管理的主要形式有：一是公司董事会或监事会职工代表制，即在董事会或监事会中安排一定数量的职工代表，参加董事会的决策或监事会的工作。二是工厂管理委员会职工代表制，即在以厂长为主任的工厂管理委员会中设若干名职工代表，参加委员会对企业重大问题的讨论和决策。三是企业职工代表大会制，职工代表讨论厂长交付审议的企业重大问题的决策。四是企业工会组织，参与企业日常管理事务，维护职工群众的合法权益。五是工人集体谈判，即工人群众推选其代表与厂方负责人就职工工资、劳动条件、人事变动、企业投资等重大问题举行集体谈判，以求恰当解决，合理处理国家、企业、职工之间的利益关系。

车间、班组的职工民主管理形式，一是车间的职工大会（职代会），二是班组的职工民主会，三是车间、班组的工会组织，四是工人自治小组，五是班组工人民主管理员。其中，班组职工民主会、班组工会小组、班组工管员是当前我国企业的班组职工民主管理形式。

在我国，企业班组实行班组长责任制与班组民主管理相结合的制度，把班组的行政管理与民主管理、专业管理、群众管理紧密结合起来，发挥每个职工当家做主、民主管理的作用。班组民主管理的基本组织形式是班组民主会，其目的是发挥群体作用，保证完成各项任务。班组民主会可按月由工会小组长和职工代表组织召开，会议的内容是：贯彻和落实职工代表大会决议；讨论审议班组作业计划、承包方案和生产技术、管理、安全等措施；讨论通过本班组贯彻本厂规章制度的实施细则、经济责任制分配方案以及关系职工切身利益的问题；通过对本班组职工的奖惩建议；评议企业各级领导干部。工会小组也是班组民主管理的重要形式。工会小组长在班组民主管理中要积极发挥作用，积极组织开展合理化建议、技术革新和劳动竞赛；发现和树立先进榜样，推广先进经验；组织开好班组民主会，搞好班组民主管理工作；做好班组思想政治工作，搞好安全生产的监督检查工作和生活互助工作等。班组职工民主管理员，既是班组长的助手，又是班组职工民主管理的重要内容和形式。班组"七大员"主要由普通职工担任，按职责分工分别管理班组中各项事务，充分发挥职工群众管理企业和自我管理的作用，有利于培养和发扬职工的主人翁精神，调动职工生产经营的积极性，把班组工作做得更好。

二、职工代表的权利和义务

职工代表大会（职代会）的职工代表，以班组或工段为单位，由职工直接选举产生。职工代表中应当有工人、技术人员、管理人员、领导干部和其他方面的职工。其中，企业和车间科室行政领导干部一般只占职工代表总数的 1/5，青年职工和女职工要占适当比例。职工代表按车间、科室（或若干科室）组成代表团（组），并推选出团（组）长。职工代表实行常任制，每两年改选一次，可以连选连任。职工代表对选举单位的职工负责。选举单位的职工有权监督或者撤换本单位的职工代表。

职工代表的权利主要体现在：①在职工代表大会上，有选举权、被选举权和表决权。②有权参加职工代表大会及其工作机构对企业执行职工代表大会决议和提案落实情况的检查，有权参加对企业行政领导人员的质询；因参加职工代表大会组织的各项活动而占用生产或者工作时间，有权按照正常出勤享受应得的待遇。对职工代表行使民主权利，任何组织和个人不得压制、阻挠和打击报复。

职工代表的义务主要包括：①努力学习党和国家的方针、政策、法律、法规，不断提高政治觉悟、技术业务水平和参加管理的能力。②密切联系群众，代表职工合法利益，如实反映职工群众的意见和要求，认真执行职工代表大会的决议，做好职工代表大会交给的各项工作。③模范遵守国家的法律、法规和企业的规章制度、劳动纪律，做好本职工作。

三、职工的权利和义务

职工的权利主要体现在：①职工有领取报酬和在法定时间内获得休息、休假和参加文化娱乐、体育活动的权利；女职工有按国家规定享受特殊保护的权利。②职工有向上级领导机关反映真实情况，对各级领导人员提出建议、批评、控告的权利。③职工的合法权益受到侵犯时，有向有关主管机关提出控告，或为自己进行辩护和申诉的权利。④在国家规定范围内，职工有要求在劳动中保证安全和健康的权利。⑤职工有按照生产、工作需要获得职业培训的权利。⑥职工有进行科学研究、发明创造、技术革新和提出合理化建议的权利。⑦职工在年老、疾病或丧失劳动能力时，有按照国家规定享受退休、离休、退职的福利待遇和获得物质帮助的权利。

职工的义务主要有：①职工要以国家主人翁的态度对待自己的劳动，服从领导，听指挥，自觉地完成生产和工作任务。②职工要爱护企业的各种设备和设施，节约使用原材料、能源和资金，敢于同浪费国家资源、破坏和侵占国家财产的行为做斗争。③职工必须遵守安全操作规程、劳动纪律和其他规章制度。④职工要努力学习，不断提高政治、文化技术水平，熟练掌握业务本领。⑤职工必须遵守保密制度，保守国家的机密。

四、全国职工守则

（1）热爱祖国，热爱共产党，热爱社会主义。

(2) 热爱集体，勤俭节约，爱护公物，积极参加管理。
(3) 热爱本职，学赶先进，提高质量，讲究效率。
(4) 努力学习，提高政治、文化、科技、业务水平。
(5) 遵纪守法，廉洁奉公，严格执行规章制度。
(6) 关心同志，尊师爱徒，和睦家庭，团结邻里。
(7) 文明礼貌，整洁卫生，讲究社会公德。
(8) 扶植正气，抵制歪风，拒腐蚀，永不沾。

【复习思考题】

1. 班组设置的原则和形式是什么？
2. 简述班组管理体制和管理原则。
3. 班组的中心任务和主要工作是什么？
4. 班组应建立哪些管理制度？
5. 怎样建立坚强有力的班组核心？
6. 班组建设包括哪些内容？
7. 班组长应具备什么条件？
8. 班组长有哪些职责？
9. 怎样做好班组长？
10. 简述工人管理员的类别及其职责。
11. 班组民主管理有哪些主要形式？
12. 职工代表有哪些权利和义务？

第五章 车间劳动与职工管理

劳动管理是现代企业管理的重要组成部分。加强劳动管理，搞好劳动组织，加强职工管理，对于充分开发企业人力资源，充分发挥劳动者的技能，调动职工劳动积极性，提高劳动生产率，具有十分重要的意义。

第一节 劳动管理工作研究

劳动管理工作研究是研究合理的工作程序和有效的工作方法，以期提高工作效率和降低单位工作成本，并为制定劳动定额提供依据的一种管理技术。它包括方法研究和时间研究两个方面，通过方法研究制定标准作业，而通过时间研究制定标准时间。方法研究和时间研究是相互联系的，方法研究是时间研究的基础和前提条件，而时间研究是选择和比较工作方法的依据。一方面，在确定了先进合理的工作方法后，才能建立起科学先进的劳动定额；另一方面，有了科学先进的劳动定额，才能更好地培训职工掌握该种新的工作方法。工作研究的目的在于最终达成先进合理的、科学的工作方法与工作时间，并据以培训职工，教育和帮助职工贯彻执行，使人员及物料等资源都能得到最有效的利用，从而达到提高生产效率和降低成本的要求。

一、方法研究

方法研究是对现行或拟议的工作方法作系统的观察、记录和分析，以寻求最经济合理、最简便安全的工作程序和操作方法的一种管理技术。方法研究的内容分为两个部分：

（一）生产过程分析（程序分析）

生产过程分析通常采用"六何提问法"和"四种技巧"，对生产过程进行考察、分析和改善，以不断提高效率。

"六何提问法"（表5-1）是对所研究的每项活动，都应从原因、对象、地点、时间、人员、方法等六个方面依次作系统的提问（三次提问）来进行考查的方法。

"四种技巧"即在运用"六何提问法"构思新的工作方法时，运用"取消、合并、改变、简化"等技巧进行分析。取消，即对研究的工作考虑取消的可能；合并，即对因工序之间生产能力不平衡或分工过细而引起的不必要的多次搬运、反复装卸及人浮于事、忙闲不均的现象，需要对工序进行调整合并；改变，即对工作程序进行改变和重新组合；简化，即简化每一项工作的方法和动作，使新的工作方法效率更高。

表 5-1　"六何"分析表

提问\六何	第一次提问 现　状	第二次提问 为什么	第三次提问 能否改善	结　论 新的方案
原　因	干的必要性	理由是否充分	有无新理由	新的理由
对　象	干什么	为何要干它	能否干别的	应该干什么
地　点	在什么地方干	为何在此干	能否别处干	应在哪儿干
时　间	在什么时间干	为何此时干	能否在别的时间干	应在什么时间干
人　员	由何人干	为何由他干	能否由别人干	应由谁干
方　法	怎样干	为何这样干	能否用别的方法干	应怎样干

生产过程分析即程序分析，是立足于生产的全过程进行的分析，它通过调查原材料或零件在生产过程中的移动和加工状况，将生产过程分解为不同的环节（工序），并用规定的符号记录生产过程，以此进行分析的方法。该方法是以被加工的"物体"为研究对象，其目的在于从整体上掌握工艺的全过程，从中发现问题，加以改进，合理安排生产程序。

生产过程分析的主要工具有作业程序图、流程图和流向图。作业程序图又叫产品工序图，是以产品为对象，运用加工、检验两种符号（○、□），对产品生产过程进行总体分析的图表，显示原材料投入、检验及全部作业的顺序。作业程序图的作用在于直观展示产品加工全过程概貌和各作业间的关系。流程图又叫工艺流程图，是以零件为对象，运用加工、检验、搬运和停滞等四种符号（○、□、♀、▽），对零件从毛坯开始到制成为止的按工序顺序流动的全部生产过程的图表，详细地显示全部作业顺序的路线以及搬运的距离、消耗的时间等。流程图的作用在于对零件制造进行加工分析、检验分析、搬运分析和停滞分析，以减少或合并不必要的工序，缩短零件制造工期。流向图反映工件在建筑物或区域的平面图上流向路线。

（二）动作分析

动作分析是对人的动作进行细微的分析，省去不合理和无用的动作，找出最合理的动作，使作业达到标准化的一种方法。动作分析以生产过程的逐级细分为基础，对人的动作进行深入的细微分析。动作分析以生产过程分析为起点。基本生产过程可以划分为若干生产阶段（工艺阶段），生产阶段又可以细分为若干工序。工序是生产活动过程的基本环节和基本单位，具体是指一个或几个工人在一个工作地上对同一个劳动对象进行的生产活动。构成工序的三要素是：一个或一组工人，一个工作地，同一个劳动对象。三要素中任何一项变化，即是另一道工序。工序按照作用不同可分为工艺工序、检验工序和运输工序三种类别。

工序往下再细分，按机动系可分为工步，工步又分为走刀。工步是指加工表面不变、工具不变、切削量不变的加工过程。一个工作面为一个工步，一个工序有若干个工步，一个工步有若干个走刀。走刀是指从加工对象表面切削一层金属，每切削一层算一次走刀。工序按手动系可分为操作，操作又分为动作。一个工序有若干个操作，一个操作有若干个动作。例如，车工有八个操作：①安装零件；②开车；③进刀；④车削；

⑤退刀；⑥停车；⑦量尺寸；⑧卸下零件。而安装零件这一个操作中，又可分为四个动作：①拿起零件；②接近卡盘；③卡正；④拧紧。动作还可以进一步微分为动素，即人体动作的基本要素。一个动作可微分为若干个动素。经研究表明，人体动作可细分为17种动素：伸手、移物、握取、对准、装配、拆卸、应用、放手、寻找、选择、检验、计划、预对、持住、迟延、故延、休息。同时，人体动作从低级到高级可依次分为：手指动作、手腕动作、前臂动作、上臂动作、身躯动作。体力消耗和时间消耗由低级动作向高级动作递增，越高级越费力费时，因此应尽量采取低级动作以省时省力。

动作分析的意义在于：通过动作研究分析，减少无效动作和工人疲劳，增加有效动作，制定合理的操作和动作标准，以便节约工时，提高工效，提高劳动生产率，同时为制定劳动定额取得作业标准和标准时间的基础资料。

动作分析的方法有目视动作分析法、既定时间分析法和影片录像分析法。目视分析法是以目视分析方法来寻求动作的改进，简便易行，费用较低，但精确度较差。既定时间分析法又叫动素分析法，是对作业进行基本动作分解，根据预先确定的最小动作单位的时间表，逐项分析改进，求得每个动素的时间值，从而确定标准作业时间。该法精确度高，但工作量大。影片录像分析法即用电影摄影或录像、摄像的方式把操作者的动作拍摄下来，然后放映进行分析。现在这种方法运用十分广泛，其精确度很高，但费用较高。

动作研究分析是生产过程分析的基础和细微化，其核心内容是动作经济原则。动作经济原则是实现动作经济与减轻疲劳的一些法则。其内容随着研究的深入得到不断充实，可归纳为三大类合计22项：一是关于人体的使用原则有9项；二是关于工作场所的布置与环境条件的原则有7项；三是关于工具和设备的设计原则有6项。这些原则的基本着眼点是：两手力求同时使用；动作单元力求减少；动作方向力求圆滑；作业疲劳力求减轻；工作场地力求舒适。

二、时间研究

时间研究是各种时间测定技术的总称。它是以时间为单位，把工人所进行的工作细分成若干单元，分别加以观测，并记录其时间值，进行分析研究，建立标准工作时间的一种时间测定技术。

时间研究的意义在于：通过时间研究，可以消除或减少无效时间，提高整个生产作业系统的效率；制定各种作业的时间标准；为改进或设计生产系统提供时间方面的基础资料；为制定较为合理的工资和奖励制度提供依据。

时间研究的目的在于：通过寻求完成一项作业（工作）的标准时间，设法消除或减少无效和损失时间，充分利用工作时间，提高劳动生产效率。

所谓标准时间，是指采用一定方法，在一定条件下，由具有相当技能且生理条件适宜的工人，在不损害其健康的情况下，完成某一工作经常所需的时间。确定标准时间的方法主要是现场观测，具体有工作日写实、瞬时观测和测时三种。

（一）工作日写实

工作日写实是对一个轮班内的工时利用情况，按照时间消耗的顺序，进行实地观察、记录、分析的一种方法。

工作日写实一般按五步进行：①选择，是根据目的去确定被写实的对象。②记录，是在确定被写实对象的基础上，将被写实人的具体情况填入有关记录表。③观察，是在预先确定的观察日，在规定的轮班内，按时间顺序观察并记录被写实对象的工作活动，在观察时要做到观察人坚守岗位，实事求是地对被写实人情况做记录。④整理，是将观察结果加以分类、整理、汇总，按工时消耗的不同性质将发生的时间加以区别，求出占总时间的比例。⑤总结，是将整理的资料进行分类研究，发现问题，寻找原因，制定对策，落实任务，检查总结，以求改进。

（二）瞬时观测

瞬时观测是利用统计学中随机抽样的原理，对观测对象的活动进行瞬时观测和记录，推算观测对象总体状况的一种方法。其特点，一是一种间断性观测，二是记录瞬间发生的各种事件的出现次数而不是计时，三是其观测精度可以控制。

瞬时观测的步骤是：①确定调查目的。调查目的不同，调查的范围、对象以及应达到的精度都不同。②确定调查项目和观测路线、观测位置。设计调查项目，对项目进行界定和分类，以便正确观察、记录和分析。③确定观测天数和次数。观测时间的长短由必要的观测次数决定，观测次数即取样本数。④确定观测时刻。观测时刻的选择应尽可能保持随机性，可以是不等间隔或等间隔。⑤计算观测次数。观测次数越多，结果越精确，但观测费用越大。⑥整理和计算观测记录。每天要对记录的数据加以整理，计算当日的事项发生率，计算累计观测次数和各事项累计发生率。⑦对观测结果进行检验、分析，根据汇总分析情况，提出改进建议和工时标准。

（三）测时

测时是对完成某一项工作或工序，按操作顺序在实地观测工时消耗的一种方法。测时的目的是通过开展这项工作，总结先进工人的操作经验，寻求比较合理的工作方法和工序结构，了解各个操作的工时利用情况，以便制定作业时间标准。

测时的基本步骤是：①确定工人的标准操作方法和标准操作程序；②细分工序，将工序细分为若干个工作单元，确定各单元的终止瞬间和下一个单元的开始瞬间；③用秒表记录工人每一工作单元的操作时间；④评定实测时间，修正测定的作业时间；⑤确定工人操作适当的"宽放时间"，即作业准备、管理需要、生理需要、疲劳休息和其他需要的时间；⑥确定作业（工作）操作的标准时间。

第二节 劳动定额

劳动定额是在一定的生产技术和生产组织条件下，为生产一定量的合格产品或完成一定量的符合要求的工作，所规定的劳动消耗量的标准。劳动定额是现代企业定额形式中的一种主要定额，是企业实行计划管理、合理组织劳动、安排生产的必不可少的依据和基础,是提高企业劳动生产率、调动职工工作积极性的重要手段。

一、劳动定额的形式

(1) 工时定额,是指工人在完成单位合格产品所必须消耗的工时数额,用时间来表示。工时定额常用于产品复杂、品种多的部门,如机械制造、造船等部门和单位。

(2) 产量定额,是指工人在单位时间内完成的合格产品数量,用产量来表示。产量定额常用于产品单一、产量大的部门,如煤炭、冶金、化工、水电施工等部门和单位。

工时定额和产量定额是劳动定额的两种基本形式。生产单位产品所需时间越少,单位劳动时间内的产量就越大,因此这两种定额在数值上成反比关系,互为倒数,可以相互换算。

(3) 看管定额,是指一个工人或一组工人同时能看管设备的台数。例如,每一个织布工人看管几台织布机。看管定额常用于纺织企业和机械制造企业中的热处理车间。

(4) 服务定额,是指所规定的一名服务人员的服务工作量。例如,每一个服务人员负责几个房间或几张床位。服务定额常用于工厂食堂、旅店、医疗卫生等单位。

二、工时消耗的构成

为了科学地制定劳动定额,首先要对生产过程中的工时消耗进行分析研究,为制定先进合理的定额提供依据。

(一) 工时消耗的分类

工时消耗是指工人在生产中全部作业时间的消耗。从生产过程中工时消耗的情况来看,有两种基本形式,即定额时间和非定额时间(图 5-1)。

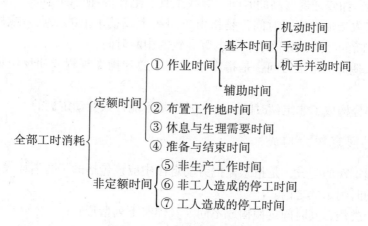

图 5-1 工时消耗时间分类

1. 定额时间

定额时间是职工为完成某项生产任务所必须消耗的时间。它由作业时间、布置工作地时间、休息与生理需要时间、准备与结束时间等四部分组成。

(1) 作业时间，是指直接用于完成生产任务、实现工艺过程所需要的时间。作业时间是定额时间中最主要的组成部分。

作业时间按其作用可分为基本时间和辅助时间。基本时间是指实现基本操作，使劳动对象发生物理或化学变化所消耗的时间。基本时间又包括机动时间（由机器自动完成工作的时间）、手动时间（由工人用手操作完成工作的时间）、机手并动时间（由工人操纵机器完成工作的时间）。辅助时间是指为了完成基本工艺过程而进行的各种辅助操作所消耗的时间，如用起重机装卸零部件。辅助时间中有与基本时间交叉进行的时间（即在不停止基本操作工作情况下进行辅助操作所占用的时间）和不交叉进行的辅助时间（即在停止基本操作工作情况下进行辅助操作所消耗的时间）。

(2) 布置工作地时间，是指工人用于照管工作地、使工作地经常保持正常状态所消耗的时间。按其性质又分为组织性布置工作地时间和技术性布置工作地时间。

(3) 休息与生理需要时间，是指工人在工作班内休息恢复体力和满足生理上的自然需要（喝水、上厕所等）所规定的时间。

(4) 准备与结束时间，是指工人为生产一批产品（或执行一项任务），事前进行准备和事后结束工作所消耗的时间，如工人在下班前卸下工夹具、送回工夹具的时间，清洁擦机时间等。

以上四部分时间构成工时定额的内容。但除了作业时间必不可少之外，应尽量压缩其他三项非作业时间。

2. 非定额时间

非定额时间是那些与生产任务的完成没有关系的时间。它包括非生产工作时间、非工人造成的停工时间和工人造成的停工时间。

(1) 非生产工作时间，是指工人在生产过程中从事非生产的或与本职无关的工作所消耗的时间，如修理返修品的时间，寻找工具、毛坯等耗费的时间。

(2) 非工人造成的停工时间，是指由于组织上或技术上的缺点，或外部条件的影响，使工作中断的时间，如停水、停电等导致的中断时间。

(3) 工人造成的停工时间，是指由于工人不遵守操作规程或违反纪律导致的工作中断时间。

以上三部分构成了非定额时间，这些时间是不能计入劳动定额的。

(二) 时间定额的构成

所谓时间定额的构成，是指怎样把劳动定额中应该包括的工时消耗表现在一个产品或一道工序的时间定额之内。

不同生产类型，其时间定额构成不同。具体有下列情形：

1. 大量生产条件下的单件时间定额

在大量生产条件下，由于工作地经常固定地加工同样的产品，分摊到一个产品上去的准备与结束时间量很小，可以略去不计。因此，其时间定额只包括作业时间、布置工作地时间和休息与生理需要时间，即：

单件时间定额 = 单件作业时间 + 布置工作地时间 + 休息与生理需要时间

式中：布置工作地时间、休息与生理需要时间都是指单位产品应该分摊的份额。这个份额可以按照它们对作业时间的百分率来确定。于是，上述公式实际是：

- 单件时间定额 = 单件作业时间 × （1 + 布置时间百分率 + 休息时间百分率）

2. 成批生产条件下的单件时间定额

在成批生产条件下，由于工作地轮番生产多种产品，而每个轮番生产一次产品，都要消耗一次准备与结束时间。因此，其单件时间定额应包括作业时间、布置工作地时间、休息与生理需要时间以及准备与结束时间。其中，准备与结束时间是指按一批产品的数量分摊到每一件产品的该项时间。

$$单件时间定额 = 单件作业时间 \times (1 + 布置时间百分率 + 休息时间百分率) + \frac{准备与结束时间}{每批产品数量}$$

3. 单件生产条件下的单件时间定额

在单件生产条件下，由于工作地只生产一件产品，其时间定额应包括作业时间、布置工作地时间、休息与生理需要时间以及准备与结束的全部时间，即：

单件时间定额 = 单件作业时间 + 布置工作地时间 + 休息与生理需要时间 + 准备与结束时间

或：

单件时间定额 = 单件作业时间 × （1 + 布置时间百分率 + 休息时间百分率） + 准备与结束时间

［例］ 在某车床上加工某产品，单件作业时间为30分钟，通过调查，确定布置工作地时间和生理需要时间共占单件作业时间的10%，准备与结束时间为30分钟，加工批量为100件，其三种不同生产条件下的单件工时定额为：

（1）在大量生产条件下：

单件工时定额 = 30 × （1 + 10%） = 33（分钟）

（2）在成批生产条件下：

单件工时定额 = 30 × （1 + 10%） + 30/100 = 33.3（分钟）

（3）在单件生产条件下：

单件工时定额 = 30 × （1 + 10%） + 30 = 63（分钟）

三、制定劳动定额的要求和方法

（一）制定劳动定额的要求

制定劳动定额，一要准，二要全，三要快。所谓准，是指质量上要准，即订定的劳动定额要符合先进合理的原则，同时要在不同的车间、工种和工序之间保持定额水平的统一和平衡，防止高低不一。所谓全，是指范围上要全，即凡是需要和可能制定劳动定额的工种和项目，都要有定额，即使是一些临时性的工作，也要尽可能制定定额。所谓快，是指时间上要快，即能够及时制定定额或及时修改定额，以满足生产和管理上的需要。准、全、快三方面要求，其中准是关键。如果制定的劳动定额准确性差，或不平衡，即使制定得很快、很全，也难以贯彻使用，更起不到定额应有的积极作用，甚至还会挫伤部分工人的积极性，产生消极影响。因此，评价制定劳动定额的方法，要以能否满足生产和管理的基本需要、能否调动职工的积极性和创造性为标准。

（二）劳动定额的制定方法

根据企业的生产特点、生产技术条件和不同的生产类型，正确地选择制定定额的方法，是关系到企业能不能快、准、全地制定出先进合理的劳动定额的一个重要问题，也是关系到能不能充分发挥定额对调动劳动者的积极性、促进生产管理改善和不断提高劳动生产率的积极作用的问题。企业制定劳动定额的方法主要有四种：

1. 经验估工法

所谓经验估工法，是由定额人员、技术人员和工人相结合，依据产品图纸和工艺要求，并考虑到生产现场使用的设备、工艺装备、原材料及其他生产技术组织条件，根据经验，对完成合格产品的加工所需劳动消耗量直接进行估算的方法。此法的优点是：简便易行，工作量小，能满足制定劳动定额工作的快和全的要求；缺点是：比较粗糙，受估工人员实践经验与工作水平及责任心的限制，定额的准确性差些。这种方法适用于多品种小批量生产，以及新品种的试制。

为了提高估工法的质量，应采取如下措施：

（1）将工序细分：先对细分工序进行估工，再汇总为整个工序的时间定额。

（2）提高估工人员的素质：尽量选择认真负责、技术水平高、具有一定业务和知识水平的，并对生产与管理经验丰富的人员负责估工工作。

（3）建立选择典型件、典型工序的估工登记管理制度。

为了提高估工定额的质量，一般都采取经验估工与三点估工法相结合的办法，以提高经验估工的质量和水平。

2. 比较类推法

所谓比较类推法，就是根据同类型产品的典型零件、典型工序的定额或定额标准，进行分析比较后，推算出另一种零件、工序的工时定额的方法。其具体步骤是：

（1）确定具有代表性的典型零件或典型工序，根据尺寸、精度、重量、复杂程度等来确定其影响工时消耗的因素。

（2）用经验估工法或统计分析法，或技术分析法，确定典型零件或典型工序的定额或定额标准。

（3）比较类推，制定同类型零件或工序的工时定额。

比较类推法简便易行，便于保持定额水平的平衡协调；其缺点是：工作量较大，尤其是在典型零件选取不当，或对工时影响因素考虑不周时，会影响定额的准确性。此方法适用于产品品种多、批量小、变化大的单件小批生产类型的企业或新产品的试制。随着产品的通用化、系列化和标准化程度的提高，其适用范围也将不断扩大。

3. 统计分析法

所谓统计分析法，就是根据过去生产的同类型产品或零件、工序的实耗工时或实际产量的原始记录和统计资料，经过分析和整理，并考虑到今后企业生产技术组织条件的变化而制定定额的方法。其具体做法是：首先以统计资料为依据，求出实际的平均数；然后在计算平均数的基础上求出平均先进数；最后再结合可能发生的变化来确定新定额。

统计分析法的优点是：简单易行，工作量小。由于其以大量的统计资料为依据，因此具有相当的说服力。此方法比经验估工法更能反映实际情况，能满足制定定额快和全的要求。其缺点是：由于以过去的统计资料为依据，反映当前实际情况不够，如果资料中包含不符合当前情况的因素，就会使定额缺乏准确性。此方法适用于生产条件比较正常、产品比较固定的大量生产或成批生产的企业。

4. 技术分析法

所谓技术分析法，就是通过对生产、技术和劳动组织条件的分析，在挖掘生产潜力和操作方法合理化的基础上，对组成定额的各部分时间采取计算分析或现场测定来制定定额的方法。其具体步骤如下：

（1）分解工序。把被制定定额的工序进一步分解为工步、走刀、操作、动作、动素等。

（2）分析工序结构和操作方法的合理性，采取取消、合并、简化等手段，达到操作的合理化。

（3）分析设备、工具状况，看设备工具和物料是否得到充分发挥和利用，设备的技术参数是否合理，是否尽量采用新工艺、新技术，以达到工艺技术的先进性。

（4）分析生产组织和劳动组织状况，了解劳动分工和协作是否合理，操作者和工作物的技术等级是否适应，工作地的布置及服务供应状况是否合乎要求，工作环境及劳动条件是否可加以改进。

（5）分析和研究企业内外先进的操作经验及在本企业推行的可能性。

（6）实地观测和分析计算。通过以上分析，结合现场工作日写实和测时等方法，制定合理的工序结构和操作规程，确定合理的工艺用量、合理的劳动组织和工作地组织，经过进一步的分析和计算，确定工序各组成部分的时间定额。

技术分析法的优点是：有充分的科学依据，有较高的定额质量；其缺点是：工作量较大，对定额人员不仅要求有丰富的专业实践经验，而且应具备一定的文化和技术水平。这种方法适用于产品品种少而产量大的大量生产类型的企业，特别是流水线生产。

四、加强劳动定额管理

车间劳动定额的管理包括配备劳动定额管理人员、贯彻执行劳动定额、劳动定额完成情况统计分析和修改劳动定额等工作。

（1）配备劳动定额管理人员，明确其工作职责。每个车间应设一名兼职的定额统计员，班组设一名不脱产的经济核算员，专门负责车间、班组的劳动定额管理工作。车间定额统计员的职责是：①了解本车间劳动定额贯彻执行和工时利用情况，并向厂部定额员反映；②指导班组经济核算员搞好工时记录；③按时完成车间工时统计报表、台账的填报工作和公布车间工时完成情况；④参加车间定额修改工作；⑤协助定额员测时。班组经济核算员在劳动定额管理方面的职责是：①向车间统计员反映本班组定额执行中存在的问题；②搞好班组工时记录、统计；③参加班组修改定额的讨论。

（2）认真贯彻执行劳动定额。企业制定的各种工时定额，车间要认真组织贯彻执行：一是用定额组织生产；二是用定额组织分配。因此要做到：①加强思想政治工作，使工人群众充分认识到贯彻执行劳动定额的意义和目的，及时解决职工中存在的怕减人、怕少拿奖金、怕麻烦的"三怕"思想，激发工人群众的干劲，树立起完成和超额完成定额的信心；②把定额专业管理与群众管理密切结合起来，发挥党团员、老工人和班组经济核算员在定额管理中的模范带头作用；③加强定额考核分析工作，随时掌握工人达额情况和存在的问题，及时研究解决；④切实地贯彻执行各种必要的技术组织措施，及时地鉴定、总结和推广群众性的合理化建议和技术革新成果；⑤加强宣传鼓动，采取多样化形式及时表彰工人群众突破定额、刷新纪录中的好人好事；⑥实行核算板制度，按时公布、核算工人完成定额数量、质量情况；⑦专业人员深入现场调查研究，帮助工人达额，使达额和超定额成为广大职工为国家为企业多作贡献的实际行动。

（3）做好劳动定额完成情况的统计和分析。为了保证劳动定额的贯彻执行和给制定、修改定额提供可靠的资料依据，企业必须加强对定额完成情况的统计、检查和分析工作。①要健全工时消耗的原始记录，分析工时原始记录的准确性。②分析研究工时的利用情况。工时利用情况，主要通过工人出勤率及工时利用率两个指标来反映。工时利用的变化影响着劳动生产率的高低。分析工时利用的目的，主要是找出工时浪费的原因，采取措施加以克服，以增加生产时间，缩短停工时间，增加有效工时，减少无效工时。③分析工时定额的完成情况。从分析完成定额的情况着手总结先进经验，找出影响劳动定额贯彻的各种因素，以促进劳动生产率的提高，并进一步掌握工时消耗变动的规律，为制定和修改定额提供依据。

（4）及时修改劳动定额。劳动定额有两个特性：其一是稳定性。一个先进合理的定额，总是在一定时期内和生产发展水平相适应的，所以在定额制定后的一定时期内要保持相对稳定。其二是变动性。生产技术组织条件总是要变化的，这就必然导致劳动定额从相对合理、先进变为不合理、不先进，因此对劳动定额必须进行及时修改。劳动定额的修改办法有两种：一是定期全面修改。对生产稳定、品种单一、大量生产的生产类型，修改期为一年；对生产不稳定、单件、多品种的生产类型，修改期为半年。二是不定期临时修改。即生产的客观条件发生重大变化时，对某些产品或工作的定额作临时性修改。修改定额同制定定额一样，是一件复杂细致的工作，必须经过调查研究，认真分析，采取群众路线的方法，自上而下、自下而上地反复讨论、平衡，最后报企业领导批准执行。

第三节 劳动定员

劳动定员，又叫编制定员，是指根据企业既定的产品方案和生产规模，在一定的时期内和一定的技术组织条件下，制定企业必须配备的各类人员需要量的标准。其目的在于合理配备和使用各类人员，以尽量少的人力创造尽可能多的产品。劳动定员是企业编制劳动需要量计划、配备各类人员的依据，是节约使用人力资源、提高劳动效率的有效措施，是改善劳动组织、明确岗位责任制、实行内部经济责任制的前提条件之一。

一、劳动定员的范围及要求

（一）劳动定员的范围

企业劳动定员的范围，涉及国家规定范围的所有职工。这些人员按照他们所在的岗位、工作性质、在生产过程中所起的作用，可以划分为工人、徒工、工程技术人员、管理人员、服务人员。

（1）工人：是指直接从事工业性生产的工人及从事厂外运输与厂房建筑大修理的工人，包括基本工人和辅助工人。基本工人是直接从事企业基本产品生产的工人。辅助工人是指为基本生产车间服务和从事各种辅助工作的工人，例如，基本生产车间的搬运工、修理工，辅助生产车间的生产工人，厂内的运输工人等。

（2）学徒：是指在熟练工人的指导下学习生产技术，并享受学徒待遇的人员，属后备生产工人。

（3）工程技术人员：是指专门担任工程技术工作并具有一定的工程技术能力的人员。

（4）管理人员：是指企业中从事各级领导工作和职能管理工作的人员，以及长期（半年以上）脱离岗位从事管理工作的工人。

（5）服务人员：是指间接服务于生产或者服务于职工生活的人员，如勤杂人员、警卫人员、卫生保健人员、文教工作人员、职工食堂等生产福利机构中的工作人员等。

列入定员范围的常年性生产（工作）岗位上的人员，可以是固定工，也可以是合同工，甚至是临时工。企业中还有一些其他人员，如连续6个月以上的脱产学习、病伤假、出国等人员，不应包括在劳动定员的范围内。临时性生产或工作所需人员也不列入定员范围，但须列入劳动计划。

（二）劳动定员的要求

企业劳动定员工作是一项牵涉面广、政策性很强的工作，对这项工作有以下几点要求：

（1）定员水平要先进合理。即本着精简机构、节约用人、提高效率的原则，从企业现有的生产条件、组织水平出发，编制出既能综合反映同类型企业的先进水平，又能保证企业经过努力可以达到的定员标准。

（2）合理安排各类人员的比例关系。包括合理安排直接从事生产、技术工作人员与从事管理、服务工作等非直接生产人员的比例，合理提高直接生产人员的比重；正确规定基本工人与辅助工人的比例关系，要认识到基本工人配备不足会影响劳动生产率的提高；而辅助工人配备不足，由基本工人担负过多的辅助性工作，同样也会影响劳动生产率的提高；随着科学技术的发展和新产品开发的需要，企业中工程技术人员的比重将逐渐提高。

（3）定员标准既要保持稳定性，又要具有适应性。定员确定后，应在一定时间内保持相对稳定性，不要随意更改。随着企业生产条件、技术组织条件等的变化，经过一定时间后，定员应适应这种变化，及时做出相应调整。

此外，在编制劳动定员时，应考虑对企业现有劳动力的合理使用，力求做到人尽其才、人事相宜。

二、劳动定员的方法

劳动定员的方法依各企业以及企业内部各部门、各车间、各岗位、各工种的具体情况不同而有区别。常用的定员方法有：

1. 按劳动效率定员

这是根据计划期规定的生产任务和工人的劳动定额来确定定员人数的方法，适用于有劳动定额的工种，特别是以手工操作为主的工种。

$$定员人数 = \frac{计划期应完成的生产任务}{职工的劳动定额 \times 出勤率}$$

2. 按设备定员

根据设备的数量、工人看管定额、设备开动班次等因素来确定定员的人数，适用于以机器操作为主的工种，特别是实行多设备看管的工种。

$$定员人数 = \frac{需要开动设备台数 \times 每台设备开动班次}{工人看管定额 \times 出勤率}$$

3. 按岗位定员

根据工作岗位多少来计算定员人数。首先要确定需要工人操作的岗位数，然后根据各个操作岗位的工作量、工人劳动效率和出勤率等因素确定定员人数。按岗位定员又分为按设备岗位定员和按工作岗位定员两种情况。按设备岗位定员，要考虑的因素是设备上有多少个操作岗位、岗位负荷量、生产班次、轮休组织形式等，适用于多名工人管的联动设备的定员。按工作岗位定员，要根据工作任务、岗位区域、工作量、兼职作业的可能性等因素来确定人员数，适用于不能实行定额、有一定岗位但没有设备的工种的定员。

4. 按比例定员

按职工总数的某一类人员占职工总数的比例，来计算某种人员的定员人数，适用于计算服务人员的定员数，以及某些辅助工人的定员人数。

$$定员人数 = 职工总人数 \times 某种人员的标准比例$$

5. 按组织机构和业务分工定员

先定组织机构,明确各机构的职责范围和专业分工,根据各项业务工作量的大小、完成任务的复杂程度,结合职工的工作能力、技术水平确定定员人数。这种方法适用于管理人员、工程技术人员的定员。

三、劳动定员的贯彻执行

贯彻执行定员,是劳动定员工作的重要环节,它要求做好以下工作:

(1)加强职工的思想政治工作。劳动定员是贯彻按劳分配原则和实行企业内部经济责任制的前提条件之一。要通过必要的思想政治教育,提高职工对劳动定员的认识,正确对待劳动定员,加强组织纪律观念,通过定员调动职工的积极性。

(2)实施各种技术组织措施。劳动定员是在拟定必要的技术组织措施的基础上制定的。贯彻定员方案,要和整顿劳动组织、实现技术改造项目、改善劳动定额管理等工作相结合,使先进合理的定员方案得以实现。

(3)妥善解决人员余缺。对超过定员的多余人员,要及时调出,妥善安排工作。对于劳动力不足的岗位,要采取措施予以补足。

(4)建立和健全有关劳动管理制度。企业应建立和健全劳动计划管理、工资基金管理、职工考勤以及劳动力招收、调配和培训制度等,这些都是实现定员方案的重要保证。

(5)做好劳动力的日常平衡、调剂工作。劳动定员确定后,企业不要随意抽调生产工人从事非生产性活动,各车间也要认真贯彻执行定员,不要随便将工人调离生产岗位,车间内劳动力调剂使用一般也应通过厂部劳动管理部门下达调令。企业劳动定员是在一定的技术组织条件下制定的,随着生产任务、机器设备、工艺技术、劳动组织和生产组织、职工业务技术水平发生变化,定员也要随之相应地修改,以免劳动定员流于形式。但是,劳动定员也不宜经常调整,应有相当的稳定时期,这样才能有利于劳动定员的贯彻实现和调动职工的积极性。

第四节 劳 动 组 织

劳动组织就是在生产劳动过程中,科学地组织劳动者之间的分工和协作,正确处理劳动者与劳动工具、劳动对象之间的关系,使所有人员协调地进行工作,充分发挥劳动者的技能和积极性,不断提高劳动生产率。

一、劳动组织的任务和内容

劳动组织是现代化大生产的必然要求,其主要任务在于:

(1)根据合理分工与协作原则,正确配备劳动力,充分发挥每个劳动者的积极性和创造性,不断提高劳动生产率。

(2) 根据生产发展的需要,不断改进和完善劳动组织,从空间和时间上合理组织和安排工人的生产劳动,正确处理劳动者之间的关系,充分利用工作时间,避免劳动力的浪费。

(3) 做好工作地组织和劳动保护工作,创造良好的工作环境和安全卫生条件,保证劳动者的身心健康和全面发展。

劳动组织是以劳动者为中心的劳动过程的组织,也就是科学地把企业全体职工用一定的方法和形式合理组织起来,并不断地调整和改善他们分工与协作的关系,发挥企业全体职工生产劳动的整体效能。劳动组织的内容,具体有以下几个方面:

(1) 根据企业的生产类型和生产工艺特点,研究确定相适应的职能管理部门和车间组织形式,并按照分工协作的原则合理设置生产作业组织。

(2) 根据各职能部门的业务范围和各车间、班组的生产任务,合理确定各类人员的编制定员和人员调配,搞好人员的余缺调剂,合理、节约地使用劳动力资源。

(3) 根据工艺要求和厂房条件,合理布置工作地,使劳动者、劳动工具与劳动对象三者之间做到最优结合,既增产节约、提高效率,又便于操作、安全生产。

(4) 根据生产和工艺要求,合理确定各车间的生产轮班,并明确多班制生产的轮班方法,既要提高劳动生产率,又要保证生产工人的劳逸结合。

(5) 总结、研究和推广改善劳动组织的先进经验,不断完善劳动组织,提高企业的全员劳动生产率。

二、劳动分工与协作

(一) 劳动分工

劳动分工,是指根据企业生产技术的特点和组织生产过程的要求,把整个生产活动划分为许多组成部分,分别由不同的劳动者去完成。企业劳动分工的标志有三种类型:

(1) 按工作特点分工。生产工人按其从事的生产工艺的性能和使用工艺设备的特点分为不同工种。工程技术人员按专业特点分为设计人员和工艺人员。管理人员按其业务特点分为计划人员、调度人员、统计人员、质检人员、财会人员、政工人员等。

(2) 按技术等级分工。这是指在每一种专业和工种内部,按业务能力和技术水平的高低进行的分工。生产工人分为一级工至八级工。工程技术人员分为助理技术员、技术员、助理工程师、工程师、高级工程师以及设计员、设计师、高级设计师等。

(3) 按工作职能分工。按企业职工履行的职能不同,一般分为工人、工程技术人员、管理人员、服务人员及其他人员。

合理的劳动分工有利于劳动者迅速掌握专业技术,提高劳动熟练程度和生产效率,有利于根据劳动者的专长配备和使用劳动力。但分工又不宜过细,否则不仅给配备工人、保证每个工人有足够的工作量带来一定困难,而且会使工人在工作中产生单调、乏味的感觉。这种情况,在大量流水线生产中尤其容易发生。因此,分工不宜太细,并且要培养工人掌握多种技术成为多能工,这不仅有助于解决工种之间劳动力不平衡的问题，而且也有助于通过兼职或轮换工作，解决由于分工过细所带来的感到工作单调、乏味的问题，有利于身心健康，愉快劳动。

（二）劳动协作

劳动协作，是指许多在同一生产过程中，或在不同的但相互联系的生产过程中，有组织地协同劳动。劳动分工和劳动协作是不可分割的统一体。分工是协作的前提，协作是分工的必然结果。分工是为了合理利用劳动力以提高劳动效率，协作使各方面能相互协调、配合。只有组织好协作，分工的优越性才能得到充分发挥。

企业中的劳动协作形式，有车间之间的协作、车间内部各工段之间的协作、工段内部生产班组作业组之间及组内工人之间的协作等。作业组织、工作地组织、工作轮班组织等，是车间内部在空间和时间上的劳动协作形式。

（三）劳动纪律

劳动纪律，是指人们从事集体劳动必须共同遵守的准则，是分工协作得以实现的重要保障，是协同劳动的基本要求。企业的劳动纪律主要包括三方面内容：

（1）组织管理方面的纪律。它要求职工服从工作分配、调动和指挥；个人服从组织，下级服从上级；严格按照计划安排，积极主动地完成任务，遵守国家的政策、法令，遵守保密制度，严守国家机密。

（2）生产工艺方面的纪律。要求职工严格遵守生产、技术、管理方面的各项制度，如岗位责任制、工艺操作规程、安全技术规程、交接班制度、设备维护保养制度等。

（3）工作方面的纪律。要求职工严格遵守考勤制度，不迟到、不早退、坚守工作岗位，执行请假制度等。

三、车间作业组织

作业组织的组建是搞好劳动协作的一种重要形式，是劳动协作的空间组织形式。它是在劳动分工的基础上，把为完成某项工作而相互协作的有关人员组织在一起的劳动集体。作业组与班组有区别。作业组是劳动的组织形式，而班组既是劳动组织，又是行政组织。作业组的规模通常比班组小，一个班组内往往包括几个作业组；但是某些情况下，作业组也可能就是班组，这时的班组内只有一个作业组，作业组等同于班组。作业组的组建可以更好地组织企业职工的劳动协作，合理使用人力，保证作业任务的完成。

在下列情况下，为了更好地完成工作任务，需要组建作业组：

（1）某项工作不能直接分配给个人去单独进行，必须由几个人密切配合共同完成时，需要组建作业组，如装配组、修理组。

（2）工作任务虽能分配给个人去独立完成，但为了便于管理和相互学习，相互帮助，交流经验，共同提高，需组建作业组，如车工组、刨工组。

（3）看管大型复杂的机器设备和联动机，需要若干名工人共同操作时，需组建作业组，如锻压组、炉前组。

（4）工人的劳动成果彼此间有密切的联系，需要加强协作配合时，应组建作业组，如流水线上的工作组。

(5) 为了使生产前的准备工作、辅助工作与基本工作紧密联系起来，加强相互协作配合，可组建综合性的作业组。

(6) 为了便于调动和分配那些没有固定工作地和固定工作任务的职工，需组建作业组，如电工组、厂内运输组等。

为了组织好作业组，其一，要从实际出发，根据具体的生产条件来选择采用相应的作业组形式。其二，作业组的规模不宜过大或过小。规模过大，人数过多，容易造成窝工浪费，也不利于管理；规模过小，很可能把生产技术上有关联的职工分开，难以发挥协作劳动的作用。其三，选好作业组长。作业组长应具有较高的技术水平，有一定的组织管理才能和丰富的实践经验，办事公道，善于团结职工，有一定的号召力。其四，合理配备作业组人员。从人员的思想素质、业务水平、兴趣特点等方面全面考虑，合理安排作业组成员及其工作，使作业组的集体合力充分发挥。其五，明确作业组内各成员的职责分工，健全岗位责任制。

四、工作地组织

(一) 工作地组织的基本要求

工作地是工人进行生产活动的场所。工作地包括生产设备、辅助设备、起重运输设备和信号、联络、照明用品，以及安全装置和工人工作所必须占用的生产面积。为了保证生产活动的顺利进行，提高劳动效率，保障工人在劳动过程中的安全和健康，必须合理地进行工作地的组织。组织工作地的基本要求是：

(1) 有利于工人进行生产活动，减少或消除多余的和笨拙的动作，减少体力消耗，缩短辅助时间，提高劳动生产率。

(2) 有利于工人发挥工作地的装备、工具以及辅助器具的效能，尽量节约空间和生产面积。

(3) 有利于工人的身心健康，使工人有良好的劳动条件和工作环境，防止职业病，避免设备或人身事故。

(二) 工作地组织的基本内容

1. 合理装备及布置工作地

装备工作地是指为工作地配备必要的生产设备、工艺装备和辅助装置，包括机床、机器、仪表、自动线等工艺设备，工模夹具等工艺装备，装配和焊接设备、试验台、转运装置、滚床、滑道、吊车等辅助设备。生产设备和工艺装备应根据工作地专业化程度及工艺技术要求来配置。辅助装置的结构，应力求做到简便、轻巧、耐用，少占生产面积。工作地合理装备后，还要对这些装备进行平面布置和空间布置。合理布置工作地应符合下列要求：

(1) 主要生产设备的布置要符合生产工艺的要求，符合操作程序，符合安全生产和节约生产面积的要求。

(2) 工作地上各种物品都应有适当的、固定的存放地点，便于工人操作，减轻工人体力消耗。

(3) 工作台、工作椅的高度要适合工人身体的特点，使工人在工作时保持省力姿势。

(4) 毛坯、工具用具和控制装置应尽量布置在现场操作人员正常的与最大的工作区域内。

2. 保持工作地良好的工作环境

良好的工作环境是指工作地保持清洁、有秩序和正常的劳动条件。良好的劳动条件是指工作地在通风、照明、温度、湿度等方面符合国家工业卫生统一标准和规定，并在防尘、防震、防噪音等方面采取相应措施，使之不超过国家规定的卫生标准。要通过加强生产现场管理的"5S"活动（即整理、整顿、清扫、清洁、素养），使工作地达到文明生产和安全生产的要求，经常保持工作地的整洁、卫生、明亮、舒适、安全，让工人在劳动过程中有"安全感"和"舒畅感"，从而提高劳动生产率。

3. 做好工作地的供应和服务工作

为了保证工作地正常进行工作，防止作业中断，必须做好工作地服务供应工作，具体包括以下内容：

(1) 做好工作地各种供应工作，包括原材料、工具、半成品、工艺文件、图纸等，都要及时、适量、合格地送到工作地，防止停工待料浪费工时。

(2) 加强技术指导，使工人节约劳动时间和保证产品质量。

(3) 加强质量检验，严防废品出现，避免浪费工时。

(4) 要按计划检修设备，防止发生设备故障。

(5) 及时运送加工好的成品和半成品，避免造成工作地拥挤。工业垃圾也要及时处理。

(6) 加强各项辅助工作对基本工人的协作配合，提高工时利用率。

五、工作轮班组织

工作轮班是在工作日内组织不同班次的劳动协作形式，是企业劳动协作在时间上的运转形式。在工作日内妥善安排职工的劳动时间，有利于保护职工的身体健康，提高劳动生产率。

企业的工作轮班有单班制和多班制两种基本形式。不同企业的工作轮班形式是不同的，有的实行单班制，有的实行多班制，就是在同一个企业内部也会因各车间、各部门情况不同，而实行不同的工作轮班制。是实行单班制还是多班制，要视企业的生产工艺特点、生产任务、人员情况、经济效果和其他有关生产条件而定。一般来说，单班制适用于工艺过程可以间断、生产任务不饱满的企业，如机械、电子等制造业。多班制适用于工艺过程不能间断，或工艺过程虽可间断但生产任务饱满、人多设备少的企业，如冶金、化工等企业。

单班制是指每天只组织一个班生产，也叫常白日班。实行单班制，有利于工人身体健康，便于利用班前班后时间维修设备，但不利于机器设备、厂房的充分利用。实行单班制的组织工作比较简单,主要是搞好不同工种之间的相互配合,充分利用工作班的时间。实行单班制,还可科学地安排职工的上下班时间,对某些岗位或工作可以实行弹性上班制,允许职工根据个人情况早来早走或晚来晚走,以错开上班高峰时间,减少交通拥挤,方便生产和职工生活,并照顾到职工的特殊困难。

多班制是指每天组织两个或两个以上的工作班进行生产。常见的多班制形式有:两班制、三班制、四班六小时工作制、四班三运转制、四班交叉作业制、五班四运转制。其中:

两班制是指每天组织早、中两班生产,每班 8 小时。

三班制是指每天组织早、中、夜三班生产,每班 8 小时。

四班制是指每天组织早、中、晚、夜四班生产,每班 6 小时,适用于工作繁重,劳动条件艰苦的企业,如纺织、煤矿以及某些化工企业。

四班三运转制是指在三班制的基础上增加一个班,每天仍是早、中、夜三班生产,一个班轮休,每班 8 小时。

四班交叉作业制是指每天组织四个班生产,每班 8 小时,但上下班之间有两个小时交叉作业,在交叉时间内,有两个班同时生产。

五班四运转制是指在四班 6 小时工作制的基础上增加一个班,每天四班生产,一个班轮休。

实行多班制,重点是解决好工人轮班、倒班和轮休的问题。轮班主要是解决好轮班组织和交接班工作。倒班是指工人的班次定期调换问题。两班制工人不上夜班,倒班比较简单,每隔一周轮换一下班次就可以了。三班制倒班则比较复杂,办法有两种:一种是正倒班,另一种是反倒班。如表 5-2、表 5-3 所示。

表 5-2　正倒班方式:早→中→夜→早

班次	第一周	第二周	第三周	第四周	第五周
早	甲	丙	乙	甲	丙
中	乙	甲	丙	乙	甲
夜	丙	乙	甲	丙	乙

表 5-3　反倒班方式:早←中←夜←早

班次	第一周	第二周	第三周	第四周	第五周
早	甲	乙	丙	甲	乙
中	乙	丙	甲	乙	丙
夜	丙	甲	乙	丙	甲

在正倒班方式中,前后两周换班的第一天,出现某班刚下夜班又接着上早班的打连勤问题,即连续干活 16 小时,这是绝对要防止的。正倒班这种形式,仅适用于工艺过

程可以间断的企业,将倒班时间与公休日结合起来,以保证倒班工人得到充分的休息。反倒班则不存在打连勤的问题,普遍适用于各种企业,而连续性生产的企业只能采用反倒班方式。因为这些企业的工人是轮流休息的,其倒班时间不可能和每个工人的轮休时间都结合在一起。

在连续性生产企业里,工人是轮流休息的,所以还要合理组织工人的轮休。组织工人轮休,主要有三种形式:①三班轮休制。即组织三个固定轮班,每班按1/6的比例配备替休工人。②三班半轮休制。三个固定轮班内不配备替休工人,而另外配备半个班来进行替换。实际上还是按1/6的比例来配备替换。③四班轮休制。三个固定轮班内不配备替休工人,而是另外配备一个班来进行替换。实际是按2/6的比例来配备替换。但在安排工人休息时,要符合国家规定的公休日数。

实行多班制的工作轮班制度,要注意各班人员配备的平衡,加强对夜班生产的组织领导,建立健全岗位责任制。各班完成的工作,要分班验收、记录和考核。在各班之间还要建立严格的交接班制度,加强各班之间的协作配合。

六、多机床管理和多面手组织

(一) 多机床管理

多机床管理,又叫多机台管理,是指一名工人或一组工人在生产时间同时管理两台以上的机器设备。其基本原理是工人利用某一机器设备的机动时间去完成另一台或多台机器设备上手动时间的工作。因此,实行多机床管理的前提条件是:工人管理的任何一台设备的机动时间,必须等于或大于管理其他设备手动时间的总和。也就是说,设备的机动时间越多,工人操作的手动时间越短,工人能够管理的设备台数就越多。

多机床管理是一种先进的劳动组织形式,它打破了一人一机式的生产组织格局,适应了生产设备自动化的发展趋势,有利于减少工人的空闲时间,节约使用劳动力,改善生产管理,提高劳动生产率。

推行多机床管理,要采取技术措施,尽量提高设备的自动化水平;设计出新的工序结构,使手动时间和机动时间尽可能分别集中;规定设备的管理制度,加强巡回检查,给设备安装自动停车的信号装备;合理布置设备,使之形成合理的巡回路线;注意培养工人掌握多种技术,提高职工管理多机床的能力。

(二) 多面手组织

多面手是指工人除了掌握原有的专业技术以外,还能够掌握与本职工作有关的一种或几种技术,可以兼做不同岗位、不同工种的工作。实现"一专多能""一人多艺",是一种先进的劳动组织形式,也是社会职业的发展趋势。其重要意义在于:①使工人从狭小的工作范围内发展到更大的范围去发挥主观能动性,为国家为企业多作贡献。②可以克服工种之间忙闲不均和劳动窝工浪费的现象,节约劳动力。③可以加强工人之间的互相协作,不但有利于做好本职工作,而且有利于开展技术革新和技术革命,有利于整个生产任务的完成。

做好多面手组织工作,对发展生产,合理、节约地使用劳动力,提高劳动生产率都有着重要的作用,同时受到广大企业职工的热烈欢迎和响应,展示着现代企业劳动组织和技术工人发展的方向。许多企业认真组织开展"一专多能"的多面手活动,不但使企业获得了人手少效率高的良好效益,而且为职工开辟了成就事业的前景,实现了企业与职工的双赢。

第五节 职工管理

一、职工管理的原则和方法

企业管理,实质上是人对人的管理,是管理者对被管理者的管理,是领导者对被领导者的管理。企业各级领导者通过对职工的关心、培养和使用,使职工的智慧和才能得以充分发挥,做好企业生产经营各项工作。现代企业职工才能的发挥决不能靠"挤"和"压",不能再沿用过去"管、卡、压、罚"一套冰冷强硬的老办法,而需要运用真正管理人的原则和方法,使职工自觉自愿、心悦诚服地贡献出力量。管理职工的根本原则是以人为本原则,即真正把人放在企业的中心地位,坚持以人为本的原则,以对人的价值关怀为目标,在管理中要尊重人、理解人、关心人、爱护人,最大限度地调动职工的积极性。

(1) 确立职工在企业中的主人翁地位,使职工真正成为企业的主人。要采用各种渠道和办法,积极动员和组织职工参与企业管理和车间班组管理,行使他们作为企业主人的权利,尽到企业主人的责任和义务,最大限度地调动职工的积极性、主动性和创造性。

(2) 尊重职工的尊严、权利和价值,使职工感到领导对自己的信任和工作对自己的需要。因此,要特别尊重职工的人格,严厉指出职工工作拖拉或错误是可以的,但不得伤害他的人格。要尊重职工的劳动成果,对创造了成果的工人要及时给予鼓励和必要的奖励,以体现组织的肯定和关心体贴。要尊重职工的建议和意见,不得把职工的意见和建议当成耳边风。要关心职工的生活疾苦,职工有困难要尽力帮助解决,职工生病一定要去看望,职工结婚一定要前往庆贺,职工遇有不幸一定要前往安慰。要关心职工的成长进步,尤其是对青年职工,他们想学习要提高,领导一定要尽力设法为他们创造学习条件,帮助他们制定切实可行的措施,使他们更好地成长和进步。

(3) 从满足职工需要入手,使职工从物质需要和职业发展与成就中最积极地激发其劳动热情和聪明才智。人的积极性,在很大程度上是指人的行为的积极性。而人的行为是由动机引起的,动机又源于需要。因此,最大限度地调动人的积极性必须从尊重人和满足人的需要入手。人的需要是一个由对物质条件的改善必然上升到对精神生活的向往的发展过程。因此,企业首先要满足和维持职工的物质需要,为职工提供基本的生存、工作环境和物质保障。其次要刺激、引导职工的需要,即提供激励因素,引导职工需要向更高层次发展,包括确立科学的价值观、人生观,树立崇高的精神和道德理想目标，追求职业发展与事业成就等。总之，要通过对职工的需要的不断激发和满足，来最大限度地调动职工的积极性，使职工觉悟不断提高，使企业价值观得到巩固和发展，使企业生产经营目标得到不断实现。

（4）加强职工之间的协调和团结工作，为职工创造一个相互促进的人际关系环境和团结奋斗的和谐氛围。因此，要在职工中大力提倡团结协作的精神，增强团结意识，加强协作配合，建立工友友爱关系，形成集体的强大合力。要妥善调解好单位之间、职工之间的各种纠纷和矛盾，互相谅解，促进友谊。安排工作应尽可能照顾职工的特长和兴趣，以更好激发他们的劳动热情。可根据某些职工的愿望和申请，适当进行企业内人才流动，改变环境更利于这些职工的工作和成长。要加强单位上下左右信息畅通，使职工明辨事物真相，沟通思想和认识，减少猜疑和异议。要改进领导作风和观念，上下级之间应平等相待，平易近人，日常场合大不必太拘泥于礼节，也不要过分讲究"正经"，以形成轻松和谐的人际氛围，更能增进上下一心，心情舒畅，团结奋斗。

二、对青年职工的管理

青年人由于初涉世事，世界观尚未定型，一种优点往往伴随着相应的缺点同时表现出来。他们求知欲强烈，但往往难辨良莠，有时容易被光怪陆离的假象迷惑；他们思想敏锐，但又容易偏激；他们好胜心切，容易急躁冒进，一遇挫折又容易悲观失望、垂头丧气。由于青年人可塑性强，对他们的管理应特别细心。

（1）经常接触，加深理解。青年人的优点往往隐藏在缺点里，若不了解他们，只看到他们的某些外表行为，就可能犯"以貌取人"的错误。若要了解他们，必须从爱护出发经常接触，接触多了就容易理解，而只有达到相互理解，才能发现他们的优点，给予正确的指导、教育和帮助。

（2）大胆信任，委以重担。青年职工有热情、有干劲、有智慧，要大胆信任他们，让他们承担有挑战性的、有助于提高能力的工作。无论什么人，都应在青年时期得到严格的锻炼，知难而上，不断努力拼搏，历尽艰辛，才能最终锻炼成才。

（3）严格要求，适当指导。对青年职工既要大胆让他们工作，给他们自主权，又要严格要求。对他们的成绩，要热情鼓励；他们遇到困难，要给予必要的扶持和帮助；他们偶犯错误受到挫折，既要严格要求他们改正，又要热诚帮助他们总结经验，找出犯错误的原因和改正的办法，切忌一棍子打死或冷嘲热讽他们。

三、对女职工的管理

女职工是企业生产劳动中的一支重要力量。但由于心理、生理上的原因，女职工有着与男职工不同的特点，必须结合她们的特点去进行管理工作。

（1）去掉偏见，尊重人格。由于传统观念对妇女的偏见，一些女职工自觉不如男性职工，感到自卑。未婚青年女职工上进心强，一旦结婚生孩子后，因为精力和注意力转向了家庭和孩子，对社会上的事情就渐渐失去了兴趣，要求上进的妇女就明显减少。这基本上也是一条规律。企业和车间班组的领导者要清醒地认识到女职工成长发展的特点，克服对妇女的偏见，要特别注意体谅女职工的具体情况，说话办事要注意尊重女职工的人格，批评要注意方式方法。一方面，要尽力帮助她们减轻家庭负担，做好"五期"（经期、怀孕期、生产期、哺乳期、更年期）保护工作；另一方面，要教育她们自尊自重、自爱自强、振奋精神，敢于与男性职工比高低。

（2）正面鼓励，同情关心。一般女性都比较注意感情，特别讲面子。因此，对女职工要多从正面进行鼓励，对她们的缺点也最好先作个别指出，尽量不作当众批评。对她们的一些困难，能照顾者尽量照顾，解决不了的也要表示同情和关心，让她们感觉到领导和组织的关怀和温暖，焕发出新的干劲。

（3）扬长避短，适当照顾。女职工在应付突然变故和运用爆发力方面不如男职工，但她们的适应能力和忍耐能力往往超过男性。因此，在工作分配安排时一定要注意扬长避短，照顾女职工的特点，尽量不给她们安排劳动强度大、劳动条件差的，特别是重体力的工作。

四、对中年职工的管理

中年人是社会的中坚力量，在他们肩上有着两副重担：一方面要担负起社会活动的重担，要尽主力、骨干、师傅的责任和义务；另一方面要担负起家庭生活的重担，要尽养育、教育、赡养的责任和义务。在工厂、车间里，中年职工绝大多数都已经成为生产骨干和技术能手，都成为带有或带过徒弟的师傅，而且多数担负着班组长。如何管理好中年职工，充分发挥他们的才能，是企业管理工作最重要的任务之一。

（1）生产骨干，真诚依靠。中年职工有技术，懂业务，有能力，有经验，领导者要大胆放手让他们去工作，有事情多征求他们的意见，有问题多与他们商量分析，有困难多找他们研究解决，真心实意地依靠他们去做好企业生产经营的各项工作。

（2）自信自强，多负责任。中年职工在思想方面，人生观已基本形成，他们一般都懂得人生的意义和价值，知道如何度过自己的一生；在工作方面，他们都已熟练地掌握了一定的技术和业务技能，在社会交际上也有一定的经历和知识。因此，中年职工是企业中最充满自尊自重自强自信的一层人，也的确是企业中最有实力、最能依靠的骨干力量。能者多劳，强者多干，要多让中年职工做一些负责任的工作和困难大的工作。这样做，既有利于进一步提高他们的能力，也能满足他们自信自强的心理需要，有利于充分发挥他们的积极性。

（3）思想复杂，加强引导。中年职工经历过相当时间的工作、学习和生活，他们的思想水平、工作能力、业务素质都在实践中逐步分化分类，相互之间的距离在不断扩大，现在的工种、岗位、职务、地位等等都大不相同了，由此而带来了各种不同的思想问题，成为企业中思想最复杂的一层人。因此，企业和车间的领导一定要把中年职工的思想工作放在首位，加强教育和引导，使他们正确认识和处理工作、学习、生活、交际中出现的问题，不断努力创造出新的业绩；同时要使思想消极的那部分人重新振作起来，防止他们不良的思想作风影响青年职工，给企业工作带来更大的损失。

（4）重担在肩，多予体谅。中年职工担负着社会和家庭两副重担，负重最大，压力最大，遇到的各种困难也特别多。因此，对他们做工作要少说空话，多解决实际问题；少讲大道理，多讲小道理；少批评，多体谅，将人比己，将心比心，共同商讨如何面对困难和解决困难，如何挑好社会、家庭两副担子，无愧于绚丽多姿的事业和人生。

五、对老年职工的管理

老年职工由于生理机能的衰退，在精力、体力、灵敏度等方面都赶不过年轻人，但老年人也有年轻人不及的地方，他们阅历广、经历多，有丰富的经验。对老职工的管理要注意以下几点：

(1) 经验丰富，耐心倾听。人到老年，往往特别珍爱自己过去的经验，甚至一谈起来就没完，当领导的不要听到他们一谈过去就心烦，而是要耐心倾听，尊重他们，或许从中可以得到一些启发和教益。平时要多听听老职工的意见，以获得老职工对企业工作的更多理解和支持。

(2) 传统习惯，多作沟通。由于几十年的工作经历养成的传统习惯，老职工对新技术、新事物往往有一定的排斥性。各级领导要想办法与老职工沟通，让他们了解和理解新技术新事物，这不但可以提高老职工的思想认识和技术水平，而且可以加强两代人的理解和团结。

(3) 体力减退，工作调整。老职工体力减退，不宜再继续从事体力强、变化多的工作，但其从事那些活动少、需要耐心耐力的工作远比青年人强。因此，可调整岗位让老职工从事一些轻体力但要坐得住、有耐心耐力的工作。

(4) 尊老敬贤，多给照顾。各级领导要以身作则和教育职工尊老敬贤，尊重老职工，关心老职工，多给他们温暖和生活上的照顾，让他们发挥余热，培养新的技术能手，把他们的"绝活"传给青年职工，一代接一代把企业的工作做得更好。

六、生产骨干的选拔、使用和培养

(一) 生产骨干的选拔

选拔、配备和培养骨干是企业的重要工作，更是车间开展生产活动的重要条件。车间主任如果没有一批能顾全大局、齐心协力、有技术、善管理的生产骨干，就将一事无成。车间主任的工作，说到底就是出主意和使用骨干的工作，而前提首先是要将骨干选拔好。

尽管车间是企业的基层生产单位，选拔骨干仍然要坚持德才兼备、任人唯贤的标准。只见才而不问德不是用人的正道，只见德而不问才也非用人良策，所以德与才二者不可偏废。所谓"德"，是指思想政治品质，就是思想好、作风正、顾全大局、公私分明。所谓"才"，是指生产技术上有一技之长，有组织管理能力。之所以强调德才兼备，是因为一个人有德无才没有为社会服务的本事，德再好也无用；而有才无德就不能保证服务方向，甚至自恃有才要挟领导，脱离群众，才变成了歪门邪道干坏事的可怕工具。所以，才和德是对立的统一，德才兼备，唯贤是举。

德才兼备原则还有一点是必须注意的，德要看主流方向，才看重一技之长。金无足赤，人无完人，人之品德内容广泛，不可能做到尽善尽美，必须注重主要的内容；才也千门百类，不可能样样精通，有一技之长便是能人。

根据德才兼备的原则，按照各方面的要求拟订班组长、工段长及其他生产骨干的具体标准，这些要求包括本工种操作能力和工艺理论水平、事业心、纪律性、公私关系处理、团结状况、工作效率、群众威信、文化水平、身体状况等。按照德才兼备原则和具体标准要求，运用实践考察法、察言观行法、因素评分法等全面考核备选对象的德才状况，正确选拔出生产和管理上的优秀骨干。

（二）生产骨干的使用

选人的目的在于用人。任何一个单位都有可选可用之才，关键是会不会发现人才和使用人才，能否有效地使用人才。一个成功的管理者的秘诀，就是掌握了用人之道，使人尽其才。在企业生产第一线使用生产骨干，也像其他各个层次使用人才一样，有其用人的原则和方法：

（1）用人唯公。用人要出于公心，不管使用的人与自己关系亲疏，甚至曾经反对过自己的人，只要是贤才，都应大胆使用。用人唯公，就是要唯贤是举，因为与个人有宿怨，本是贤才而不用，或因为是亲戚朋友怕人议论自己任人唯亲，本是能人而不用，都是不正确的态度。

（2）用人所长。人的技能有长短，领导用人要用人所长，避人所短，切忌求全责备。对于生产骨干也是一样道理，要根据其技能专长安排合适的岗位和职务，避免其短处，充分发挥他的优点开展工作。

（3）适才适用。人的才能有高低，大材小用浪费了人才，小材大用耽误了工作。所以领导在用人之前，须对所用之人进行分析，有人擅长技术，有人擅长管理，有人擅长分析，有人擅长交际。特定类型的才能应与特定职务相吻合，既不可勉为其难，又不能授以无事可做的虚职。

（4）用人不疑。领导用人，如果不放心、不相信就干脆不用，既要使用就要充分相信，大胆授权，这样才能调动起下属的积极性。据调查所知，90%以上的人都认为最能激励工作积极性的因素是上级的信任。如果得不到上级的信任，这些人的能力就必然得不到充分的发挥，同时也说明上级是个不会用人的人。

（5）用人贵在少而精。兵不在多而在精，用人也是一样的道理。人多并非好办事，在正常的工作秩序中，人多了，人浮于事，苦乐不均，相互观望，"内耗"很大，工作效率却不高。特别是人的情绪互相影响，一人不积极，一片懒洋洋，管理难度更大。人手少，但个个精干，工作积极主动，会有更高的效率和成绩。

（三）生产骨干的培养

骨干的选拔、使用和培养是企业人力资源管理和开发的一个完整过程，不能缺少任何一个环节。既要用骨干，还要对骨干进行不断地培养，才能开发出无穷无尽的人力资源。用人而不注意育人，无异于竭泽而渔，久而久之，人才就会老化，适应不了新形势的需要，最终会影响整个企业的工作。企业职工也会渐渐与领导离心离德，因为在这个企业里使他们无法进步。

车间对生产骨干的培养，除了积极支持职工参加社会、企业举办的各种学习班外，主要是在职培养。其形式是多种多样的，根本的原则就是鼓励自学成才，靠自己在实践中学习、总结、提高，领导主要为自学成长者创造必要的学习环境和条件。

（1）组织专题学习。车间对生产骨干的学习组织，主要是利用零散的时间，按有系统的内容，组织专题学习，即半年或者一年学习一个方面的内容，每周利用两小时或半天组织一个章节的学习。这样坚持几年，班组长及管理干部的管理理论水平就会有一个系统性的提高。这种学习方法除听课外，主要还是靠自己在业余时间里学习，车间集中一定时间主要用于释疑解答或考试。此外，还有一种学习方法，就是一事一议的专题讨论法，即车间针对日常管理中出现的问题，摆出来大家讨论解决的办法。这种一事一议的讨论法，看得见，摸得着，实践性强，印象深刻，久而不忘，又最能解决现实管理中的问题。

（2）组织岗位练兵。岗位练兵是企业提高职工技术操作水平，熟练地掌握机器设备、生产工艺，练就一身过硬本领的一个重要途径。练兵的原则是从难从严，从生产实际出发，通过岗位练兵达到本工种的应知应会。岗位练兵的内容和形式，一是学习讲授理论知识，二是实际操作。车间的岗位练兵，通常与小型竞赛活动相结合，以班组为单位，同工种、同岗位之间的练兵比武，评出名次，调动学习技术的积极性。此外，对于徒工和青年工人，还辅之以订立师徒合同的办法。

（3）组织经验交流会。组织经验交流会也是一种提高骨干管理能力的有效办法。经验交流会有两种形式：一种是不定期地召开现场观摩会，由在某一方面管理做得好的班组长或工段长结合现场实际介绍经验。另一种是在大家一起总结的基础上，选择好典型在会议上介绍。这种形式的交流会通常半年进行一次，迫使每个班组长必须对自己的工作进行回顾总结，把自己的经验上升到理论，进一步做好今后的工作。

（四）多面手的培养

企业生产的多面手，是指一个生产作业者能承担多个工程或多种设备的操作，该作业者即为多面手，又叫多能工。相反，只能从事单一工程或单一设备作业的工人，是为单面手、单能工。多面手培养是企业车间生产现场不可缺少的重要课题。因为在企业实际生产过程中，难免会有一些岗位上工人缺勤或离职，这时顶替作业的工人如果不熟悉该工作岗位的操作技能，就会影响整个生产线的效率，更严重的是还会影响产品质量。因此，多面手的培养对于解决顶替作业的问题具有重要的实际意义，也是今后技术工人发展的方向。

多面手的培养和使用要做好以下几项工作：①简化生产作业，即将那些需要特殊技能的复杂作业，尽量简化为一般工人也能胜任操作的简单作业，为多面手顶替作业创造简易的工作条件。②制定标准作业指导书，就是制作岗位作业的标准指导资料，并放置于工位上，使顶替工人按照标准作业指导书说明的步骤方法便能顺利进行生产操作。③改良生产设备，使之能够适应不受专门训练的人也能容易操作。④制订多面手培训计划，明确不同期限的培养目标和步骤，按计划一步步实施，并长期坚持下去。⑤实行多面手全员培训，全面推进，努力做到人人都成为一专多能的多面手。⑥加强对多面手培养的具体组织和指导工作，将多面手培养列为班组长的一项重要任务，并落实生产技骨干对培养多面手的责任。⑦保证培训安全，对于一些安全性要求很高的岗位作业，不要强行推行多面手训练，而主要由专职人员从事工作，不许别人顶替作业。⑧严格多面手技能的考核和鉴定，凡参加一专多能培训者，最终都要经过逐项技能的考核测评，经车间或有关部门认定合格者才允许独立从事该项工作。

七、培养企业名牌员工

名牌员工是企业中事业心、忠诚心、责任感、高超技术、守纪律、创造性相统一的员工。名牌员工是企业的宝贵资产，是企业生产经营的骨干，也是企业文化发展和创新的主体。

（1）企业坚持以人为本，以员工为本，真正做到重视员工、关心员工、发展员工，积极引导广大员工争当名牌员工。

（2）大力抓好员工培训，培养一支高素质的企业员工队伍，支持和帮助人人争做名牌员工。

（3）吸引和安排广大员工大力开展生产技术攻关和创新活动，积极参与企业管理，在实践中锻炼成长，发挥员工的积极性、主动性和创造性，使更多员工成为名牌员工。

【复习思考题】

1. 什么叫工序？它的构成要素是什么？
2. 动作分析的意义是什么？
3. 什么叫劳动定额？劳动定额有哪些主要形式？
4. 制定劳动定额的方法和要求是什么？
5. 企业应怎样加强劳动定额管理工作？
6. 企业劳动定员的范围是什么？
7. 企业劳动定员工作有哪些要求？
8. 劳动定员有哪些方法？
9. 劳动组织包括哪些主要内容？
10. 什么情况下应组建作业组？
11. 工作地组织包括哪些主要内容？
12. 我国的工作轮班的多班制有哪些具体形式？
13. 多机床管理的基本原理和前提条件是什么？
14. 企业职工管理的基本原则是什么？
15. 怎样对青年职工进行管理？
16. 怎样对中年职工进行管理？
17. 企业选拔生产骨干的标准是什么？
18. 车间应怎样对生产骨干进行培养？

第六章 车间生产作业管理

生产管理不仅是企业管理、车间管理的重要内容,而且是车间管理的核心内容,因为车间的任务主要是搞生产。车间的生产管理主要通过生产作业计划的形式去实施。生产作业计划是生产计划的继续和展开,是生产计划的具体执行计划。编好和贯彻执行生产作业计划,是提高企业和车间管理水平、取得良好经济效益的重要手段。

第一节 生产作业计划的任务和内容

一、生产管理的任务和内容

生产是人类社会生存和发展的重要基础。生产管理是企业管理的重要组成部分,它直接关系到企业经营的成败和对社会提供产品的数量和质量。企业生产管理是指为实现企业的经营目标,有效地利用生产资源,对生产过程进行组织、计划、控制,生产出满足社会需要、市场需求的产品或提供服务的管理活动的总称。在市场经济条件下,经营目标、经营方针、经营决策的确定,是企业管理的核心内容,经营管理处在中心位置,而生产管理工作是要围绕着经营目标、经营方针、经营决策去进行的,处于执行和从属的地位,即从属于经营管理,执行企业经营决策所确定的经营计划。因此,生产管理的基本任务,是为了适应市场需求,合理使用生产资源,生产出高质量的产品,并不断降低成本、提高效益,使企业充满生机与活力。生产管理的具体任务包括以下四个方面:

(1) 遵循社会主义生产目的,保证生产出社会需要的适销对路的产品。企业要从市场需求、社会需要出发,树立质量第一、为用户服务的观点,按照用户所需的品种、质量、数量和交货期等组织生产,努力生产出用户满意的产品。

(2) 全面完成生产经营计划中所规定的目标和任务,包括产品品种、质量、产量、产值、成本、安全等指标以及价格、交货期、售后服务、环境保护等。

(3) 充分利用人力资源,合理组织劳动力,以提高劳动生产率。要求建立和健全生产组织机构,合理地组织分工协作和配备相应的人力,严格按定额、定员组织生产,整顿劳动纪律,加强经济责任制,调动工人的生产积极性和创造性。

(4) 加强对物的管理,包括劳动资料和劳动对象管理,最充分有效地利用物质资源。要求搞好物资供应和储备管理,执行消耗定额,节能降耗,降低成本,加快资金周转,提高设备利用率和完好率,充分发挥生产资源的作用。

企业生产管理内容,主要包括生产过程组织、生产技术准备、生产作业计划编制和生产作业控制等四个方面。

(1) 确定合理的生产组织形式,具体包括对生产过程从空间、时间上的分析和组织，制定科学合理的劳动定额，组建合理的劳动组织，建立良好的生产管理机制，促进生产发展和提高效率。

（2）制订科学的生产计划，具体包括市场调查预测，生产能力核定，优化产品品种、产量、质量指标，编制生产计划和作业计划，安排产品出产进度，分配生产任务等。

（3）做好生产技术准备，主要是产品设计、工艺技术、物料能源、人力资源、设备完好情况等方面的准备。

（4）加强计划的实施和控制，主要包括作业计划的编制和实施，生产作业的执行和控制（进度控制、质量控制、成本控制、库存控制等），加强生产现场管理，出色完成生产经营任务。

二、生产作业计划的任务

生产作业计划是生产计划的具体执行计划。生产作业计划包括厂部分车间作业计划和车间内部作业计划。其主要任务是：

（1）落实生产计划。生产计划一般只规定企业及车间较长计划期（年、季、月）生产产品的品种、质量、数量和期限。生产作业计划，在空间上要把生产计划规定的生产任务细分到车间工段、班组、设备和个人，在时间上要把年、季生产计划细分到月、旬、周、日、轮班、小时，在计划单位上要把产品细分为零件、部件和工序。生产作业计划是把企业的生产计划变成工人具体的日常生产作业活动。

（2）合理组织生产过程。企业生产计划是通过合理组织产品的生产过程来实现的。任何产品的生产过程，都由物质流、信息流、资金流所组成。生产作业计划的任务之一，就是要把生产过程中的物质流、信息流、资金流合理地组织协调起来，争取用最少的投入获得最大的产出。

（3）实现均衡生产。要实现均衡生产，就必须依靠生产作业计划合理地安排组织企业各生产环节的生产活动，协调好生产与生产技术准备、基本生产与辅助生产之间的关系。通过信息反馈系统，准确掌握全厂各部门的生产和工作进度，及时处理生产过程中出现的各种矛盾和问题，排除各种干扰和破坏均衡生产的因素，保证各生产环节、各部门、各个人都能按照计划规定的品种、数量、质量和期限均衡地出产品，有节奏地工作，准时地完成自己应该完成的生产和工作任务。

（4）提高经济效益。企业生产经营活动经济效益的高低，从企业内部来看，一方面取决于企业生产的产品是否适销对路，另一方面取决于企业能否用较低的成本制造出用户满意的高质量产品。产品质量和成本，在很大程度上又取决于产品生产过程的组织水平。生产作业计划的任务之一，就是要在产品的生产过程中，严格保证产品质量达到规定的标准，努力减少产品生产过程中的活劳动和物化劳动的消耗，最大限度地降低产品的成本，争取获得更高的经济效益。

三、生产作业计划的内容

企业生产作业计划工作，一般包括制定生产作业计划期量标准、编制企业各层次的作业计划和实施生产作业控制等，具体包括以下各方面：

（1）制定或修改生产作业计划期量标准。期量标准是为了合理组织企业生产作业活动，在生产产品或零件数量和生产期限方面规定的标准。这是编制作业计划所依据的一些定额和标准资料。有了这些标准的数据和定额，组织生产过程中的物流就有依据，对于提高生产过程的组织水平、实现均衡生产、改善生产的经济效益都有了基础和保障。

（2）编制企业各层次的作业计划，包括产品进度计划、零件进度计划和车间日程计划。要把企业全年分季度的产品生产计划，细化为以零件部件、工序为对象的厂部作业计划和车间作业计划，用零部件生产作业计划作为执行性计划，并编制出车间日程计划，把生产任务具体落实到车间、工段、班组、机台和个人，细分到月、旬、周、日、轮班和小时。

（3）编制生产准备计划，包括原材料供应、外协件购买、设备维修、工模夹具准备、技术文件准备、劳动力调配等。

（4）计算设备负荷率，进行生产任务与生产能力之间的细致平衡，并进行产品加工作业排序，确定车间日程计划。

（5）生产作业控制和统计分析，生产控制主要包括生产进度控制、生产能力控制、在制品控制、质量控制等。同时要做好日常生产派工、生产调度和作业计划执行情况的统计分析与考核，及时跟踪检查、监督和统计每个工作地和每个工人的生产任务完成情况及生产进度，根据情况变化及时调整作业进度，采取措施使生产过程按计划顺利进行。

四、生产作业计划的特点和作用

生产作业计划作为生产计划的具体执行计划，把企业的年度、季度生产计划中的月度生产任务，具体分配到各车间、工段、班组以至每个工作地和个人，规定他们在月、旬、周、日、轮班以至小时的生产任务，并按日历顺序安排生产进度。因此，生产作业计划具有下列显著特点：

（1）计划期限比较短。作业计划不同于长期计划和年度计划、季度计划，它是规定到月、旬、周、日、轮班、小时的短期计划。

（2）计划任务具体明确。作业计划的对象是零部件和加工工序，各项生产任务分配落实到车间、工段、班组、轮班机台和个人。

（3）安排有具体的生产进度。作业计划十分细致地规定了各种资源的投入时间和产品出产日期与进度，是完成任务、利用资源或配置设施的一张详尽时间表。

生产作业计划是企业联系各生产环节，组织日常生产活动，建立正常生产秩序，保证均衡生产，取得良好经济效益的重要工具。生产作业计划的作用具体表现在以下四个方面：

（1）生产作业计划是生产计划的具体化，是保证实现企业生产经营计划的重要工具。作业计划对生产计划规定的任务从空间、时间和计划单位上进行了细分化，从而具体落实了企业生产任务，保证生产经营计划的实现。

（2）生产作业计划是生产计划的具体执行计划，是建立企业正常生产秩序和工作秩序的重要保证。作业计划具体地安排了每个生产环节在每个短时间内的生产任务，从而保证了各生产环节之间的衔接配合和均衡生产。有了作业计划，使职工人人有了明确具体的工作任务，处处有了衔接配合的统一标准，便于各级领导指挥生产的统一具体部署，企业能够协调有序地进行生产经营活动。

（3）生产作业计划是企业计划管理的重要环节，是保证产销结合、使产品适销对路的重要措施。作业计划是企业短期计划的主要组成部分，其计划期短，可以适应市场变化而及时调整，灵活性、应变性较强，只要及时掌握市场和用户变化的具体情况，做出适当的调整和补充，就能保证产品适销对路，更好地满足社会需要和市场需求。

（4）生产作业计划具体规定了职工的生产工作任务和奋斗目标，是调动职工积极性的重要手段。作业计划把生产任务从空间、时间、劳动对象上都详细具体地分配到每个机台和每个职工。在经济责任上明确了自己的任务和目标，清楚地看到自己工作的利益所在和事业所在，有利于调动广大职工的积极性和创造性，为实现企业的生产经营计划而努力奋斗。

第二节 生产作业计划的期量标准

一、期量标准的内容和作用

期量标准又叫作业计划标准，亦称期量定额。期量标准的"期"是指期限，"量"是指数量。所谓期量标准，就是为加工对象（产品或零部件）在加工过程中所规定的生产期限与数量方面的标准数据。期量标准决定了生产过程各环节之间在生产数量和期限之间的衔接，保证了生产过程的连续性和均衡性，是编制生产作业计划的重要依据。

不同生产类型的企业，生产过程组织形式不同，采用的期量标准也有区别。

（一）大量生产的期量标准

大量生产在生产组织和计划方面的主要特点是：车间、工段、班组以及工作地大量连续生产很少几种零件、部件或产品，每一个工作地负荷比较稳定，有节奏地重复完成固定的很少几道工序。因此，大量生产作业计划所要解决的主要矛盾，就在于保证整个生产过程及其各个环节能严格按规定的节拍生产。大量生产的期量标准主要有：

（1）节拍。节拍是指顺序出产前后两件产品（或零件、部件）之间的时间间隔。除节拍外，如果产品在工序之间是成批传送的，节拍与传递批量的乘积称为节奏；如是按件传送的，生产节奏就是节拍。

（2）流水线标准工作指示图表。品种单一的不变流水线通常是连续生产的流水线，其标准计划的编制比较简单，只要规定整个流水线的工作和中断的时间与程序（工作制度，即工作与休息时间安排）即可。而品种多变的可变流水线通常是间断生产的流水线，其标准计划的编制较为复杂。流水线标准工作指示图表是为间断流水线编制的。

间断流水线由于各工序时间不与流水线的节拍相等或成整倍数,各道工序的生产率各不相等,在生产中可能发生零件等工作地或工作地等待零件的情况,因此需要规定间断流水线的看管期,按看管期编制标准工作指示图表以组织流水生产。

(3) 在制品定额。在制品是指从原材料投入到成品入库为止,处于生产过程中尚未完工、正在加工的所有毛坯、零件、部件、产品的总称。在制品是企业生产过程连续进行的必然结果和必要条件,保持一定数量的在制品是正常生产的客观需要。但必须根据具体条件确定各种在制品占用量,这个在制品占用数量就是在制品定额,这是保证有节奏的均衡生产的基本条件。在制品占用量,按存放地点可分为车间之间(或生产线之间)的占用量和车间内部(或生产线内部)的占用量;按性质和用途可分为工艺占用量、运输占用量、流动占用量、保险占用量。

(二) 成批生产的期量标准

成批生产在生产组织和计划工作方面的特点是:各个车间(工段、班组、工作地)按一定时间间隔依次成批生产多种制品。由于生产的品种多,当轮番地由一种制品转为生产另一种制品时,需要重新调整设备。成批生产作业计划所要解决的主要矛盾是:如何妥善安排生产的轮番,保证有节奏地均衡生产。为此,就要事先制定反映成批生产的日期和数量关系的期量标准。成批生产的期量标准主要有:

(1) 批量和生产间隔期。批量是指一次投入(或出产)同种制品的数量。生产间隔期是指前后两批制品投入(或出产)的间隔时间。生产间隔期是批量的时间表现,按生产间隔期定期重复生产也就是成批生产的节奏性。批量和生产间隔期是成批生产的主要的期量标准,它们相互之间成正比例关系:批量越大,生产间隔期越长;批量越小,生产间隔期越短。

(2) 生产周期。生产周期是指从原材料投入到成品出产所经过的整个生产过程的全部日历时间。对于产品来说,它的生产周期包括毛坯准备、零件加工、部件装配,一直到成品装配、油漆、入库为止的全部日历时间。在成批生产中经常用到的是工序生产周期和一批零件生产周期,当然也包括产品生产周期。

(3) 生产提前期。生产提前期包括投入提前期和出产提前期,因此也统称为投入(出产)提前期,它是指一批制品在各工艺阶段投入(出产)的日期比成品出产日期提前的天数。制品在各工艺阶段的生产提前期,都是以产品装配出产时间为基准,按反工艺顺序方向确定的,即先确定装配阶段,其次是加工阶段,最后是毛坯准备阶段的生产提前期;在每一工艺阶段,又要先确定出产提前期,后确定投入提前期。计算生产提前期,要利用生产周期和生产间隔期等期量标准。此外,工艺阶段之间还有保险期,它是考虑到前一工艺阶段可能发生出产误期以及为办理入库、领用等手续而预备的时间,可根据经验统计数据确定保险期。

(4) 在制品定额。成批生产中的在制品,可分为车间在制品占用量和库存在制品占用量两个部分。后者又分为流动占用量和保险占用量。车间在制品占用量包括正在进行加工、等待加工及处于运输或检验过程中的在制品数量。车间在制品占用量按各工艺阶段分别计算。

成批生产中还有一个期量标准是交接期，指前后两个工作轮班交接所耗用的时间。

（三）单件生产的期量标准

在单件生产条件下，企业主要是按照用户的订货要求来组织生产，因此作业计划的安排主要依据产品的生产周期和产品交货期的要求，所以单件生产下的期量标准主要是画出产品及零件的生产周期表，主要包括生产周期和生产提前期两项期量标准。

期量标准是生产作业计划工作的基础，是组织均衡生产的有力工具。期量标准的作用具体表现在：

（1）组织均衡生产。期量标准可正确地规定制品在各车间、工段、班组和工作地的生产日期和数量，实现均衡生产和缩短生产周期。

（2）建立正常生产秩序。期量标准控制在制品在生产过程中的流动期限和数量，防止在制品积压或脱空，因此是进行合理生产调度、建立正常生产秩序的重要依据。

（3）合理利用生产资源。制定合理的期量标准，可使人、财、物等生产资源得到合理利用，提高生产方面的经济效益。

二、制定期量标准的原则

（1）均衡生产原则。根据计划节拍，规定产品、部件、零件在各个阶段上的生产期限和数量，并使它们相互衔接、协调一致，保证均衡生产。

（2）先进合理原则。期量标准应具有先进合理水平，即以平均先进定额为依据，制定出符合企业实际的合理的生产期限和数量标准。

（3）粗细有别原则。期量标准的制定，应当适应不同的生产特点：大量大批生产的产品，期量标准要定得详细一些；单件小件生产的产品，期量标准则可定得粗一些。

（4）及时修改原则。随着企业生产技术条件的变化，期量标准也要及时修改，使之切合变化了的生产实际。但是，为了稳定生产秩序，期量标准也不能修改过密，一般应以一年修改一次为宜。

三、期量标准的制定方法

（一）节拍和节奏

节拍是流水线生产最重要的期量标准，它是指流水线上前后两个相邻加工对象投入或出产的时间间隔。节拍反映出流水线生产的速度。节拍和节奏的计算公式分别是：

$$节拍 = \frac{流水线有效工作时间}{计划期产量}$$

$$= \frac{流水线制度工作时间 \times 时间有效利用系数}{计划期产量}$$

$$节奏 = 节拍 \times 批量$$

时间有效利用系数，一般取 0.90～0.96 之间。

(二) 批量和生产间隔期

批量与生产间隔期有如下关系式:

$$批量 = 生产间隔期 \times 计划期平均日产量$$

其中:

$$生产间隔期 = \frac{批量}{平均日产量}$$

$$平均日产量 = \frac{计划期产量}{计划期工作日数}$$

确定批量与生产间隔期,通常使用两种方法:

(1) 以量定期法。首先根据提高技术经济效果的要求,确定一个最初的批量,然后计算出相应的生产间隔期。最初批量的计算方法有经济批量法、最小批量法。

$$经济批量 = \sqrt{\frac{2 \times 年产量 \times 次设备调整费}{单件产品年保管费}}$$

$$最小批量 = \frac{设备调整时间}{单件工时 \times 设备调整允许损失系数}$$

设备调整允许损失系数,一般在 0.02~0.12 之间。

(2) 以期定量法。首先确定生产间隔期,然后根据下列公式计算批量:

$$批量 = 平均日产量 \times 生产间隔期$$

为了简化生产管理,使批量的种类不要太多,又和月度计划数量指标成简单的倍数关系,可以规定为数不多的几个标准生产间隔期,如表 6-1 所示。

表 6-1 标准生产间隔期

生产间隔期	批类	批量	每月批次
1 天	日批	1/24 月产量	24
3 天	3 日批	1/8 月产量	8
6 天	周批	1/4 月产量	4
8 天	旬批	1/3 月产量	3
12 天	半月批	1/2 月产量	2
24 天	月批	1 月产量	1
72 天	季批	3 月产量	1/3
144 天	半年批	6 月产量	1/6

(三) 生产周期

产品生产周期由各个零部件的生产周期组成,零部件的生产周期由该零件的各工艺阶段或工序的生产周期组成。生产周期的计算分两步进行:首先确定产品(或零部件)在各个工艺阶段(或工序)上的生产周期,然后计算产品的生产周期。生产周期与批量直接相关：批量越大，生产周期越长；批量越小，生产周期越短。

（1）零件工序周期：是指一批零件在某道工序上的加工时间，按各道工序分别计算。

$$零件工序周期 = \frac{批量 \times 工序单件时间}{制度工作时间 \times 该工序工作地数 \times 定额完成系数} + \frac{准备结束时间}{制度工作时间}$$

（2）一批零件生产周期：是指一批零件在一个或几个车间内加工所经历的全部时间。

$$一批零件生产周期 = 加工时间 + 调整设备时间 + 自然时效时间 + 跨车间协作工序时间$$

（3）产品生产周期：是指一批产品制造的全部工作日数。把所有零件的生产周期汇总起来，就得到产品的生产周期。其中，单件生产企业可以用网络图确定产品的生产周期，成批生产企业可以用图表法确定产品生产周期。

（四）生产提前期

生产提前期是指产品（毛坯、零件）在各个工艺阶段出产（或投入）的日期比成品出产日期提前的时间，分为投入提前期和出产提前期。提前期计算按反工艺顺序连续进行，根据前后车间批量大小关系，分为两种计算办法：

1. 前后车间（或工艺阶段）批量相等时

（1）投入提前期：是指各车间投入的日期比成品出产的日期提前的时间。

$$某车间投入提前期 = 本车间出产提前期 + 本车间生产周期$$

（2）出产提前期：是指各车间出产的日期比成品出产的日期提前的时间。

$$某车间出产提前期 = 后车间投入提前期 + 保险期$$

其中，保险期是指办理交库、领用、运输等需要的时间，以及可能发生出产误期等情况而预留的时间。

2. 前后车间（或工艺阶段）批量不等时

在成批生产中，制品分批投入和出产，各车间（或工艺阶段）的批量、生产间隔期不一定相同。这种情况下，各车间投入提前期仍与前述第一种计算方法相同，而车间出产提前期的计算方法有所不同：

$$某车间出产提前期 = 后车间投入提前期 + （本车间生产间隔期 - 后车间生产间隔期） + 保险期$$

（五）在制品定额

在制品定额是指在一定技术组织条件下，各生产环节为了保证数量上的衔接所必需的最低限度的在制品储备量。

1. 流水线生产条件下在制品定额

流水线生产条件下在制品定额分为流水线内部在制品定额和流水线之间在制品定额

两种情况。其中，流水线内部在制品定额有如下四种：

（1）工艺在制品定额：是指流水线上各工作地正在加工或检验的在制品。计算公式是：

$$工艺在制品定额 = \Sigma（每道工序的工作地数 \times 同一工作地上同时加工零件数）$$

（2）运输在制品定额：是指用于连续流水线内运输过程中的在制品。计算公式是：

$$运输在制品定额 = （流水线工序数 - 1）\times 运输批量$$

（3）周转在制品定额：是指用于间断流水线内周转的在制品。计算公式是：

$$周转在制品定额 = \frac{高效率工序时间 \times 前工序工作地数}{前工序单件时间} - \frac{高效率工序时间 \times 后工序工作地数}{后工序单件时间}$$

计算结果，正值说明在工序终端形成周转在制品最大值，负值说明在工序始端形成周转在制品最大值。

（4）保险在制品定额：在负荷较高或容易发生故障的工序建立保险在制品，以防止意外事故发生造成流水线生产中断。计算公式是：

$$保险在制品定额 = \frac{消除故障的最低时间}{工序单件时间}$$

流水线之间的在制品定额也有运输在制品、周转在制品和保险在制品之分。当供应流水线在节拍与需求流水线的节拍相等时，只包括运输在制品定额和保险在制品定额；节拍不一致时，则只包括周转在制品定额和保险在制品定额。两种不同情况下，都形成包括两项在制品在内的流水线之间在制品定额，其定额的计算方法与流水线内部的计算方法相同。

2. 成批生产条件下在制品定额

成批生产条件下在制品定额分为车间内部在制品定额和车间之间半成品定额。

（1）车间内部在制品定额：是指在成批轮番生产情况下，根据产品（或零件）的生产周期、生产间隔期和批量来计算的平均占用量定额。计算公式是：

$$车间内部在制品定额 = \frac{生产周期}{生产间隔期} \times 批量$$

$$= 生产周期 \times 平均日产量$$

（2）车间之间在制品定额：又叫车间之间库存半成品定额，是经过中间仓库周转的半成品定额和保险半成品定额。它们的计算公式是：

$$车间之间周转半成品定额 = 每日需要量 \times 库存天数$$

$$= \frac{后车间领用批量}{两次领用间隔天数} \times \left(\frac{前车间出产}{间隔天数} - \frac{后车间领用}{间隔天数}\right)$$

$$保险半成品定额 = 前车间保险天数 \times 后车间平均日需要量$$

第三节 生产作业计划的编制

生产作业计划的编制,就是将企业年度、季度计划中所规定的生产任务,按照一定的时间阶段(月、旬、周、日)逐级分配到车间、工段、班组、机台和个人,确定各生产环节在各个时间单位的生产任务。其目的在于:具体落实生产计划,保证年度、季度生产计划的实现。生产作业计划的编制工作分为两个部分:一是编制分车间生产作业计划,即厂部对各车间分配生产任务;二是编制车间内部的生产作业计划,即车间对工段、班组、工作地和个人分配生产任务。

一、作业计划编制的要求和依据

(一)作业计划编制的基本要求

(1) 确保完成生产任务。作业计划的编制要在品种、规格、质量、数量、期限等方面做到层层保证、具体落实、均衡安排,确保完成生产计划规定的该时期的生产任务。

(2) 搞好分工协作。要充分考虑到各车间、工段、班组和机台的特点,保持合理的专业分工,并使之紧密衔接、相互配合,加强协作。

(3) 做好生产作业准备。要切实保证生产前的各项准备工作落实到位,进一步对生产任务和生产能力进行综合平衡,尽可能充分利用企业现有生产能力。

(4) 缩短生产周期。通过周密计算和细致安排,尽可能缩短生产周期,减少资金占用,节约成本,提高生产活动的经济成果。

(二)作业计划编制的资料依据

(1) 生产任务方面的资料。包括:企业年度、季度生产计划规定的生产任务,各项订货合同,备品备件生产计划,新产品试制计划,厂外协作任务,厂内部各车间、各部门之间的生产协作任务。

(2) 设计、工艺方面的资料。包括:产品(零件)图纸,图纸更改通知,产品装配系统,工艺路线,自制或外购件清单,主要零部件和关键零部件明细表,各种工艺卡,以及按车间编制的零件明细表。

(3) 生产能力方面的资料。包括:各类生产工人在册人数和技术等级,厂房生产面积,设备的类型、规格、数量及完好程度,关键设备的工序能力情况,设备修理计划及完成情况,各类产品和零件分工种、工序的台时定额和汇总定额以及定额压缩系数。

(4) 生产准备工作方面的资料。包括:工装、模具生产计划,原有工装的在用、在库、在制及配套情况,原材料、外购件、配套件、标准件等物资的供应和库存情况,动力、运输能力情况及消耗定额。

(5) 前期计划完成情况。包括:产品品种、质量、产量完成情况,废品率、合格率及其原因分析，各车间、库房在制品盘点报表，工时（台时）利用率、工人出勤率、人员配备、生产统计分析等方面的资料，工艺环境条件的要求及其变动情况，生产技术组织措施落实情况等。

（6）各项有关的期量标准。包括：旧标准的修改，新标准的制定，现标准的选用。

二、厂部分车间作业计划的编制方法

企业的生产作业计划，分厂部和车间两级编写。厂部生产作业计划的对象是原材料、毛坯、零部件，任务是给出零部件的投入产出计划，把企业的生产任务落实到车间；车间生产作业计划的对象是加工工序，任务是解决零件加工的先后顺序，把车间的生产任务分解到各班组、各工作地。

厂部的生产作业计划是分车间去编写的。对不同专业化的车间，计划编制方法不同。对于对象专业化车间，由于它是独立完成一定产品的全部生产过程，不存在与别的车间依次提供半成品的情况，因此厂部编写这些车间的作业计划的方法比较简单，以生产任务分解法，按各车间的产品分工来分配生产任务，再根据各车间生产能力负荷等状况加以调整。

工艺专业化车间依次向各车间提供半成品，编制车间作业计划的方法比较复杂。为了保证各工艺专业化车间之间在生产的数量和期限上衔接平衡，要求从企业的成品出发，以反工艺顺序法，逐个地安排各车间的生产作业计划。又由于企业的生产类型不同，便产生了几种不同的分车间作业计划编制方法。

（一）在制品定额法

在制品定额法又叫连锁计算法，适用于大量大批生产类型。在大量大批生产条件下，品种少，产量大，工作地专业化程度高，工艺装备系数大，操作工人分工细，生产任务稳定，车间之间分工明确，联系密切。这种情况下编制生产作业计划，主要着眼于各车间之间数量上衔接平衡。通常采用在制品定额法，即以零件为计划单位，根据事先制定的在制品定额，结合在制品实际结存量及其变化情况，按照反工艺顺序连锁计算，确定各车间计划投入量和计划出产量。计算时从产品出产的最后车间开始，往前连锁推算各车间的生产任务。计算公式是：

$$\frac{某车间}{出产量} = \frac{后车间}{投入量} + \frac{本车间半成}{品外销量} + \left(\frac{车间之间库存半}{成品期末定额} - \frac{库存半成品}{期初结存量}\right)$$

$$\frac{某车间}{投入量} = \frac{本车间}{出产量} + \frac{本车间允}{许废品量} + \left(\frac{本车间在制}{品期末定额} - \frac{本车间在制品}{期初结存量}\right)$$

式中：最后车间出产量和车间半成品外销量是根据市场需要确定的；车间允许废品量是按预先规定的废品率计算出来的；预计期初半成品的库存量和在制品结存量是根据账面结算加上预计来确定的，正式下达计划时，按实际盘点加以修正。

（二）累计编号法

累计编号法又叫提前期法、连续数字法，适用于成批轮番生产类型。在成批生产条件下，产品品种较多，产量不大，一般采用轮番生产，在制品数量不稳定。前后车间之间的生产联系，不仅表现在数量上，而且还表现在品种和时间上。编制生产作业计划，要保证各车间生产在品种、数量和时间上相互衔接。通常采用累计编号法，根据预先测定的各车间的提前期标准，把提前"期"转化为提前"量"，规定各车间应该比最后车间提前完成的数量，并且用累计号数表示车间出产和投入应该达到的数量。累计号数可以从年初或开始生产这种产品时算起，按生产的先后顺序累计确定。计算步骤是：

第一步，确定各车间的出产提前期和投入提前期：

$$某车间出产提前期 = 后车间投入提前期 + 保险期$$

$$某车间投入提前期 = 本车间出产提前期 + 本车间生产周期$$

第二步，计算各车间应达到的出产累计号数和投入累计号数：

$$某车间出产累计编号数 = 最后车间成品出产累计号数 + \left(\begin{array}{c}本车间出\\产提前期\end{array} \times \begin{array}{c}最后车间平\\均日产量\end{array}\right)$$

$$某车间投入累计编号数 = 最后车间成品出产累计号数 + \left(\begin{array}{c}本车间投\\入提前期\end{array} \times \begin{array}{c}最后车间平\\均日产量\end{array}\right)$$

第三步，求出各车间计划期出产量和投入量：

$$\begin{array}{c}计划期某车\\间出产量\end{array} = \begin{array}{c}计划期末本车间\\出产累计号数\end{array} - \begin{array}{c}计划期初本车间\\已出产累计号数\end{array}$$

$$\begin{array}{c}计划期某车\\间投入量\end{array} = \begin{array}{c}计划期末本车间\\投入累计号数\end{array} - \begin{array}{c}计划期初本车间\\已投入累计号数\end{array}$$

计算出各车间的出产（或投入）量之后，再根据批量加以修正，使车间的出产（或投入）量与批量成整倍数关系。

（三）生产周期法

生产周期法适用于单件小批生产类型。在单件小批生产条件下，产品品种多，且不稳定，产量少，一般根据订货合同规定的交货日期组织生产，不存在周转在制品，零件投入量与成品出产量基本一致。编计生产作业计划，主要使每项订货在各车间的投入和出产在时间上协调衔接、合理搭配。通常采用生产周期法，即根据每项订货制定的生产周期标准和合同规定的交货期限要求，按反工艺顺序依次确定产品（或部件）在各车间投入和出产时间。

生产周期法的基本步骤是：首先，根据各项订货合同规定的交货日期，事先制定生产周期标准，编好生产周期图表；然后，根据各种产品的生产周期图表，编制全厂各种产品投入和出产综合进度计划表，以协调各种产品的生产进度和平衡车间的生产能力。安排车间任务时，只要在综合进度计划中摘录属于该车间当月应当投入和出产的任务，再加上月结转的任务和临时承担的任务，即得出当月各车间的生产任务。

（四）订货点法

订货点法适用于标准件、通用件生产的生产作业计划。企业自制标准件，往往品种多、用量大，但价值小，占用流动资金少，一般采用成批集中生产，完工后入库，需要时向仓库领用。库存量储备量随着不断领用逐步减少，当减少到规定数量时，由仓库提出订货，有关车间按规定的批量组织生产，以补足仓库储备量，满足领用需要。这种由库存量来确定生产任务及投产时间的方法，就是订货点法。采用订货点法安排生产作业计划，既要保证正常流动占用量，又要有一定的保险储备量，还要防止过量积压，因此需要事先规定各类标准件、通用件的批量、保险储备量、最高储备量和订货点储备量的定额标准。其中，订货点储备量是指应该进行订货时的零件储备量。计算公式是：

$$订货点储备量 = 平均日需要量 \times 订货周期 + 保险储备量$$

式中：订货周期是指自提出订货到交货入库的时间。在该段时间内，应该在不动用保险储备量的情况下，能保证正常生产领用的需要。保险储备量是为防止由于意外原因延期入库而设置的储备量，正常情况下是不动用的。

三、车间内部生产作业计划的编制方法

编制车间内部生产作业计划，就是把企业分配给车间的生产任务，在车间内部进一步按旬、周、轮班安排落实到工段、班组、工作地和个人，并且使它们在生产的日期和数量上协调衔接。车间内部生产作业计划分两层去落实：一是车间安排工段、班组的生产任务，二是工段、班组安排工作地的生产任务。

（一）车间安排工段、班组的生产任务

在按对象原则设置工段、班组的情况下，可按车间月度生产作业计划任务直接分配为工段、班组的生产任务；如果是按工艺原则设置的工段、班组，则要按反工艺顺序逐一计算分配各工段、班组的任务，并使各工段、班组的生产任务在时间上和数量上衔接平衡。工段、班组的月任务计算确定后，就可进行日历分配，编制月计划进度表。分配方法如下：

（1）在大量生产的情况下，采用平均分配法，把月任务平均分配为每日任务，将每日任务平均分配为每小时的任务。

（2）在稳定的成批生产情况下，主要根据工段、班组标准计划编制每月的计划进度表。

（3）在不稳定的成批生产情况下，由于品种多，每月只能重复制造其中一部分产品，并且制造的数量和时间也不稳定，没有一定的生产间隔期，故不可能编制标准计划。一般只能根据具体生产任务，通过设备负荷平衡做出生产进度的具体安排。

（4）在单件小批量生产情况下，由于生产品种多、产量少，生产极不稳定，不可能编制分工序的进度计划，只能通过生产任务与生产能力的平衡做出具体安排。首先根据车间作业计划任务对计划单位进行分解，再把生产任务与车间现有能力平衡，最后在平衡的基础上，按订货先后顺序，编制车间日历负荷进度表，确定工段、班组的生产任务。

(二) 工段、班组安排工作地的生产任务

安排工作地的生产任务，就是把车间、工段、班组的生产任务具体落实到工作地的机台和个人，这是生产作业计划的最终环节。主要方法有三种：

(1) 标准计划法：适用于生产稳定的大量大批生产和工作地专业化程度高的情况。它是把工段、班组所生产的品种、数量和期限以及投入和出产顺序都在工作地上固定下来，制成标准计划指示图表。根据这种标准计划，可以有条不紊地做好生产前的准备工作和安排日常生产活动。编制一次标准计划可以使用多次。如果大量大批生产时组织流水线生产，各工作地在月度内的当日计划产量便可根据流水线工作指示图表直接规定下来。

(2) 定期计划法：适用于成批生产、不稳定的大量大批生产和相对稳定的单件小批生产。定期计划法是指每隔一定时间分配一次生产任务。一般是根据生产任务和设备负荷情况，隔一段时间（月、旬、五日）编制一次各工作地的负荷进度表，以此协调生产任务进度和设备负荷进度。该进度表一般只编制关键零件和关键工序的进度，其他一般零件根据总进度要求，由工段、班组按具体情况灵活掌握，或采用日常分配法予以解决。

(3) 日常分配法：又叫临时派工法，适用于生产任务很不稳定的单件小批生产。在这种生产条件下，由于生产任务经常变更，影响因素既多且易变，又难以预先做较长时间的安排，只能由管理者根据生产任务的要求和设备的实际负荷情况，按日编制昼夜轮班或工作班计划，并以任务箱和配工板的形式安排工作地每天的生产任务。

四、车间生产作业排序

车间生产作业排序，是指车间对各项任务的作业顺序按一定的规则做出合理安排，分配各班组、各工作地的任务，以便在完成计划任务的前提下，缩短生产周期，提高设备利用率和操作人员的工作效率，取得良好的经济效益。合理的作业顺序，对保证生产任务完成，控制在制品流转，缩短生产周期，实现均衡生产，减少设备和人员的空闲时间等都有重要的作用。

(一) 作业排序的规则

(1) 先到先服务规则。此为基本规则。

(2) 最短加工时间优先规则。此规则具有良好的平均性质，它使平均流程时间、平均工作时间、平均延误时间最小，但加工时间长的任务会出现很长的延误时间。

(3) 最早交货者优先规则。该规则使总延误时间最小，但其他几个平均值指标不好。

(4) 最少松弛时间优先规则。松弛时间是交货日期与加工时间的比较。

(5) 交货期临近优先规则。在采用最短加工时间优先规则时，对于那些等待时间超过一定限度或交货期临近的任务，应从等待序列中取出来先行安排加工。

(6) 最长加工时间优先规则。加工时间最长往往意味着任务重要，利润大，既已

接受订货，就应及早安排，以免延误交货。

（二）单机加工排序

按最短加工时间优先规则，用平均流程时间最小法或按最早交货者优先规则，用最大延期量最小法，去安排加工排序。

（1）平均流程最小法——加工时间最短者先安排加工。例：

六种零件	A	B	C	D	E	F
加工时间	5	7	3	6	2	4
交货时间	10	14	6	11	5	4

按原排序进行加工，其平均流程为：

$$\frac{6\times5+5\times7+4\times3+3\times6+2\times2+1\times4}{6}=\frac{103}{6}=17.1（天）$$

改按加工时间最短者先安排加工的新排序：

六种零件	E	C	F	A	D	B
加工时间	2	3	4	5	6	7
交货时间	5	6	4	10	11	14

其平均流程为：

$$\frac{6\times2+5\times3+4\times4+3\times5+2\times6+1\times7}{6}=\frac{77}{6}=12.8（天）$$

（2）最大延期量最小法——交货期限最早者先安排加工。如上例，六种零件按原排序进行加工，其交货总延期量为：

六种零件	A	B	C	D	E	F
加工时间	5	7	3	6	2	4
完工时间	5	12	15	21	23	27
交货期限	10	14	6	11	5	4
交货延期	−5	−2	9	10	18	23

交货总延期量为60天。

按交货期限量最早者先安排加工的新排序，其交货总延期量为：

六种零件	F	E	C	A	D	B
加工时间	4	2	3	5	6	7
完工时间	4	6	9	14	20	27
交货期限	4	5	6	10	11	14
交货延期	0	1	3	4	9	13

交货总延期量为30天。

（三）两机加工排序

两机加工排序，是指若干种产品由两台不同设备进行加工。其步骤如下：

第一步，排列设备加工工艺顺序和找出各加工工艺的各工序时间的最小值。

第二步，工序时间最小值属于先设备加工者，该零件先加工；最小值属于后设备加工者，该零件安排在最后加工；遇到两个最小值相等者，任取一项安排先加工或后加工。

第三步，将已安排的零件除去，余者重复上述一、二步再做安排，排完为止。

例如，四种零件两台不同机床先后加工如表6-2所示：

表6-2 四种零件两台不同机床先后加工

工时\零件 机床	A	B	C	D
车床	3	6	5	7
铣床	2	8	6	4

按原排序安排加工，其加工总工时为：

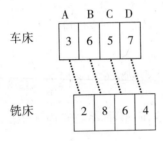

加工总工时 = 3 + 6 + 5 + 7 + 4 = 25（天）

按最小值先安排的原则做出的新加工排序为：

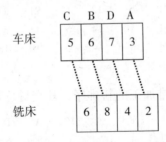

加工总工时 = 5 + 6 + 7 + 3 + 2 = 23（天）

（四）三机加工排序

三机加工排序，是指若干种产品由三台不同设备进行加工。其步骤如下：

第一步，排列设备加工工艺顺序，并找出前后设备加工工序时间的最小值和中间设备加工工序时间的最大值。

第二步，如果前后设备加工工序时间的最小值（任何一项）大于或等于中间设备加工工序时间的最大值,则可虚拟两台设备,并使虚拟设备工序加工时间等于前后相邻两台设备的工序加工时间之和,把三机加工问题简化为两机加工问题处理。如果前后两台设备的加工工序时间的最小值小于中间设备的加工工序时间最大值,则不能虚拟设备去排序,而应将中间设备暂略去不管,仅将前后两台设备加工工序时间对比安排加工排序。

第三步,按照两机加工排序的原则和办法,找出虚拟两台设备加工工序时间的最小值,安排零件加工先后顺序。

第四步,根据虚拟设备的零件加工顺序,在实际设备上安排零件加工顺序。

例如,五种零件三台不同设备加工如表6-3所示:

表6-3 五种零件三台不同设备加工

机床 \ 零件	A	B	C	D	E
机1	12	17	20	11	22
机2	7	9	10	10	8
机3	11	7	4	5	13

原加工排序为:

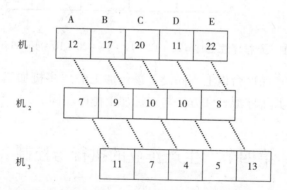

原加工排序总工时 = 12 + 17 + 20 + 11 + 22 + 8 + 13 = 103(天)

虚拟两台设备机$_4$和机$_5$,并使它们的零件加工工时为:机$_4$ = 机$_1$ + 机$_2$,机$_5$ = 机$_2$ + 机$_3$,有:

	A	B	C	D	E
机$_4$	19	26	30	21	30
机$_5$	18	16	14	15	21

虚拟两机加工所排序为:

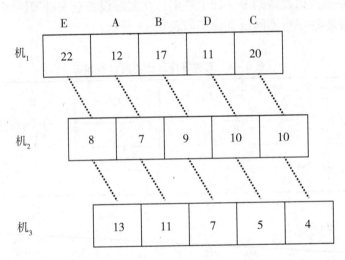

按实际三台设备安排零件加工的新排序：

三机加工新排序总工时 = 22 + 12 + 17 + 11 + 20 + 10 + 4 = 96（天）

如果还有若干种产品四台以上不同设备进行加工的"多机加工排序"，可用电子计算机做出最佳安排，其排序原理和方法与三机加工排序相同。

第四节　生产作业的执行与控制

生产作业计划的执行，必须通过监督、检查和控制等系列活动才能实现。对生产作业计划的执行情况进行经常的监督、检查和控制，以及调节各生产环节之间的配合关系，保证有节奏地均衡地完成生产计划，是车间生产调度工作的主要任务。

一、生产作业的准备与执行

为了保证作业计划的执行，必须做好生产前的准备工作。一是要求车间下月度作业计划必须在本月底下达到各工段、班组；二是要求各工段、班组以及设备、材料、质量等各方面管理人员对照计划做好生产准备；三是要求车间计划调度组及时下达作业准备命令，包括机器调整命令、工具申请书、材料申请书等，使生产设备、工具、材料处于开工待用状态。生产作业准备工作经检查就绪后，车间计划调度组根据生产作业计划预定的时间和顺序，发出工作命令（工作传票），计划开始执行。

作业计划开始执行命令后，车间、工段、班组都要加强对计划执行情况的检查、监督和控制。在实际工作中，由于计划的不周、设计的改变、工艺的更改、事故的发生等，不可避免地会出现这样或那样的偏差。因此，要通过检查、监督及早发现问题，迅速采取对策，将问题解决在发生之前或之初。对作业的检查监督，要根据不同生产类型采取不同的监督工具。对大量生产条件下的生产作业，主要按工作轮班检查完成情况；对成批生产条件下的生产作业，可以直接利用月度作业计划进行监督检查；对单件小批生产条件下的生产作业，也可以直接利用作业计划图表检查各项订货完成情况。对于监督检查中发现的问题和偏差，要及时采取控制措施。

二、生产控制的任务和内容

生产控制是指对原材料投入生产到成品入库为止的全过程所进行的控制。生产控制是调节生产、解决生产问题的重要手段，是落实生产计划、保证企业生产经营活动得以持续进行的重要环节。

（一）生产控制的任务

生产控制的任务包括作业安排、测定偏差、偏差处理、信息反馈等四个方面。

（1）作业安排。作业安排的程序分为两步：一是检查作业准备情况，查对生产作业计划规定的各个事项如材料、工模夹具、机床设备、外协件、生产人员等，是否按指令做好了准备；二是核实现有负荷能力和加工余力，按日程计划对每个工作地和操作人员进行作业分配，下达开始作业的指令。作业指令的形式是传票，包括有指令作业的工票，有为准备原材料和工模夹具的出库单，有为检查中间半成品或成品并记录结果的检验单，有用于传送和交接加工材料的调拨单。

（2）测定偏差。为了保证交货期和计划产量，在作业进行过程中要不断地检查计划和实际之间是否存在着差距。一般包括：一是进度管理，包括生产预计分析、生产均衡性控制、生产成套性控制等；二是在制品管理，包括车间在制品控制和库存半成品控制；三是加工余力管理，目的在于谋求能力与负荷的平衡，维持正常生产活动。

（3）偏差处理。当计划与实际产生差距时，应按照产生差距的原因、差距的内容和大小，采取相应措施进行处理。调整和消除差距可以采取的措施有：一是预测差距的发生，事先采取利用加工余力、更改作业开始的顺序、加班、外协、利用库存、返修废次品等措施；二是将差距向生产计划部门反馈，修改产生差距后的计划，再重新计划；三是将差距向生产计划部门反馈，将差距的修正量编入下期和以后的计划之中。

（4）信息反馈。及时提供执行计划情况的信息报告，包括生产数量、质量、成本、交货期、加工余力、库存变化；设备运转率、故障率、缺勤率、废次品率；单件作业时间、任务完成率、工时利用率、材料利用率、延期交货件数等，用于评价生产效率和分析原因，为下一期生产作业服务。

（二）生产控制的内容

生产作业控制，实质上就是生产进度的控制。通过生产进度的控制，可以采取有效措施预防可能发生和纠正已经发生的偏差，保证作业计划的实现。生产进度控制包括时间上的控制和数量上的控制两大方面。其具体内容有：

（1）投入进度控制。是指控制产品投入的日期、数量、品种是否符合计划的要求，同时还包括各个生产环节、各种原材料、毛坯、零部件是否按提前期标准投入，设备、人力、技术措施项目等是否按计划投入生产。做好投入进度控制，可以避免计划外生产和产品积压，保持在制品正常流转，从而为生产的均衡和成套性打下良好的基础。

（2）出产进度控制。是指对产品（或零件、部件）的出产日期、出产提前期、出产量、出产均衡性和成套性的控制。出产进度控制是保证按时、按量完成计划，促使生产过程各环节之间紧密衔接、成套和均衡生产的有效手段。

（3）工序进度控制。是指对产品（或零、部件）在生产过程中的每道工序的进度所进行的控制。它主要适用于加工周期较长、工序较多的企业，以缩短生产周期。

此外，还有产品质量控制、生产成本控制，这些也是生产控制的重要内容。不过它们一般分属于技术管理和财务管理等另外内容之中，不列入生产作业计划之列。

三、生产控制的方法

为了准确了解生产情况，及时发现计划与实际的差距，有预见性地掌握生产发展的趋势，就要使用一些科学的控制方法。常用的生产控制方法有：

（1）进度分析。为了直观地了解生产进度及其与计划的对比情况，更好地控制生产进度，经常采用坐标图和条形图等图表进行进度分析。坐标图是指设置产量和日期两个纵坐标和横坐标，通过两条坐标交汇点来反映每天的产量进度，并将各点连接成生产进度线，将其与作业计划线对比，形象地描述生产进度计划的执行情况以及逐日的变化趋势。条形图又称横道图，它是一种安排计划和检查计划完成情况的常用图表。

（2）倾向分析。倾向分析的主要工具是折线图，就是把各工序每日实际完成的数量，按时间序列绘制成坐标图，并以此进一步作倾向分析。第一步，将每日实际完成的零件数量，每三天一平均，得到若干平均值，连成一条曲线，称为短波，以观其规律与发展趋势。第二步，将短波各尖峰连成一线，短波的各谷底连成另一线，则所连成的两线叫外覆线。第三步，在两条外覆线的中间绘一条曲线，称为中波。这条中波线就是我们所寻求的倾向线，据此进行倾向分析。此中波线一般以一个月时间的生产情况作分析，如果以三个月以上时间的生产情况绘制出一条中间线，则称为长波，用于分析生产趋势。

（3）统计分析。当每日产量围绕着计划指标上下波动时，可以取若干值将其平均得到 $\bar{x}$；再根据每日产量与平均值 $\bar{x}$ 之差，可以得到标准离差（偏差）值。即公式：

$$\sigma = \sqrt{\frac{\sum (x_i - \bar{x})^2}{n}}$$

式中：n 为取值的数目。最后可以按 $\bar{x} \pm \sigma$ 为控制界线，如果出现日产量偏差超出 $\bar{x} \pm \sigma$

以外的情况，应立即查明原因，采取措施，予以校正。

（4）日程分析。又叫生产周期分析。检查各生产环节生产进度计划的完成情况时，必须进行日程分析。日程是指零件的加工时间、停滞时间和搬运时间的总和。通过日程分析，对缩短生产周期、减少中断时间和在制品总量，都有明显的作用。进行日程分析，可借助于加工线路单、工票及其他生产记录，将投入与完工的零件数量逐日记入统计台账，并绘制动态指示图表进行分析。

（5）在制品占用量分析。在生产过程中，对在制品占用量进行经常性的作业分析，是组织均衡生产的重要条件之一。因此，控制在制品流转，在一定时间和一定条件下，保持必要的在制品占用量，是生产控制的一项重要工作内容。按照在制品占用量分配规律，它的绝大部分应分配在劳动消耗量最大的一些工序后面，以免这些工序一旦出现废次品或其他情况时，不致破坏规定的生产进度计划。因此，在制品占用量分析，也就是要对那些劳动消耗量最大的一些工序上的在制品流转和分配进行有重点的分析。可以采用一种阶梯式图表来分析掌握在制品占用量的变化趋势。采用阶梯式生产控制图表，既能及时查明各道工序在制品占用量是否按标准分配的情况，还可以查清是否遵守计划规定的投入期量，延迟或提前了多少，在哪道工序上发生情况，便于及时采取措施，予以校正。

四、生产调度工作

生产调度，是指组织执行生产作业计划的工作，是对日常生产活动所进行的组织、检查与调节。生产调度工作以生产作业计划为基础，涉及日常生产活动的方方面面，贯穿于生产作业控制的全过程，是实施生产作业控制的"控制器"。生产调度的任务，就是在企业日常生产活动中，按照生产作业计划的要求和具体情况，对企业生产进行有效组织、监督和控制，加强进度管理，不断克服不平衡和不均衡现象，并且通过各种信息的收集和处理，积极预防生产中事故和失调现象的发生，使生产过程中的各个方面能够协调一致地工作，从而保证生产计划全面地完成。

（一）生产调度工作的内容

企业生产调度分为厂级生产调度、车间生产调度、工段生产调度。车间生产调度工作，由车间计划调度组负责。车间计调组通常由一名计划员和几名调度员组成，也可以由一人兼任计划、调度两项工作，直接受车间生产副主任领导。大型车间一般还设有值班主任，在值班期间代行生产副主任指挥调度全车间当班的生产作业活动。

车间生产调度工作的内容包括计划工作和调度工作两项内容。具体工作内容包括：

（1）编制车间生产作业计划和工段班组日历作业计划。车间作业计划必须以厂部下达的生产计划为依据，并根据本车间生产能力的实际情况去编写。

（2）检查和指导生产作业准备情况。根据生产作业计划规定的品种产量和进度要求，检查和指导各工段、班组作业前的准备工作，包括技术资料、设备工装、材料与毛坯供应、运输工作等。

（3）检查各个生产环节作业计划执行情况。通过检查，及时发现问题，找出原因，并采取措施加以解决。如需要调整生产作业计划，必须及时向车间主任和厂调度室汇报，取得同意后方可调整。

（4）检查在制品的储备情况和物资供应情况，使各个阶段的在制品储备量保持在定额水平，物资供应及时。

（5）掌握工人出勤情况，根据需要调配劳动力，保证各个生产环节、各道工序协调地工作。

（6）检查和了解设备的运行情况，督促维修工作，如果发生设备故障，要及时组织力量抢修，尽快恢复生产。

（二）生产调度工作的要求

（1）计划性。一是调度工作要以生产作业计划为依据；二是调度工作的灵活性要服从于计划工作的原则性；三是协助做好生产作业计划编制工作。

（2）预见性。通过总结分析，掌握生产过程各环节的内在联系和矛盾运动状态，探索调度工作的规律性，从而能够预见可能发生的偏差，事先采取预防和纠偏措施，争取主动。

（3）集中性。调度人员是生产领导的助手，对生产活动进行组织协调，因此必须坚持集中统一的原则，即按管理层次，下级服从上级，各生产环节统一于企业生产总指挥。调度人员要按生产领导的指示行使调度权，发布调度指令；生产领导则要对调度人员明确指示，充分授权。

（4）及时性。及时发现问题，迅速分析原因，尽快采取措施予以解决，为此必须信息渠道畅通，信息完整、准确、及时，调度人员要经常亲临生产现场，深入实际调查研究分析问题，掌握第一手资料。

（5）群众性。生产过程中许多问题的发现和解决都直接来源于生产第一线，调度工作必须充分依靠职工群众，才能更好地符合实际，正确有效地做好调度工作。

（三）生产调度工作制度和方法

（1）值班制。做到有生产就有调度值班，值班调度应经常在生产现场巡视，发现问题及时处理。

（2）报告制。值班调度要及时填写各种生产报表，及时向厂调度室反映当班生产情况。如遇重大问题，要随时向上级和有关部门进行报告。

（3）生产例会制。车间生产例会一般每周开一次，由车间生产副主任主持，各工段长、班组长和职能组长参加。会议的主要内容是：传达上级生产会议精神；分析讲评本周作业执行情况，处理各工段、班组之间衔接配合以及生产中的重大问题；布置下周的生产任务。车间生产会议不能解决的问题，可提交厂级生产会议解决。

（4）交接班制。要严格交接班制度，除了面对面交接外，还要填写好调度日记，把当班生产完成任务的情况，以及发生的问题和初步查明的原因，已经处理和遗留的问题等做出详细记录。交接班要做到困难留自己，方便让别人，能在当班解决的问题不拖到下一班解决，要为下一班完成任务创造良好条件，做到问题没交接清楚不下班。

根据生产调度制度的要求，具体的调度方法有会议调度、通知调度、值班调度和现场调度。当生产现场发生的问题，本车间和一个服务单位不能解决时，应由车间主任或单位负责人及时向厂部生产主管部门报告，再由厂部主管部门组织召开有关单位参加的现场调度会议，共同研究并当场解决问题，以保证企业生产活动正常进行。

第五节 车间质量管理工作

质量是指反映产品或服务满足规定要求或潜在需要能力的特征和特性的总和。简明地说，质量就是指产品的有用性及其满足有用的程度。产品质量的特性包括：①性能；②寿命；③可靠性；④安全性；⑤经济性。

在企业质量管理工作中，车间主要负责产品制造过程的质量管理，其具体任务：一是组织生产过程各个环节的质量检查、检验工作，严格贯彻执行工艺规程，发挥"把关"作用，保证不合格的材料不投产，不合格的零件不转工序，不合格的成品不出厂；二是贯彻以预防为主的方针，发动群众运用各种科学方法进行质量控制、质量分析，把废品、次品、返修品减少到最低程度，并不断提高产品质量。为此，车间要做好质量管理的许多基础性工作。

一、加强质量教育

质量教育是指培养和发展企业各级各类人员对待质量的正确态度，强化质量意识，进行质量知识和技能的培训，以便提高全企业质量水平的一系列工作。要提高产品质量，就必须提高工作质量，而一切工作都是由人来做的。只有通过质量教育，提高职工队伍的素质，才能使工作质量乃至产品质量得到保证。质量教育是一个潜移默化的过程，很多是在职工的日常工作中非正式地进行的。因此，质量教育除了通过正规的学习和培训之外，还必须创造良好的企业环境，使职工在日常工作中不断地受到教育。质量教育的内容主要包括三个方面：

（1）质量态度教育。即培养和增强质量意识，使全体职工牢固树立"质量第一"的观点，为开展全面质量管理打下坚实的思想基础。

（2）质量管理知识教育。即开展同质量有关的各种专业知识的教育，让职工了解全面质量管理的基本内容和全过程。

（3）质量管理技能教育。即对各级各类人员进行设计、制造和维持优质产品所需要的各种专业技能培训，使他们掌握质量管理的方法和技能。

质量教育的对象包括上至厂长（经理）、下至每个工人的企业全体职工，由于各级各类人员的教育要求和目标各不相同，因此应按照不同的要求制订不同的教育计划及教育内容。车间职工处于生产第一线，直接接触到产品的生产和服务，更要有针对性地注重于质量管理技能教育，全面提高职工的生产技术水平。

二、标准化工作

标准化工作是企业的一种业务立法，是组织现代化生产的重要手段，是科学管理的重要组成部分，是产品质量保证体系的基础。没有标准化，就没有管理的高水平，就没有高质量和高产量。车间标准化工作的任务，是围绕企业的技术标准、业务标准和作业标准，并根据本车间生产经营活动的特点，制定生产管理的各项管理制度和业务考核标准，并检查督促车间全体人员认真贯彻执行各项标准。车间标准化工作的主要内容包括：安全文明生产管理制度及考核标准；执行工艺纪律的检查考核办法；设备维修保养管理制度及检查标准；奖金分配和考核制度；工作定额、定员、定岗管理办法；班组"三创"活动工作程序及检查考核标准；车间各类人员的岗位工作标准；车间主要经济技术指标的考核标准和办法；车间均衡生产考核标准；车间成本考核办法；车间质量管理制度；等等。车间标准化工作的要求：一是必须符合车间的生产特点和管理现状，做到先进合理，应以企业的标准为基础略加修改，使车间标准既能保证企业标准的实现，又要使绝大多数职工通过努力都能达到；二是每项工作标准力求统一规范，应当包含管理内容、管理范围、管理目标、检查方法、检查手段、改进措施、考核办法、奖罚条例等必备内容；三是标准化工作的确定，一定要走群众路线，并经车间职工代表大会审议通过，充分体现制度的民主化，以利于标准制度的贯彻执行；四是随着生产的发展变化，车间要对各类标准、各项管理制度和办法及时进行修改。

三、车间质量计划工作

全面质量管理涉及车间内部每道工序、每个职工。要把每个单位、每道工序、每个职工的质量管理工作控制起来组织起来，必须制定出周密、系统的提高产品质量水平的全面计划。车间质量计划是质量管理工作上的行动纲领，是全面质量管理行之有效的组织手段。车间质量计划的内容包括：

（1）产品质量指标计划。根据产品质量技术标准，确定产品质量指标，主要有产品合格率、等级率、废品率等指标。其中，合格品是指完全符合质量标准的产品，否则称为不合格品或不良品。产品合格率是合格品数量与合格品数量加不合格品数量之和的比率。产品等级是指把合格品进一步划分为不同的等级，如优等品、一等品、二等品。产品等级率是各等级品数量与全部合格品数量的比率。废品是指不符合质量标准、不能在原定用途上使用的产出物，不能算作产品。废品率是废品数量与全部成品总量的比率。废品率表明生产过程的工作质量状况，利用它对促进企业不断改善生产管理、提高生产技术水平，从而提高产品质量有一定的作用。

（2）质量改进措施计划。这是为了改进产品质量或解决某些质量问题而制订的技术改造和技术发展计划。改进措施具有很强的针对性，通常是按产品指标项目来制定的。

（3）产品质量"信得过"班组目标计划。班组是生产作业的劳动组织，工人们在班组的工作地或机台上从事产品加工制造，直接关系到产品质量的优劣。因此，车间应当大力开展班组产品质量"信得过"活动，以激励班组及工人不断提高产品质量水平。

在"信得过"质量活动中，每个班组都应当制订出班组质量目标计划，以目标计划为依据推动班组及其工人的质量工作。

车间在制订质量计划之前，要根据企业质量方针和质量指标，对本车间上年度各项技术经济指标的完成情况进行全面的分析，既要分析产品特性的参数，如效能、可靠性、标准化等，又要分析质量经济指标，如产品质量成本等，以要求由于产品质量提高而获得的经济效益一定要高于其成本。在质量分析中，应把那些有缺陷的不符合国家标准规定的技术规范的废品作为研究的重点。通过分析，找出废品的性质、产生的原因、责任者等，同时对工作地上的设备、量具、装置、工艺资料进行检查，分析工艺流程的先进程度和工作人员的技术熟练水平等，有针对性地采取质量改进措施，将废品率降低到最低限度，显著提高产品质量水平。

四、质量信息反馈

质量信息反馈工作，是指及时收集、反映、处理产品质量和供、产、销各个环节工作质量的信息，包括基本数据、原始记录、产品使用过程中反映出来的各种情况、企业内外产品质量的发展动向、市场调查分析资料等。车间的产品质量信息反馈，是车间领导决策的依据，是工序质量控制必不可少的重要环节。车间质量信息反馈系统以车间质量组为核心，由车间质量组、车间内各班组、厂部有关科室、市场用户等四个环节构成。

车间质量信息的收集处理，由车间质量组归口负责。质量信息收集的内容包括：成品或半成品在流转过程中的质量数据；用户的意见反映；工序操作者执行工艺纪律情况；原材料成分变更和入库前技术条件检查；职工对产品质量的改进建议；厂长和车间领导对质量的要求；工艺、工装和设备对工序质量的影响程度；等等。

质量信息的收集方法多种多样。对收集到的质量信息要做诊断处理，以找出质量问题的原因及问题的主次，经过总结分析整理，及时交流传递信息。质量信息的传递必须迅速、准确。车间生产如流水般进行，发现问题若不及时处理，就会出现成批的质量问题。因此，车间应采取多种方式、多种渠道进行质量信息的传递，以做出及时的处理。

（1）车间质量员在接到各班组长传送的质量、工艺信息后，可直接传递给车间工艺员、车间主任。

（2）对于需要其他单位或厂部协调解决的问题，按厂内信息单一式四份交出。

（3）厂部全面质量管理办公室接到信息后必须迅速分析原因，明确责任单位以及解决期限，信息单一份交总工程师，三份送责任单位。

（4）车间接到质量管理办公室的信息单后，必须在三天之内将处理意见或结果填信息单，反馈回办公室两份，自留一份。

（5）信息如不及时反馈，一项次扣责任单位（或责任者）综合奖若干分，造成质量事故者，按质量奖惩条例处理。

五、车间质量责任制

车间对每个人都明确规定其在质量工作上的具体任务、责任和权限，做到质量工作事事有人管，人人有专责，办事有标准，工作有检查，从而使责任明确，功过分明，形成一个严格、高效的质量管理责任体系。车间质量责任制，一般包括：①车间主任质量责任制；②车间质量员质量责任制；③班组质量员质量责任制；④各类人员岗位质量责任制。

其中，车间主任对质量的责任是：①对本车间生产的产品，因不执行工艺规程、不遵守操作规程而造成的质量事故负责；②对发生重大事故而没有坚持"三不放过"的原则致使事故再次发生负责；③对反馈的质量信息不认真处理而引起质量问题的扩大负责；④对车间的质量管理水平负责；⑤对质量例会的决定不执行而造成不良影响负责。

车间质量员的责任是：①对本车间质量管理各种统计资料和有关情况的真实性、及时性负责；②对车间的质量管理工作负责；③对完不成质量管理各项指标任务负责。

班组质量员的责任是：①对本班组的质量管理各种资料和有关情况的真实性、及时性负责；②负责保管本班组的工艺规程、操作规程等技术文件；③对本班组质量管理工作负责；④对班组完不成质量管理各项指标任务负责。通过实行质量责任制，把质量责任制和经济责任制结合起来，使质量指标作为经济责任制中最重要的考核和计奖指标，使每个职工质量指标完成好坏同经济利益密切挂起钩来。

六、开展 QC 小组活动

QC 小组，即质量管理小组，是质量保证体系的基层组织，是实现企业全员参加质量管理活动的有效形式，是全面质量管理的一项重要内容。QC 小组的建立，首先要确立研究课题。研究课题通常是广大职工在生产实践中遇到的各种影响质量的问题。一个 QC 小组一般只研究一个课题。其次要确定小组人数。一般是根据所选课题涉及的范围来确定小组成员。通常有三种组织形式：一是在班组（工序）内的 QC 小组；二是跨班组的联合攻关小组；三是以干部、工人、技术人员所组成的三结合攻关小组。小组人数以 3～10 人为宜，组长由小组成员民主推选产生。最后，审定注册。QC 小组成立后，报车间质量员审定，车间技术副主任批准，再由小组长填写 QC 小组审批登记表一式三份，自留一份，两份报厂质量主管部门注册备案。

QC 小组的活动内容和要求是：①根据研究课题，认真组织小组成员学习有关业务技术知识，练好基本功；②按照措施计划的安排，一步一步组织实施研究攻关，并做好各种原始记录；③认真进行活动总结，及时总结经验教训，以提高 QC 小组活动的效率；④小组活动以业余时间为主；⑤严格按照全面质量管理体系的工作方式"PDCA"循环进行活动。对 QC 小组活动的成果，经一定时间的实践检验认为成功，一方面把成功的作业方法制定成作业指导书，使之标准化，并经批准后贯彻执行；另一方面组织发表。组织 QC 小组成果的发表，一是便于交流经验，启发思路；二是鼓励先进，提高管理水平；三是交由群众审核，便于巩固、完善和提高。

七、建立车间质量保证体系

质量保证体系又称质量管理网，是指企业以保证和提高产品质量、向用户提供满意的产品和服务为目标，运用系统的原理和方法，把各部门、各环节的质量管理活动严密地组织起来，形成一个责权分明、相互协调、相互促进的有机整体。建立和健全车间质量保证体系，是从组织上保证企业长期地、稳定地生产出用户满意的产品的关键，也是明确规定各部门和每个人在质量管理中的任务和责任，实现质量管理工作制度化、标准化、程序化和提高工作效率的根本措施。质量保证体系的内容主要由设计过程、制造过程、辅助生产及服务过程、销售及使用过程的质量保证所构成。车间的质量保证属于生产制造过程的质量保证，以保证产品制造质量为目的，任务是建立一个能够稳定地生产合格产品的管理网络，贯彻预防为主的方针，抓好各生产环节上的质量保证和预防工作，防止和减少废品的发生。

车间质量保证体系的构成内容包括思想体系、组织体系和工作体系。其中，思想体系的任务是解决质量管理中的各种思想认识问题，这是质量保证体系自主运行的思想保证。组织体系的任务是解决管理机构，明确各部门职责权限，这是质量保证体系的组织保证。工作体系的任务是解决工作程序、方法、标准、信息传递等问题，这是质量保证体系管理方法的科学保证。车间质量保证体系除了具有思想体系、组织体系和工作体系三方面内容之外，在技术上还必须具有下列构成要素：

（1）一张质量保证体系图。这是工作大纲，它表达了质量保证体系的工作程序、工作路线、工作内容和各单位之间的相互关系。

（2）工作制度和工作标准。这是质量保证体系的核心，它规定了各部门、各个人在质量保证体系中应完成的任务、责任、权限和工作标准。它主要解决谁来干、什么时候干、怎么干、按什么标准干的问题。

（3）建立原始凭证、表格、台账和统计报表等。它是质量保证体系的"联络员"，主要解决工作联系、信息传递的标准化问题。

（4）建立检查制度和考核奖励办法。这是质量保证体系正常运转的动力。

车间质量保证体系的工作方式是全面质量管理体系的PDCA循环方式，即"计划—实施—检查—处理"四个阶段八个步骤的工作循环方式，P计划阶段：①分析现状，找出存在的质量问题；②分析产生质量问题的各种原因；③找出主要原因；④制定计划目标和措施对策。D实施阶段：⑤全面执行计划，分工负责具体落实。C检查阶段：⑥按标准、按计划检查进度和效果。A处理阶段：⑦总结经验教训，制定新的标准；⑧找出尚未解决的问题转到下一循环。PDCA循环的特点，一是大环套小环，小环保大环，互相促进。整个企业的管理工作是一个大循环，各级管理部门的工作又都应有自己的循环，依次又有更小的循环，直至每个职工、每个岗位、每一项工作。上一级的PDCA循环是下一级PDCA循环的根据，下一级的PDCA循环是上一级PDCA循环的具体化。这样就可以把各方面有机地联系起来，彼此协调，互相促进。二是从实际出发，讲求实效。每一次循环必须解决一两个实际问题，否则就不能继续循环。三是不断循环，不断提高。企业的生产经营活动是不能停顿的，管理工作中的问题也是层出不穷的，而PDCA不断循环过程就是不断解决问题的过程，不断循环，不断改进，不断提高管理水平和质量水平。

【复习思考题】

1. 生产作业计划的任务和内容是什么?
2. 生产作业计划有哪些特点?
3. 什么叫期量标准?它有什么作用?
4. 各生产类型有哪些主要的期量标准?
5. 怎样确定批量和生产间隔期?
6. 编制生产作业计划的要求和依据是什么?
7. 不同生产类型编制作业计划各用什么方法?
8. 安排工作地生产任务有哪些方法?
9. 车间生产作业排序有哪些主要规则?
10. 怎样安排两机加工排序?
11. 生产控制的任务和内容是什么?
12. 生产控制有哪些主要方法?
13. 生产调度有哪些主要内容?
14. 生产调度有哪些基本制度?
15. 车间质量管理基础工作包括哪些内容?
16. 怎样做好车间质量计划?
17. 简述车间主任的质量管理责任。
18. 简述车间质量管理保证体系的工作方式。

第七章　车间物料管理

　　物资是企业生产经营活动的基础，是物质资料的简称，它既包括从自然界直接取得的原料，又包括经过人的劳动加工所取得的材料、在制品、半成品和成品。企业的物资主要是指处于生产过程中的生产资料，它应具备两个规定性：一是具有实物形式；二是可以用于流转的劳动产品。生产过程中的物资也叫物料，一般存在两种状态：一是处于运动状态，包括加工、检验、运输等，这是物料在生产过程中的基本状态；二是处于静止状态，包括生产过程中的储备、间歇停放或库存停放等。管好这两种状态的物料，以保证生产经营过程的顺利进行，就叫物资管理或物料管理。

第一节　企业物资的构成和消耗定额

一、物资管理的任务和内容

　　物资管理的基本任务，总的来说，就是根据企业规定的生产经营任务，以提高经济效益为核心，做到供应好、周转快、消耗低、费用省，保证企业生产有效地顺利地进行。具体来说，企业物资管理的任务是：

　　(1) 保证物资供应。及时、齐备地按生产经营所需的品种、规格、数量、质量，保证各类物资的供应，使生产经营活动不间断地进行。

　　(2) 加快资金周转。通过有效的劳动组织形式和科学管理方法，缩短生产周期，控制合理库存，减少和消除物料积压，把原材料、在制品的占用量、储备量压缩到最低限度，加速物资和资金周转。据测算，企业生产过程的物料所占用的流动资金，一般要达到流动资金总额的60%以上，减少物料占用量，缩短生产周期，不仅能节省流动资金占用，而且能让有限的流动资金加速周转，发挥流动资金的更大作用。

　　(3) 降低物料消耗。创造合理利用物资的条件，监督和促进生产过程合理使用物资，降低物料消耗。企业生产过程是原材料转化为产品的过程，是物料消耗的过程。物料消耗占产品成本中很大比重，一般在80%左右，有的高达90%。加强生产过程中物料管理，强化物耗控制，对减少消耗，降低产品成本，防治"三废"（废水、废气、废渣）污染，具有重大的意义。

　　(4) 节省管理费用。通过研究改善和调整工艺布局、工艺路线流程，就能缩短运输路线，减少物料搬运量和库存量，节省运输、仓储及其他物资管理费用的支出。

　　企业物资管理的主要内容包括：①制定先进合理的物资消耗定额；②确定正常的物资储备定额；③编制物资采购供应计划；④搞好仓库管理和物资节约工作；⑤建立和健全物资管理的各项规章制度。总之，物资管理是以供应各方面需要的物资为职责，以最少占用资金、最合理储存量、最低成本为目标,有效地完成物资供应和管理的任务。

二、企业物资的分类

工业企业所需要的生产物资种类繁多。一个企业生产的产品品种一般只有几种或几十种,但制造这些产品的物资就有成百上千种。为了便于加强物资管理,必须对企业的各种物资进行科学的分类。物资分类是物资管理的重要基础工作。它是制定物资消耗定额和储备定额,编制物资供应计划和采购计划,分析和核算物资消耗实际水平和产品成本水平,以及进行日常物资供应和物料管理的依据。

企业物资分类主要按物资在生产中的作用分类,具体划分为:

(1) 主要原材料:是指构成产品主要实体的物资。

(2) 辅助材料:是指用于生产过程,有助于产品的形成而不构成产品实体的物资。

(3) 燃料:是指生产过程中用来燃烧发热而产生热能、动能的可燃性物资。

(4) 动力:是指用于生产和管理等方面的电力、蒸汽、压缩空气等。

(5) 配件:是指预先准备的用于更换设备中已磨损和老化的零件和部件的各种专用备件。

(6) 工具:是指生产中消耗的各种刀具、量具、卡具等。

这种物资分类方法,便于企业制定物资消耗定额,计算各种物资需要量,计算产品成本和核定储备资金定额等。

除了以上分类办法外,还有按物资的自然属性分为金属材料、非金属材料、机电产品等,以便于企业编制物资供应目录和物资的采购、保管。还有按物资的使用范围分为基本建设用的物资、生产产品用的物资、经营维修用的物资、工艺装备用的物资、科学研究用的物资、技术措施用的物资等,以便于编制物资供应计划和进行物资核算与平衡。

三、物资自制与外购的选择

对原材料、零部件以及工、卡、量具等生产物资,哪些需要外购,哪些需要自制,这是生产物资供应和管理首先要面对的问题。从总体上看,这个问题涉及企业的纵向一体化和横向经济协作的决策。一般要考虑以下因素:①经济利益。这是主要的选择标准,即哪一种便宜就选择哪一种。②质量保证。控制自制生产物资的质量,可以保证最终产品的质量;而选择外购时,对生产物资的质量控制可能会有一定困难,但如果确能保证产品质量的也可以选择外购。③供应的可靠性。外购件来源若不可靠,则应选择自制;如有可靠供应,可结合其他因素选择外购。④技能与材料。某些零料、原料、工具、卡具、量具的制造技术可能非常专业化,或者所需材料非常稀缺,或者出于环境保护及政府政策的限制,致使某些零件、原料不易在本企业自制或某道工序不易在本厂加工,只能选择外购。⑤适应性。选择自制往往会限制产品设计的灵活性和降低生产系统的适应能力,而外购往往使生产系统处于有利地位。⑥生产的专业化程度。生产专业化程度越高,选择外购件的可能性就越大。⑦其他因素。包括关键技术秘密的控制、供需双方互惠和友谊关系、某些政策的规定等,都在考虑之列。一般来说,当外购件价格较便宜,供方能保证按时、按量、按质供应,又属于非关键性的零件和材料,企业应考虑外购;而关键性的零部件应由企业自制,因为这关系到产品关键技术秘密的保护。总的来说,多选用外购件,是当今世界产品制造的发展趋势。

四、物资消耗定额的组成和依据

物资消耗定额是指在一定的生产技术组织条件下,为生产单位产品或完成单位工作量所消耗物资的数量标准。物资消耗定额是确定各种物资需要量的依据和物资供应管理的基础,也是开展增产节约的重要措施和经济核算的重要工具,制定科学合理的物资消耗定额,有利于促进企业生产技术和管理水平的提高。

物资消耗定额按其在生产中的作用可分几个种类,即主要原材料消耗定额、燃料消耗定额、动力消耗定额和工具消耗定额。而其中的主要原材料消耗定额主要由三部分组成:一是产品净重消耗,它是构成消耗定额的主要部分,是由产品的结构设计决定的。二是工艺性消耗,它是在产品制造过程中,由于工艺技术的要求而形成的消耗,如金属切削过程中的切屑、锻造过程中的氧化皮、皮革下料的料头等。三是非工艺性损耗,它是由废品损失、运输损失、保管坏失所造成的损耗,一般是由于工艺加工不善、运输保管不周而出现的本可以避免的损耗。前二项组成工艺消耗定额,三项合计组成物资供应定额。因此,严格地说,物资消耗定额主要包括产品净重和工艺性消耗。

物资消耗定额制定的原则,主要是以保证产品质量为前提,主要立足于国内物资供应,要采用生产效率高、损耗少、污染小的材料,要考虑材料的综合套裁,定额应以实用、合理、先进、完整为原则。

物资消耗定额制定的依据,主要是产品、零件设计图纸及有关技术资料,加工工艺规程文件,加工余量标准,下料公差标准等技术参数;物资的国家标准、行业标准、工厂技术标准和有关材料目录;历年材料消耗定额及执行情况的统计分析资料。

五、物资消耗定额的制定方法

企业物资消耗定额制定的基本方法有如下四种:

(1) 经验估工法。这是一种凭技术人员和生产工人的经验,并结合有关技术文件和技术条件制定消耗定额的方法。为了提高其准确性,可利用概率论的加权平均知识,采用三点估工法,其公式为:

$$物资消耗定额 = (最少消耗量 + 4 \times 一般消耗量 + 最多消耗量)/6$$

这种方法主要适用于新产品或小产品制造的物资消耗的简单判断。

(2) 统计分析法。这是根据物资消耗的统计资料,考虑到计划期内生产技术和生产组织条件的变化等因素,经过对比、分析、计算,从而制定物资消耗定额的方法。这种方法适用于成批生产。

(3) 技术计算法。这是按照构成定额的组成部分和影响定额的各种因素,如产品设计结构、配方、工艺要求、所用设备、原材料质量、生产工人的技术水平和熟练程度等,通过科学分析和技术计算而制定的物资消耗定额的方法。它要求具备大量的、完整的技术资料，通过一定的计算程序，工作量较大，技术性较强。这种方法适用于大量大批生产的物资消耗定额的具体计算。

（4）实验测定法。这是运用现场称重量、量尺寸和计算等方式，对工人操作的物资耗费数量进行测定，然后通过分析研究，制定物资消耗定额的方法。运用这种方法时，应注意生产条件和操作工人的典型性、代表性，测定次数一般不少于三次，以便比较真实地反映出物资的实际消耗水平，避免偶然性。这种方法适用于生产批量大、生产周期短、工艺简单、涉及加工工种和人员较少的生产。

在制定物资消耗定额的实际工作中，还有计算主要原材料消耗定额和辅助材料消耗定额的更具体的方法。主要原材料消耗定额计算的具体方法有：①选料法，即按零件尺寸和材料规格选料计算材料消耗定额。②材料综合利用率法，即用配套裁割板材法去计算材料消耗定额。③配料比方法，即对冶金、化工、铸造等生产，应根据工艺流程的特点和预定的配料比例，用有关技术经济指标来计算原料消耗定额。④制成率法，即对纺织等企业生产过程中制成产品所耗用的原料数量与投入原料总量之比，计算原料消耗定额。辅助材料消耗定额的具体计算方法有：①与主要原材料配合使用的辅助材料，按比例计算；②与产品数量有关的辅助材料，按产品数量计算；③与设备开动时间有关的辅助材料，按设备开动时间计算；④有使用期限的辅助材料，按期限计算；⑤难以确定消耗量的辅助材料，按实际消耗折合金额计算。

六、物资消耗定额的管理和执行

（一）消耗定额的分工和管理

制定工艺消耗定额，应以工艺技术部门为主，物资供应部门密切配合参加审核工作。制定物资供应定额，应以物资供应部门为主，财务部门配合做好审核工作。重要的物资消耗定额，必须经由厂长或总工程师进行审核批准。

（二）消耗定额的贯彻执行

物资消耗定额一经审定批准，就要下达到生产中去贯彻执行。这需要建立一系列计划和制度作保证，包括：按定额编制的物资计划，发料计划；定额核算成本计划，材料费用计划；节约用料、代用料、再用料计划；建立严格的责任制度，加强经济核算，开展劳动竞赛，实行节约奖励制度；等等。

（三）建立和健全必要的定额文件

消耗定额制定后，要通过整理、汇总，建立有关的定额文件，以作为定额管理的重要依据。机械制造企业中，一般应建立零部件材料消耗定额明细表、材料使用卡片、单位产品材料消耗综合定额明细表等。

（四）建立和健全物资消耗的原始记录和统计工作

在定额执行过程中，从取得物资开始，投入生产的转换系统，一直到制成产品为止的全部过程，每一个环节都应当有准确可靠的原始记录和健全的统计资料。

（五）检查分析消耗定额的执行情况及物资利用程度

检查的技术经济指标，主要有工艺定额利用率和材料利用率。工艺定额利用率主要用来反映产品设计和工艺技术水平，其计算公式是：

$$工艺定额利用率 = 单位产品净重/单位产品工艺消耗定额$$

材料利用率用来综合反映生产技术和管理水平，其计算公式是：

$$材料利用率 = 单位产品净重/单位产品实际消耗数量$$

（六）及时修订物资消耗定额

为了经常保持定额的先进合理水平，企业应随着技术的进步和管理水平的提高，及时对消耗定额作相应的修订或调整。一般情况下，半年或一年修订一次，如有重大变化，应及时进行修订，以利于充分发挥定额的作用。

第二节　车间物料管理工作要点

一、生产现场物料的分类

车间生产现场使用的物资一般也叫物料，主要包括下面各类：
(1) 原材料：是指直接使用于产品制造上的各种原料、材料、辅助材料等。
(2) 在制品：是指正处在生产线各工序上进行加工、检验、运输的尚未完工的制品。
(3) 半成品：是指中间站或中心零件库暂存的在制品、半成品和外购件等。
(4) 外协件和外购件。外协件是指由外单位按合同要求协作加工的零部件。外购件是指从市场购进的标准零部件。
(5) 成品：是指已制造完成但尚未经检查入库的产品。
(6) 包装材料：是指使用于包装产品的各种包装材料、用品、耗材等，如纸箱、木箱、封箱带、贴纸、说明书等。
(7) 工具：包括生产现场使用的各种辅助工具、模具、夹具、卡具、量具、刃具等。
(8) 保养维修材料：是指使用于机台、厂房、人员、搬运、维修的各种物品，如机油、柴油、配件、油漆、手套、皮带、抹布等。

二、现场物料管理的内容

（一）领料和发料

领料一般由车间指定的领料员填写领料单向物料单位领料，也有由物料单位根据料单备妥原物料后直接送往生产现场签收的。原材料领料单一般由生产主管单位备妥后连同生产指令单一起发给车间生产现场，其他零星物料则由车间领料员自行填单领料。领料时必须考虑现场储存空间，采取一次领料还是分批次领料。领料员在领料时必须对原物料的数量和规格进行认真的核对并签收，以保证足数和质量，防止差错。发料则是领料员根据各班组工作地的生产需要，将原物料分发各班组、机台，以作生产所用。发料时要做好登记和签字，重要物料还要加强发放的管制。未发放的原物料应妥善保管于生产现场物料暂存区中。

（二）现场物料的暂存和保管

不论何种行业的生产，现场物料的暂存及保管都是必要的，车间管理人员必须根据暂存物料的性质和数量，做出现场物料储位规划图，一般分成原料暂存区、物料暂存区、半成品暂存区、成品暂存区、不良品放置区等。在实物上可利用不同颜色来区别标示，并配置料架或栈板等摆放以易于管理，取用方便、整齐美观，应结合生产现场5S管理做好现场物料的存放工作。

（三）物料存量控制与标示

车间应实行细密的生产计划管理和物料管理制度，制定可行的领发料原则、安全库存量、物料消耗指标、生产能力指标等管理数据，使车间的加工和物料暂存处于受控状态，并结合生产现场定置管理，做好物料存放和存量控制及标示。在这里，最简易的方法就是利用"物料标示卡"来管理：将每种物料用一张物料标示卡来加以标示，并使用不同颜色的卡片来区分不同的月份，以便于现场物料的存量控制和提高处理效率。

（四）超额领料与余料退库

生产现场的原材料有时候由于料件遗失或者不良损耗偏高而有不足的现象，此时车间应向物料单位申请超额领料。超额领料并不是正常的事，因此企业里一般都会规定由厂部主管领导批准后方可超额领料，以防止和控制物料的多领和浪费。而当生产现场有余料未用时，车间也应及时向物料单位办理余料退库，以免物料存量过多占地影响生产现场的工作。

（五）半成品、成品转拨或入库

车间物料员对于生产现场已加工完毕的半成品和成品，应分别填写物料转拨单或入库单及时进行转拨或入库，对于不良品也应在经过检验后做出相应的处理。特别要防止不良品误混到半成品、成品转拨或入库。

（六）现场物料盘点

车间管理人员对于生产现场暂存的物料、半成品、成品，应实施定期的盘点，一般要求会同会计部门于每月月底盘点一次，以便搞好现场物料管理，做到料账一致，有效实现计划管理和经济核算。

（七）现场废料废物处置

这既是节约物资、减少浪费、改善环境的重要工作，又是企业实施清洁生产、循环经济的具体措施。

三、车间物料控制

车间物料控制的职能是"五适"：适时（供应及时）、适质（符合质量标准）、适量（数量控制恰当）、适价（成本合理）、适地（运距最短），并在调控中尽量预防和减少呆料、废料和旧料，缩短物料加工周期，提高物料和成品的周转效率。因此，要分别做好车间生产过程的物料控制工作。

（1）生产前的物料存量控制。物料存量控制是对现场物料存量变化动态的掌握和调整。为了使现场物料存量保持合理水平，既不过量，又不脱空，就要认真掌握好生产前的领料和发料工作及调整措施。总的原则和目标是：领料以满足现场生产需要为原则，存量尽可能少，发料尽可能快，最大限度地减少物料的停留量和停留时间。

（2）生产中的在制品控制。为了保持生产的连续性和均衡性，必须建立生产过程中在制品占用量定额和储备量。要根据不同生产类型采用相应的方法，例如大量大批生产的在制品定额法、成批生产的提前期累计编号法、单件小批生产的生产周期法、通用件标准件生产的订货点法、流水作业的看板管理法等，制定合理的在制品定额和储备量。为了搞好生产的在制品控制，就要求对在制品的投入产出、使用、发放、保管和周转做到有数、有据、有手续、有制度、有秩序，一般采用加工线路单和零部件配套明细表来进行控制。

（3）生产后的半成品、成品转拨或入库。对于车间加工完成后的半成品和成品，要及时验实填写转拨单或入库单，尽快往下一工艺阶段转拨或入库，不但可以减少车间物料存量，而且能缩短半成品、成品的滞留时间，缩短产品生产周期，提高资金周转速度和利用效率。

四、车间物流管理

（一）现场物流分析

1. 物流流程线路分析

第一步，画出生产线的现场布局图。

内容包括：工序位置，名称，材料、在制品、半成品存在区域。

第二步，标注工件流动实际线路。

第三步，现场物流线路进行浪费分析。

（1）物流线路是否过长。

（2）是否存在集中式功能加工（"孤岛式"生产）。

（3）物流线路是否存在重叠、交叉、折回、逆行。

（4）工件停滞是否过长。

2. 停滞分析

停滞是指物料在仓库、生产线处于等待加工、检查或加工后处于储存、保管的状态。

分析内容：停滞内容、停滞规模、停滞状态、管理状态。

分析原因：加工前停滞、加工后停滞、检查停滞、搬运前后停滞。

3. 搬运调查与分析

内容包括：单次搬运的数量、方式、距离，搬运时间、一次搬运重量、何种容器搬运，由谁搬运、是否逆向搬运，多线路多次重复搬运，等等。

可按产品/物料进行分类，对每一产品/物料件依工序展开，进行搬运调查与分析。

4. 搬运评价

主要分析装卸作业与物品放置状态对搬运效率的影响。物品放置状态（散放、装箱、直接放车上或输送带上）往往决定了装卸的复杂程度，也决定了耗费的人力工时，影响搬运效率。

（二）现场物流改善

1. 物流线路与现场布局改善

目标要求：物流最顺畅，搬运最节省，停滞最少。

流程线路经济原则：①线路长度、范围越小越好；②尽可能减少工序之间的分离；③减少或去除很难流水化的大型设备，消除"孤岛式"生产；④最大限度地减少中间停滞，消除重复停滞；⑤消除线路重叠、交叉、折返、逆行等情形。

要进行多种方案比较分析，采取分阶段改善的办法，对物流线路及现场布局进行调整。

2. 停滞改善

首先是去除停滞，其次是减少停滞，最后才是改善停滞。具体方法：①对停滞品进行整理、整顿；②计算停滞品数量；③减少停滞品丢失、破损、变质的风险；④指定放置场所，明确保管责任；⑤改善停滞方式，以方便取放。

3. 搬运改善

（1）搬运距离。两工序距离越短越好，以减少搬运距离和逆向搬运。

（2）一次搬运量。一次搬运量涉及搬运次数。在生产循环周期状况下，应小批量甚至单件搬运；若考虑搬运次数成本，则应增加每次搬运量而减少次数。

（3）搬运容器。事前应经过规划再决定选用或制作搬运容器，以获得最佳搬运数量、时间和效率。

（4）搬运人。搬运人分为作业员工和专人搬运。如果机器设置贵重且作业员工薪水高，宜采取专人搬运；如果搬运距离短，物品轻便，宜采取作业员工搬运。

（5）搬运方式。主要有徒手搬运，装箱或装袋用于搬运或手推车搬运、电气机动车搬运，输送带自动搬运，等等。

第三节 车间在制品管理和库房管理

一、车间在制品定额的制定

在制品是指已经投入生产但尚未加工制造完毕，处于生产过程各工艺阶段和各环节的制品。一定数量的在制品是保证生产过程正常进行的必要条件，但在制品过多又会增加流动资金占用量，所以必须合理确定在制品数量。在制品定额是指在一定的生产技术组织条件下，为保证正常生产所规定的在制品数量，它是成批生产和大量大批生产常用的期量标准。在制品定额包含的具体内容取决于生产类型。

（一）成批生产条件下在制品定额

成批生产条件下的在制品定额分为两部分：一是车间内部在制品定额；二是车间之间在制品定额。

1. 车间内部在制品定额

车间内部在制品定额是由于成批投入后还没有完工出产而形成的，而且整批地存在于车间内部。因此，车间内部在制品定额的大小，与生产批量、生产周期与生产间隔期的比值有着直接的关系。在不定期成批生产条件下，计算公式为：

$$车间内部周转在制品定额 = 一批零件在车间的生产周期 \times 平均日产量$$

在定期轮番成批生产条件下，计算公式为：

$$车间内部周转在制品定额 = \frac{生产周期}{生产间隔期} \times 批量$$

由上述公式可以看到，车间内部在制品定额与批量的关系有三种情况：①当生产周期等于生产间隔期时，在制品定额等于一个批量；②当生产周期小于生产间隔期时，在制品定额小于一个批量；③当生产周期大于生产间隔期时，在制品定额大于一个批量。

2. 车间之间在制品定额

车间之间的在制品，习惯称之为半成品，这些半成品经过中间仓库周转，要有一定数量的保险储备。因此，车间之间在制品定额又叫车间之间库存半成品定额，分为周转在制品定额和保险在制品定额两部分。计算公式分别为：

$$车间之间周转在制品定额 = 后车间每天需要量 \times 库存天数$$

$$= \frac{后车间领用批量}{后车间领用间隔天数} \times \left(前车间出产间隔天数 - 后车间领用间隔天数 \right)$$

$$车间之间保险在制品定额 = 前车间可能误期天数 \times 后车间每天需要量$$

保险在制品定额是为了防止前后车间生产脱节而设置的在制品，可根据零件多少、生产周期长短、工艺复杂情况和生产稳定程度去分析确定。

(二) 大量流水生产条件下在制品定额

大量流水生产条件下在制品定额分为两部分：一是流水线内部在制品定额；二是流水线之间在制品定额。

1. 流水线内部在制品定额

流水线内部在制品定额是指正在流水线各道工序上加工、检验的在制品数量，按四部分分别计算：

（1）工艺在制品定额。其计算公式为：

$$工艺在制品定额 = \sum 每道工序的工作地数 \times 同一工作地上同时加工的零件数$$

（2）运输在制品定额：是指处于流水线内各工序之间被传送运输的在制品数量，仅适用于连续流水线。其计算公式为：

$$运输在制品定额 = （流水线工序数 - 1）\times 运输批量$$

（3）周转在制品定额：是指相邻两工序间由于生产效率不同而形成的在制品数量，仅适用于间断流水线。其计算公式为：

$$周转在制品定额 = \frac{高效率工序时间 \times 前工序工作地数}{前工序单件时间} - \frac{高效率工序时间 \times 后工序工作地数}{后工序单件时间}$$

计算结果，正值说明在工序终端形成周转在制品量最大值，负值说明在工序始端形成周转在制品量最大值。

（4）保险在制品定额：是指在负荷较高或容易发生故障的工序建立保险在制品，以防止意外情况发生时流水生产中断。保险在制品的储备量一般是根据经验和统计资料分析确定的。其计算公式为：

$$保险在制品定额 = \frac{消除工序故障的最低时间}{工序单件时间}$$

2. 流水线之间在制品定额

流水线之间的在制品，也有运输在制品、周转在制品和保险在制品之分。当供应流水线的节拍与需求流水线的节拍相等时，只包括运输在制品和保险在制品，这时可以把两流水线之间的衔接看作是两个工序之间的衔接。当供应流水线与需求流水线的节拍不一致时，只包括周转在制品和保险在制品。流水线之间的运输在制品定额和保险在制品定额的计算方式与流水线内部的计算方法相同，而作为两流水线节拍不同而设置的流水线之间周转在制品定额则用下面公式计算：

$$流水线之间周转在制品定额 = \frac{低效率流水线每班产量}{} \times \left(\frac{低效率流水线工作班次}{} - \frac{高效率流水线工作班次}{} \right)$$

综上所述，大量流水生产条件下的在制品定额，是由流水线内部在制品定额再加上流水线之间在制品定额而构成的。

二、车间在制品管理

从原材料、外购件等投入生产起到加工制造经检验合格入库之前，处在生产过程中各环节的零部件都称为在制品。通常根据所处的不同工艺阶段，把在制品分为毛坯、半成品和车间在制品。毛坯是指已由下料工序下料完毕，铸件清砂、铲毛刺打底漆完毕，锻件去边整形完毕，并经检验合格办完入库手续的制品。半成品是指毛坯经机械加工成为零件，并已经检验合格办完入库手续的制品。半成品一般还要进行后续加工处理。车间在制品是指已投入车间，正处于加工、装配、检验、等待或运输过程中的各种原材料、毛坯、外购件、半成品等。

企业生产过程中各环节之间的联系表现为在制品的供需关系。为了使生产过程的各个环节、各个阶段和各道工序都能按计划有节奏地生产，应该储备一定数量的在制品。但是过多的在制品储备是一种浪费。因此，对在制品的合理控制具有十分重要的意义。

在制品控制包括车间在制品控制和库存半成品控制，其中车间在制品控制表现为车间在制品管理。对车间在制品的管理方法取决于车间生产类型和组织形式。总的来说，在大量大批生产条件下，由于在制品数量稳定，有标准定额，各工序之间的衔接又是固定的，通常采用轮班任务报告并结合统计台账来控制在制品的数量和移动。在成批生产或单件小批生产条件下，由于产品品种和批量经常变化，在制品数量的稳定性差，情况复杂，通常采用加工线路单或工票等凭证，并结合统计台账来控制在制品。各种控制形式分述如下：

（1）轮班任务报告，也叫轮班生产作业计划，是车间规定每个工作地、每个工作班直至每个操作者生产任务的文件，由车间计划调度人员填写发放。零件投产后，根据每道工序的完工情况，由检验人员填写检查结果。轮班任务报告既是作业计划，又是生产进度统计的原始记录，它简化了原始记录的种类，把统计、核算和检查计划完成情况结合起来，有效地加强了生产的计划性。轮班任务报告通常是按每台机床每班或每昼夜签发一次，加工时间长的零件，轮班任务报告可以跨班组使用，但不能跨月份。轮班任务报告适用于大量大批生产。

（2）加工线路单，又叫长票、长卡、跟单，以零件为单位制作，一种零件一长票。它是记录每批零件从投料开始，经过各道工序的加工、检验，直到入库为止的全部生产过程的原始凭证。加工线路单跟随零件一起移动，各道工序共用一张生产指令单。由于企业的生产类型、产品特点以及习惯做法不同，加工线路单的形式和内容有所不同，但它们的作用是基本相同的。加工线路单的优点是：每批零件的加工信息集中在同一张线路单上，一单多用；加工线路单中的工艺顺序和工艺规程一致，有利于贯彻工艺纪律，保证零件质量；由于领料、加工、检验、入库都使用同一票据，可以有效地保证领料数、加工数、合格品数、废品数、入库数的互相衔接，防止错乱；有助于贯彻期量标准。缺点是：由于流转时间长，加工线路单容易污损和丢失。加工线路单适用于成批生产或单件小批生产。

（3）工票，即单工序工票，又叫短票、短卡、工序单，以工序为单位制作，一道工序一短票。它记录的内容与加工线路单基本相同，只是一道工序完工，零件送检，检验员在工票上记录有关事项后，工票返回车间计划调度员手中，计调员再为下道工序开出新的工票。单工序工票的优点是使用灵活；缺点是工票数量多，填写工作量大，不便于统计和核算。单工序工票适用于单件小批生产。

（4）统计台账。为了有效地控制在制品的流转，还必须在各种生产类型的生产中建立在制品台账，以及时记录零件的投入、发出、补发、在制、配套等情况。对于大量连续生产的产品，可按零件分别建立零件工序进度卡片（台账）。某种零件的在制实有量（台账数）等于该零件投入累计数减去出产累计数和废品数量。对于单件小批生产，则可按产品为对象建立零件工序台账，以便于检查产品配套情况，因此也称为配套账。

从以上控制车间在制品的各种形式可以看到，在制品管理实际上是指在制品的实物管理和账卡管理。车间在制品管理的重点是要抓好班组在制品管理，组织好废品和退修品的及时处理和返修，以及统计工作。其中，抓班组在制品管理主要是抓班组制定零件生产收发推移图和废品退修品控制图，使班组对在制品管理做到日清月结。在流水生产车间要对废品隔离存放，当班办理报废手续，返修品要在当天组织返修；在批量生产的车间要做到每周或每批及时组织返修，并及时进行废品、返修品的统计，以清楚掌握在制品的质量状况。搞好车间在制品管理，还要做好综合统计工作，按规定要求做好按收到、生产、废品、返修、发出、结存等项目的综合统计。综合统计要按日进行，实现日检月清的控制。

三、库存控制

为了保证企业生产经营过程的正常进行，储备一定数量的物资是必要的。企业物资的存货可能正好达到储备定额，也可能高于或低于储备定额。企业必须根据内部生产情况和市场变化情况，按照预定的目标不断调节物资储备，使之经常保持在最高储备定额与最低储备定额之间。当库存物资达到最高储备定额时，应立即停止采购并及时调剂，以免物资积压而造成损失；当库存物资降到最低储备定额时，要迅速采购进货，以防止供应中断而影响生产。我们把这种管理行为称作物资库存储备控制。

（一）影响库存控制的因素

影响企业物资库存储备的主要因素有：

（1）生产方面的因素。为了保证生产正常进行，企业总是希望有足够的库存物资，以防止停工待料给企业带来不应有的损失，所以企业从生产的角度出发，总希望库存物资越多越好。

（2）占用流动资金方面的因素。企业库存一定数量的材料、在制品、半成品、产成品，必然要占用一定数量的流动资金，而这部分库存物资所占用的流动资金一般占全部流动资金的60%以上。企业流动资金闲置在库存物资上，使资金周转中断，这样不仅不能给企业带来经济效益，而且还要支付占用流动资金的银行利息。因此，从占用流动资金的角度考虑，企业库存应该愈少愈好。

（3）仓储管理方面的因素。物资存放在仓库里也会发生变质、破碎、腐蚀、损坏等损失，此外还要负担仓库的折旧费、保险费、搬运费、维护费、管理费等保管费用。物资保管费用一般占存货价值的 10%～30%。存货费用随存货的增加而增大，因此，从存货保管方面来考虑，仓库的存货应愈少愈好。

（4）采购订货方面的因素。物资从采购订货开始到入库这一过程中，要支付通信费、差旅费、手续费等各项采购费用。采购费用随订货次数的增加而增加，而与每次订货的数量没有太大的关系。通过减少订货次数，加大每次订购批量，就可以降低采购费用。因此，从采购订货的角度考虑，物资订货批量愈大愈好。

从上述影响因素可以看到，造成企业物资库存储备失控的原因很多。企业必须加强物资管理工作，控制好物资储备数量，既要保证存货不影响生产，又要使企业占用的流动资金数量最低，支付的采购费用、保管费用最少，以取得最佳的效果。

（二）库存控制的方法

物资库存控制的方法很多，主要有以下四种：

1. 定期控制法

定期控制法又叫定期订购法。这种方法要求首先确定一个订货间隔期，并测定订货周期，同时对存储状况进行检查，以此计算订货量和发出订单。定期控制法主要需解决好两个问题：一是确定订货间隔期；二是计算订货数量。一般来说，订货间隔期越短，库存检查的次数就越多，对库存的控制精度也就越高，但库存管理工作量也就越大。因此，要区分不同存储项目，对少数重要的存储项目，如缺货损失大或存储费用高的项目，制订较短的订货间隔期，而对不太重要的存储项目可适当延长订货间隔期。同时，可以将订货间隔期分为几个标准值，以简化库存管理工作。定期控制法主要适用于重要物资的订购和库存控制。对于订货数量，可以采用下面公式计算求得：

$$订货数量 = 每日需要量 \times (订货间隔期 + 订货周期) - 现有存储 + 保险储备定额$$

2. 定量控制法

定量控制法又叫定量订购法、订货点法。这种方法要求事先确定一个具体的订货点，每当存储水平降低到订货点时，就立即发出一个固定的订货批量的订单。订单发出后，经过订货周期，货物到达，这个订货周期称为订货提前期。定量控制法需要确定两个数量参数，即订货点和订购批量。订货点是指订货时的库存量。它应满足这样的条件：在新的订货没有到达之前，现有库存能够保证对生产需求的物资供应。因此，订货点存储量就是订货提前期内预计需求数量。订购批量可用经济订购批量的公式求得。它们的计算公式是：

$$订货点存储量 = 平均日需求量 \times 订货提前期日数 + 保险储备量$$

$$经济订购批量 = \sqrt{\frac{2 \times 每次订购费 \times 年物资需求量}{单位物资年保管费}}$$

定量控制法主要适用于次要物资的订购和库存控制。

3. ABC 分类控制法

企业库存物资品种多、数量大，但每种物资重要性不同，占用金额也不同，企业应区别对待，分类管理。ABC 分类控制法就是将物资按其重要程度、消耗数量、价值大小、资金占用等情况，划分为 ABC 三类，分别采取不同管理方法，抓住重点，照顾一般。

A 类物资：是重要物资，品种少，价值高，消耗量大，占用资金多，实行严格管理，重点控制，采用定期订购方式。

C 类物资：是次要物资，品种多而零星，价值低，消耗量少，占用资金少，实行简便控制，采用定量订购方式。

B 类物资：是一般物资，品种比 A 类多，价值中等，占用资金比 A 少，处于 A 类与 C 类之间，实行一般控制，可采用定期订购方式或定量订购方式。

4. 双堆法

双堆法也叫复式库存管理法。这种库存物资控制法要为同一种物资准备两个大容器（货堆），一个货堆的物资用完了即去订货，这样在另一个货堆的物资用完之前，新货就到，依此循环反复使用两个货堆。用这种方式管理的物资一般不需要库存台账和出库传票，大多属于现场生产管理，也适用于库存中单价很低的物资管理。

在企业物资的库存控制工作中，还有一项在生产过程中经常进行的库存半成品控制。在大量流水线生产条件下，相邻流水线如果按同一节拍协调生产，可以直接转交半成品，不必设中间仓库。而在多品种、中小批量生产条件下，就有必要在车间之间设置半成品库。半成品库是车间之间在制品转运的枢纽，它不仅在为生产第一线服务，做好在制品配套工作，有效地保管和及时发送在制品，还要严格按照作业计划监督车间生产，及时向生产指挥系统提供信息。库存半成品库的控制，主要通过半成品出入库台账及其他凭证进行。因此，库存毛坯、半成品必须建账立卡，根据产品进行分类，按照零件进行统计。库存半成品台账，可用领料单、完工入库单、在制品收发单、废品通知单等作为登记凭证。

四、仓库管理

仓库是存放物资的场所，是物资管理组织机构中的重要环节。做好仓库管理工作，对于保证及时供应生产需要、合理储备、加速周转、节约物资使用、降低成本、提高企业经济效益都具有重要的作用。仓库管理的内容和工作主要有：

（一）物资的验收入库

物资的验收是做好仓库管理工作的先决条件。它包括两个方面的工作：一是数量、品种、规格的验收。一切进厂的物资都要与运单、发票和合同规定，在数量、品种、规格等方面完全相符。二是质量的验收。有的验收按制度规定应由检验部门或专门的单位检验的，必须经检验部门或专门单位检验，并附有相应的检验合格证明后，才可点检入库；属于仓库负责检验的，一定要把好物资入库的质量关。各种物资只有在数量、质量、单据等验收无误后，才可办理入库、登账、立卡等手续，确保物资和凭证相符。搞好物资验收工作，不但是防止生产质量事故、保证生产正常运行、避免损失和浪费的前提条件，而且能弄清验收中的问题，明确供需双方的经济责任，为有可能发生的退换、索赔提供依据。

（二）物资的保管

物资保管是根据各类物资的物理性能、化学成分、体积大小、包装情况等不同要求，分别加以妥善保管，确保各类物资不短缺、不损失、不变质、不混号。具体工作包括：

（1）登账立卡。物资入库后，要建立物资保管明细账，详细记载收发、结存动态情况。还要对各类物资建立料牌和卡片，在料牌上写明物资的名称、编号、到货日期和涂色标志；在卡片上填写记录物资的进、出、存数量。通过登账立卡，使库存物资做到账、卡、物三相符。

（2）合理摆放。将物资按类别、系列摆放在库场的分类区内，实行科学合理的摆放和堆垛，达到摆放整齐、标志鲜明，便于存放取送和查验盘点，充分利用仓库空间。不少企业采用"四号定位"和"五五摆放"等先进保管方法。所谓"四号定位"，就是按库号、架号、层号、位号对物资实行统一编号，便于查找和发料。所谓"五五摆放"，就是根据物资的形状，以五为基本计数单位进行摆放，做到"五五成堆、五五成方、五五成行、五五成串、五五成层"等，使其堆放整齐，便于过目成数，便于盘点和取送发放。

（3）妥善保管。由于物资储存的自然环境、存期长短，以及物资本身的物理、化学性能，常会发生物资的腐蚀变质。为了防止物资变质损坏和安全，要求做到防锈、防尘、防潮、防震、防腐、防磨、防水、防火、防爆、防变质、防漏电、防偷盗等工作，加强对物资的维护保养，严格控制仓库温湿度，注意通风防尘，搞好清洁卫生，使用屏蔽材料以及涂敷防护材料，搞好环境封存，加强警卫工作。

（三）物资的发放

物资的发放要以保证生产、方便生产、节约使用为宗旨，做到按时、按质、按量、按规定发放物资。

（1）严格执行凭证制度。出库单据和手续必须符合规定要求，即根据供应部门开出的限额发料单、提货单，经核对无误方可发货，非正式凭证一律不予发放。

（2）严格执行限额发料制度。即按照物资的消耗定额和计划任务，计算出物资需要量，制定发放物资数额，据此向车间发放物资，车间再严格按此制度向班组发放物资。

（3）认真实行送料制。送料制不但可以节省生产工人的领料时间，提高生产效率，还可使供应人员直接掌握生产现场物资消耗使用情况，以便及时调剂余缺。具体送料方式有定额分批送料、定点服务、炉前配比等。

（4）贯彻先进先出的原则。发放物资时，一定要做到先进先出，以免物资自然损耗和久存变质。

（5）实行补料审核制度。凡是工废、料废、超定额等要求补料时，必须按规定的手续经过审核和批准后，才能发放补料。

（6）实行退库和核销制度。发生多余的物资时，应及时办理退料手续。物资部门还应按月对领料部门所消耗的物资实行核销制度，以利于加强考核。

(四) 清仓盘点

清仓盘点是仓库管理的一项经常性工作，其目的在于搞清经过频繁收发后物资的数量是否准确、质量有无变化，保证账货相符和物资适时使用。清仓盘点的形式有永续盘点、循环盘点、定期盘点、重点盘点等。永续盘点是指对收发物资每日进行的盘点。循环盘点是指按物资的特点，分清缓急，对所管物资做出月盘点计划，按计划安排逐日轮盘盘点。定期盘点是指年末、季末、月末按计划进行的盘点。重点盘点是指为了某种特定的目的和需要，对某类（种）物资进行的盘点。盘点完后，要及时填写盘点清单，列出盘盈盘亏数量，对于盈亏超量、超储积压、变质情况等，要查明原因，及时反映，及时处理。

第四节 物资和能源的节约

一、节能降耗的重大意义

（1）节能降耗能以同样数量的物质资源生产出更多的产品，为社会创造更多的财富。节约是社会生产最基本的原则，即以最少的投入获得最大的产出。节能降耗是实践节约原则最有效的途径。无论是以较少的消耗生产出同样多的产品，还是以同样数量的消耗生产出更多的产品，都能为社会为民众也为企业自身创造出更大的价值、更多的财富，这样的生产对社会对民众来说才是值得，相反就是很不值得。

（2）节能降耗能降低产品成本，提高企业经济效益。物料消耗占产品成本的80%以上，只有从节能降耗上才能开拓降低产品成本的更大空间，才能使企业在剧烈的市场竞争中以高质低价而立于不败之地，以低成本使企业获得更大的经济效益，同时也产生更大的社会效益。

（3）节能降耗能减少"三废"污染，有利于环境保护和自然生态平衡。随着社会工业的巨大发展，自然环境正在迅速恶化，解决"三废"污染成为当务之急。节能降耗最直接的效果就是减少"三废"排放，从源头上防治工业污染，不仅有助于减轻企业治污的巨大负担，更有利于自然环境的保护，最符合国家和人民的根本利益，广受政府和民众的欢迎。

（4）节能降耗有利于促进技术进步，寻找更先进的生产技术和使用新能源新材料。节能降耗不是件轻而易举的事情，只有刻意钻研和改进产品设计及工艺加工技术，才能达到减少消耗的效果。因此说，节能降耗客观上促进着工业生产技术的不断改造和进步，不断提高生产技术水平和使用无污染或少污染的新能源新材料，实现清洁生产。

（5）节能降耗能培养职工勤俭节约的思想觉悟，促进企业和社会的精神文明建设。节能降耗与铺张浪费是两种截然相反的思想观念和态度行为。节能降耗要求企业全体员工人人动脑动手，身体力行，从点点滴滴做起，从我做起，因而最能从群众性的实践中培养员工的节约观念，改掉大手大脚、铺张浪费的陋习，提高勤俭节约、勤俭办一切事业的文明觉悟，企业和社会的精神文明建设提到新的高度。

二、物资和能源节约的途径

物资和能源是发展工业生产的必要物质条件。当前，我国能源和材料的发展速度落后于整个工业发展的需要，而且能耗物耗较高，从而大大限制了国民经济的更大发展，当然也限制了工业企业的迅速发展。我国的工业要保持持续、高速发展，决不能走主要依靠建新厂、进行外延扩大再生产的道路，更不能走高能耗、高物耗、高污染的道路，而是要立足于现有的工业基础之上，主要依靠内涵扩大再生产，即以高质量、低消耗和物资的合理利用来实现工业生产的不断发展，走节约型的、循环经济的工业发展道路。在工业企业中物资和能源的节约途径很多，主要有以下几个方面：

（一）改进产品设计

产品设计上的不合理、不完善，会给生产带来物资消耗的长期浪费。产品设计的优劣，不仅决定着产品的结构、性能、质量和使用寿命，同时也决定着产品在生产过程中所消耗的物资数量和产品成本水平。在保证产品质量的前提下，改革产品设计，简化产品结构，缩小产品体积，降低产品重量，就可以降低单位产品的物资消耗，从而达到降低单位产品成本、提高经济效益的目的。

（二）采用先进工艺

节约物资和能源贯穿于整个工艺流程中。不合理的陈旧工艺和落后的操作技术不利于进一步降低工艺性消耗和能源消耗量。采用先进的工艺技术，如改进下料工艺，实行集中下料和套材下料，就可以提高材料的利用率，从而降低物资消耗。另外，如采用无屑或少屑加工、精密铸造和锻造、冷挤压等工艺，都可达到节约的目的。采用先进的新工艺还要和设备的技术改造密切结合，如要节约能源，就必须改造耗能高、效率低的旧锅炉、水泵和内燃机等。利用新的节能设备，再和新的工艺相结合，才能在节能降耗方面实现最好的经济效益。

（三）采用新材料和代用材料

随着科学技术的迅速发展，许多新材料应运而生。有的新材料性能更完善、质量更高，价格也在不断下降。企业应当在保证产品质量的前提下，大力推广应用各种质优价廉的新型材料。例如，机械制造企业可以尝试采用工程塑料制造一些原来用金属材料制造的机械零件。同时，在保证产品必要功能的前提下，可以用资源丰富的材料替代资源稀少的材料，用价格低的材料代替价格高的材料，这样不仅扩大了原材料来源，为进一步发展生产创造了条件，也为不断降低产品成本、提高企业经济效益开拓了广阔的道路。

（四）收旧利废，综合利用

在工业生产过程中，会产生很多废旧物资，如边角余料，下脚料，报废的零件、工具、仪表和设备等。及时把这些废旧物资回收利用，是节约物资的一个巨大源泉，而且对于降低生产成本、改善工厂环境也有重要作用。要搞好收旧利废工作,首先要教育职工克服怕脏怕烦的思想和大手大脚的作风;其次要做好组织工作,物资管理部门要有专人负责回收废旧物资,必要时可建立专业回收队伍,同时要依靠和发动职工群众开展收旧利废活动;最后是要求一切能够收旧供新的物资都应实行收旧供新制度。

无论是在社会还是在具体企业里,废旧物资都是相对的,在本企业、本生产阶段是无用的,而在其他企业、其他生产阶段则可能成为有用的物质财富。物资的综合利用,可使物资由一用变为多用,变无用为有用,变废为宝,化害为利。例如,制糖工业本来是污染大的行业,但在综合利用、变废为宝方面又是最有前途的行业。糖厂的主要原料是甘蔗,主产品是白糖,废物是蔗渣,废液是废糖蜜。糖厂开展综合利用,不但能生产白糖,而且可将制糖的废糖蜜经过发酵制成酒精,还可以进一步制成各种果酒以及其他化工产品;制糖剩下的大量甘蔗渣可以造纸,也可以制成隔音板。将甘蔗这一原料综合利用制成多种产品,不但减少了工业污染,而且为社会创造了更多的物质财富。许多原本亏损的甘蔗糖厂,也正是通过综合利用扭亏为盈,大大提高了企业的经济效益和社会效益。

(五) 加强能源管理工作

工业企业节约使用煤、油、电、气等能源是一项非常重要、很有前途的企业管理工作。要做好能源管理,第一,应制定出具有平均先进水平的能源消耗定额;第二,教育职工提高节能的觉悟和自觉性;第三,制定出切实可行的节能降耗奖励政策;第四,对企业耗能高、效率低的陈旧设备予以技术改造或设备更新,采用新的节能设备和技术;第五,充分利用企业的余热,例如蒸汽机排出的废气余热、锅炉排出的污水余热、金属冶炼产生的余热等,它们的温度都在几百度甚至 1000 多度,对这些生产过程中排放的余热予以充分利用,也是节约能源的一个重要途径。

三、物资和能源利用管理分析

反映物资和能源利用与节约情况的指标主要有物资消耗定额完成情况指标和物资利用率指标等。通过这些指标可以反映物资和能源的利用与节约状况。

(一) 物资消耗定额完成情况指标

物资消耗定额完成情况指标是用来检查物资的利用和节约情况。其计算公式如下:

$$物资消耗定额完成情况 = \frac{实际单位产品消耗量}{单位产品物资消耗定额} \times 100\%$$

通过上式计算得出的指标数值越低,说明物资消耗定额完成情况越好,物资使用获得了节约;反之,则说明执行情况不好,没有或很少实现节约量。其中,节约量可由下式求得:

$$节约量 = (物资消耗定额 - 实际单位产品消耗量) \times 报告期产量$$

在考核物资消耗定额执行情况时,不能只局限于节约量这一指标,还必须对单位产品实际物资消耗的构成情况进行分析研究。也就是说，我们还要将材料供应定额中的单位产品净重、工艺性消耗、非工艺性消耗，分别与实际发生的单位产品净重、工艺性消耗、非工艺性消耗相对照，就可以进一步了解物资消耗定额的执行情况，为今后挖掘节约物资消耗的潜力指明方向。

（二）物资利用率指标

为了分析物资的利用情况，以及为进一步修订物资消耗定额提供依据，还要计算物资利用率指标。其计算公式如下：

$$某种原材料利用率 = \frac{产品中耗用某种原材料的净重}{生产该产品的原材料消耗总量} \times 100\%$$

原材料利用一般用百分数表示。利用率指标越大，说明原材料利用得越好；反之，则说明利用得不好。同时还要把原材料实际利用率与计划利用率作对比，以反映原材料计划利用率这一指标的完成情况。此外，还可以用这一指标与国内、国际同行业的先进水平作对比，以便寻找差距，为进一步降低物资消耗定额、节约物资和能源提供努力方向。

（三）每万元产值消耗的能源和降低率

为了考核工业企业能源的利用效果，以及节约或浪费能源的情况，可以计算每万元产值消耗的能源和降低率等经济效益指标。其计算公式如下：

$$每万元产值消耗的能源 = \frac{能源消耗量（标准煤）}{工业增加值（或总产值）}$$

$$降低率 = \left(1 - \frac{报告期每万元产值消耗的能源}{基期每万元产值消耗的能源}\right) \times 100\%$$

如果每万元产值消耗能源的降低率为正数，表示能源消耗率低；如为负数，则表示能源消耗上升，应尽快查明能源消耗上升的原因，采取有效措施，以降低能源消耗，节约能源。

【复习思考题】

1. 企业生产物资包括哪些类别？
2. 怎样确定企业物资的自制或外购？
3. 简述企业物资消耗定额的组成。
4. 制定物资消耗定额的原则和依据是什么？
5. 制定物资消耗定额有哪些基本方法？
6. 企业怎样贯彻执行物资消耗定额？
7. 车间生产现场的物料包括哪些类别？
8. 车间现场物料管理有哪些主要内容？
9. 怎样进行车间在制品控制？
10. 企业物资库存控制有哪些主要方法？

11. 什么叫 ABC 分类法？如何具体应用这一方法？
12. 节能降耗有什么重大意义？
13. 企业物资和能源节约有哪些主要途径？

第八章　车间设备和工具管理

机器设备是现代企业的物质技术基础，是企业进行产品生产的主要条件。企业生产能力的大小决定于机器设备的状况。工业企业必须选好、管好、用好、保养维修好机器设备，提高设备完好率，使机器设备经常处于良好的技术状态，充分发挥机器设备的作用，才能顺利完成企业的生产经营任务。

工具和设备一样，是生产力的组成因素，是进行生产的物质技术手段。在企业生产中，如果光有机器设备而没有相应的工具，要想把原材料、毛坯加工成产品是不可能的，更无法正确判断产品质量的优劣。在工业企业里，人们通常把工具称作零件成型的"牙齿"，把量具比作鉴别产品质量的"眼睛"，这种形象的比喻表达了工具在生产过程中所起的重要作用。企业加强工具的管理，努力提高工具的技术状态，直接关系到一个企业的产品质量、生产效率和安全生产，对于发展生产、提高效益、增强竞争能力、赶超世界先进水平有着十分重要的意义。

第一节　设备的选择和使用

一、设备管理的任务和内容

一个企业要想正常地进行生产，除了有必要的人力和原材料之外，还必须要有能正常从事生产的设备。设备是企业固定资产中最重要的占比重最大的组成部分，是企业生产能力的具体体现，是车间工人从事生产活动的重要手段。设备的技术状态如何，直接影响产品生产的质量和数量，也直接和间接决定着企业经营的成败。因此，正确地选择设备，管好、用好、保养维修好现有的机器设备，最大限度地发挥设备的效用，讲求设备使用的经济效益，为实现企业经营目标服务，就是设备管理的基本任务。具体地说，设备管理的主要任务有如下四个方面：

（1）正确地选择设备。当今设备市场上同一生产用途的机器设备种类及型号繁多，技术水平及价格差别也很大，如何选择好设备，是非常关键的任务。设备选择错误，将严重影响企业的经济效益。

（2）保证设备经常处于良好的技术状态。企业必须正确、合理地使用设备，精心保养和维修设备，才能使设备经常保持完好状态，顺利完成生产任务。

（3）提高设备管理的经济效益。企业要在保证设备良好技术状态的前提下，充分发挥设备的效用，同时加强设备的经济管理，降低设备管理费用，从而达到以最少的设备寿命周期费用获得设备使用最大效益的目的。

（4）保证企业的技术进步。企业的设备管理工作，要根据企业产品发展的需要以及节能降耗、安全生产的要求，有计划地进行设备改造和更新，不断提高企业的生产技术水平。

要完成设备管理的任务，必须对设备运动的全过程实施管理和控制。设备运动有物质运动和价值运动两种形态。前者包括设备的制造、购置、安装、测试、验收、使用、维修、更新改造等，一般称为设备的技术管理；后者包括设备的购置投资、维修费用支出、折旧费用回收、更新改造资金筹措与支出等，一般称为设备的经济管理。从设备运动的两种形态出发，设备管理主要包括以下六项内容：

（1）设备购置。根据企业生产和工艺要求，按照技术先进、经济合理、生产可行的原则，选择和购置企业适用的各种机器设备。

（2）设备使用。要根据设备的性能、特点合理地使用设备，提高设备利用率，充分发挥设备效能。

（3）设备维修。搞好设备的检查、维护和修理，使设备保持应有的性能和良好的技术状态，保证正常运转，减少磨损，延长寿命，尽可能地降低维修费用。

（4）设备折旧。根据企业生产经营的决策和技术发展的情势，合理地确定设备折旧率，为设备更新和技术进步筹措资金。

（5）设备更新。根据企业开发新产品、改造老产品和安全生产、节能降耗的要求以及设备的老旧状况，有计划地添置新设备，改造老设备，保证企业技术不断进步，以适应企业生产、技术不断发展的需要。

（6）日常管理。设备的日常管理是一项基础性工作，包括设备的验收、登记、保管、租赁、报废和事故处理等，应认真建立和执行设备管理制度和责任制度。

二、设备的选择和评价

设备是指人们在生产经营活动过程中所使用的各种机械和装置的总称。工业企业的设备主要包括生产设备、动力设备、传导设备、运输设备、科研设备、管理设备、公用设备等。其中，生产设备在机械制造企业中分为两大项十大类：0~5类为机械设备，6~9类为动力设备。机械设备中的0类为金属切削设备，它又细分为各种机床十小类，包括车床、钻床、镗床、磨床、铣床、插床、拉床、联合机床、切断机床、齿轮及螺纹加工机床等。而车床类又可微分为十组各种各样的车床。在设备分类的基础上，再按国家规定的标准对设备进行统一编号，并按各类机床给予机床代号，以便于生产设备的选择、购置、管理和维护修理。

（一）设备的选择

设备的选择，是指企业应当购置什么样的新设备或自行设计制造、技术引进什么样的设备。工业企业设备的选择，首先应调查设备的性能和技术经济指标，进行技术经济分析论证，提出可供选择的多种方案，然后本着技术上适用、经济上合理、生产上可行的原则，做出决策。设备选择具体应考虑的因素有：

（1）设备的生产效率。设备的生产效率是衡量设备优劣的重要指标，反映了单位时间内某种设备能生产的产品数量，一般表现为功率、速度、行程等技术参数。在考虑这一因素时，还应同企业的生产状况、长期发展方向结合起来，考虑设备的利用率。如果设备利用率不高，经常被闲置，即使设备的生产效率高也不一定适用。

（2）设备的可靠性。设备的可靠性是指所选择的设备精度、准确度要高，并能保持相当长的时间不变，设备的零件具有耐用性，无故障停机，以保证所生产的产品质量达到应有的要求。

（3）设备的维修性。在选择设备时，要考虑设备出了故障后维修的难易程度。维修性好的设备，可大大节省维修的工作量和维修费用。一般来说，设备结构简单，零部件组装合理，维修时零部件容易拆卸、便于检查，零部件的通用、互换性好等，就说明设备的维修性好。

（4）设备的成套性。要使设备尽快形成生产能力，应选择成套性好的设备。设备的成套性有单机成套性、机组成套性、工程项目成套性等三种情况。单机成套即备件、配件、随机工具要成套。机组成套即一组机器的主机、辅机、控制装置等要成套。工程项目成套即一个新建项目的各种机器设备要配套成龙。成套购买设备不但能迅速形成生产能力，而且往往比分开购买主机和辅机更节约投资。

（5）设备的安全性。设备的安全性是指设备对生产安全和劳动保护的程度，包括对劳动者的人身安全和防护有无安全保护装置，隔热、隔电、隔音、隔尘和防火、防爆、防废气的措施是否完善。

（6）设备的环保性。设备的环保性就是指使用设备过程中排放的"三废"导致对环境的污染程度。选购设备时要考虑设备的环保性，要求设备配有相应治理"三废"的附属设备以及净化装置。

（7）设备的节能性。设备的节能性是指设备节约能源的能力。节能性强的设备表现为热效率高、能源利用率高、原材料利用率高，如每小时耗电量低、汽车每百吨公里的耗油量低等。设备节能性好，可以大幅度降低设备的使用费用，提高寿命周期内的经济效果。

（8）设备的经济性。设备的经济性是指设备的投资费用经济、使用中能耗低、原材料利用率高、维修费用低、使用寿命长等。总费用少，又能完成规定的任务，这样的设备综合效益好，经济性最佳。

（二）设备的经济评价

为了选购经济上合理的设备，必须对各购置设备的方案进行经济评价，从而为选择最佳投资方案提供依据。常用的经济评价方法主要有：

（1）设备投资回收期法。设备投资回收期法是指设备投入使用后每年所得的收益偿还设备原始投资所需的年数。其计算公式为：

$$设备投资回收期（年）=设备投资额（元）/年利润或节约额（元）$$

公式中，如果各年利润或节约额的收入不等，可逐年累计其金额，与设备原始投资额作比较，即可算出设备投资回收期。计算出来的设备投资回收期越短，表明设备投资效果越好。在其他条件相同的情况下，投资回收期最短的设备为最佳设备。投资回收期法由于没有考虑货币的时间价值,分析较为粗略,因此往往需要和其他方法结合起来使用。

(2) 现值法。现值法是指把不同方案设备的每年使用费,用利息率折合为现值,再加上最初投资费用,求得设备使用年限中的总费用(即现值总费用),据此进行比较,以现值总费用低的设备为优选设备方案。其计算公式如下:

$$现值总费用 = 最初投资费用 + (每年使用费用 \times 现值系数)$$

公式中的现值系数可通过查表求得。

(3) 年费法。年费法是指把不同方案设备的年平均总费用进行比较,以年平均总费用低的设备方案为优选设备方案。其计算公式如下:

$$年平均总费用 = 年使用费用 + (设备最初投资费用 \times 投资回收系数)$$

公式中的投资回收系数是现值系数的倒数,可通过查表求得。

三、设备的管理和使用

(一) 设备管理的组织分工

我国工业企业的设备实行分级负责、归口管理的制度。一般分为三级管理:

1. 厂部设备管理

厂部对全厂设备的使用、维护、检修和管理负有全面领导的责任。主管副厂长(总工程师)负责贯彻执行国家对设备方面的有关方针、政策、制度和规定,主持全厂的设备管理工作。厂部设有设备科或设备动力科,作为厂长、副厂长在设备管理方面的参谋和助手,组织和管理好全厂的设备。根据各厂生产规模大小、设备的多少,在设备科下设各个职能组,配备适当的机械、电气、仪表、水汽、防腐蚀、机加工、探伤、焊接、备件管理和测绘、描图、晒图等专职技术管理人员。

2. 车间设备管理

负责管理本车间所用的设备,贯彻本厂有关设备使用、维护、检修、管理方面的各种制度和规定,向车间职工进行爱护设备的思想教育,组织开展群众性的"三好四会"活动,贯彻"三级保养制",分析研究提高设备利用率,降低故障停概率,减少维修费用,不断提高设备管理水平。根据车间设备的多少,配备一定数量的设备员和机械动力技术员,协助车间主任、设备副主任负责本车间的设备管理,贯彻设备管理制度,培训操作工人,组织设备事故分析,填写有关报表,制定并组织实施有关管好、用好、修好设备的措施。

3. 工段(班组)设备管理

负责全工段(班组)设备的正确使用、合理润滑和精心保养,参加设备事故分析,并督促全体人员做好设备和附件的管理工作,组织开展本工段(班组)设备的检查和评比。工段(班组)配有兼职的设备管理员,协助车间搞好设备的群众性管理工作。通过设备分级管理,从上到下形成一个严密的设备管理网和强有力的管理指挥系统,不断提高设备管理水平。

（二）设备的合理使用

设备寿命的长短、效率大小、精度高低，固然取决于设备本身的设计结构和各种参数，但在很大程度上也取决于人们对设备的合理使用。正确、合理地使用设备，可以减轻磨损，保持良好的性能和应有的精度，从而使设备充分发挥应有的生产效率。合理使用设备，应注意做到以下六点：

（1）合理配备各种类型设备。企业必须依据生产任务、生产工艺、产品结构和各车间班组的生产组织形式，合理安排配备各种设备，使设备的技术性能、生产效率、负荷程度等相互协调，保持良好的技术状态，从而合理使用设备，满足生产需要。

（2）恰当安排加工任务和设备负荷。恰当地安排加工任务，是要使各种设备物尽其用，避免"大机小用""精机粗用"等现象。不同的设备是依据各种不同的科学技术原理设计制造的，它们的性能、结构、精度、使用范围、工作条件和能力，以及其他技术条件是各不相同的。生产中如果不考虑不同设备的上述特点，不仅造成设备效率的浪费，而且会使设备超负荷运转，加速设备的不正常磨损甚至破坏。

（3）合理配备操作人员和维修人员。为了充分发挥设备的性能，使机器设备在良好技术状态下使用，必须配备与设备相适应的工人。要求操作者熟悉并掌握设备的性能、结构、工艺加工范围和维护保养技术。操作者对设备必须真正做到"三好"（用好、管好、保养好）、"四会"（会使用、会保养、会检查、会排除小故障）。上机新工人一定要进行技术考核，合格后方可独立操作。对于精密、复杂、稀有以及对生产带有关键性的设备，应指定具有专门技术的工人去操作。实行定人定机，凭操作证操作设备。

（4）为设备创造良好的工作环境。良好的工作环境，是保证设备正常运转、延长设备的使用寿命、保证安全生产的重要条件。对不同的设备，要求的工作条件不同。一般来说，应保持设备的工作场所整洁、有序、通畅，对机器本身要注意防潮、防腐、防锈、防尘、防冻。对于精密的机器设备，应设立单独的工作室，其工作环境的温度、湿度、粉尘、防震等要有特定的要求。

（5）经常对职工进行正确使用和爱护设备的教育。工人是机器设备的直接使用者和维护者，他们的责任心和对设备的关爱程度对设备使用的质量有重要影响。企业各级领导和设备管理部门要对职工进行经常性的宣传教育和技术培训，使操作人员养成自觉爱护设备的风气和习惯，像战士爱护武器一样爱护设备，自觉遵守设备使用、维护、保养的规章制度和操作规程，使设备经常保持"整齐、清洁、润滑、安全"（八字作业法），经常处于良好技术状态。

（6）建立健全设备使用、维护、保养的规章制度和责任制度。企业应根据设备的技术条件，制定一套科学的规章制度，并在实践中严格执行。这是保证设备合理使用的依据和准则，也是保障工人人身安全，实现安全、高效生产的必要条件。这些规章制度包括安全操作规程、定期检查维护规程等。同时，要根据从企业各级领导、设备管理部门、生产组长到生产工人在保证设备合理使用方面应负的责任，制定出切实可行的责任制度。无论是规章制度还是责任制度，一经确定就要严格执行。对于严格遵守规程、爱护设备有功的人员，应当给予表扬和物质奖励；对于违反操作规程以致造成设备事故者，要给予批评教育和纪律处分。

四、生产能力的核定与平衡

生产能力是指由企业生产设备所决定的加工能力，是反映企业生产可能性的重要指标，是企业制定生产发展规划、确定生产任务、编制生产计划的重要依据。

生产能力是指一定时期内（通常为一年）企业中全部生产性固定资产，在一定的技术组织条件下，经过综合平衡后所能生产一定种类合格产品的数量，或者能够加工处理一定原材料的最大数量。它是企业内部各个生产环节、全部生产性固定资产，在保持一定比例关系条件下，所具有的综合生产能力。企业、车间、班组的生产能力都是根据其相应范围内各个生产环节、各种固定资产的能力综合平衡确定的。

企业生产能力在一定时期内相对稳定，随着生产的发展和技术组织条件的变化，生产能力也将发生相应的变化。根据生产能力核定时所依据的不同条件，一般把生产能力分为设计能力、查定能力和计划能力。

（1）设计能力。这是企业进行新建、改建或扩建等基本建设时，由设计任务书和技术文件规定的生产能力。它是根据设计中确定的企业产品生产方案、全部技术装备和各种设计数据计算出来的，需要等到企业建成投产后，经过一段熟悉和掌握技术的过程，才能达到设计能力。

（2）查定能力。这是在企业没有设计能力的情况下，或者虽有设计能力，但企业的产品生产方案及生产条件已经发生了很大的变化，以致原有设计能力不适用，经过重新调查核定后确定的生产能力。通常以企业现有固定资产等条件为依据，结合考虑查定时期内各种技术组织措施的效果，然后确定查定能力。

（3）计划能力，又叫现实能力、现有能力。这是企业在计划期内能够实际达到的生产能力，是根据企业现有生产条件和计划期内采取的相应技术组织措施，通过计算确定的现有生产能力。

上述三种生产能力反映了企业不同时期、不同生产技术组织条件下生产能力的水平。三种生产能力分别有不同的用途，其中设计能力和查定能力主要用于确定企业的生产规模、编制企业长期计划、安排基本建设规划和确定重大的技术组织措施项目，计划能力主要用于编制年度生产计划。

影响企业生产能力的因素有多种，而最基本的影响因素有三种，即固定资产的数量、固定资产的工作时间和固定资产的生产效率。

（1）固定资产的数量：是指企业拥有的可用于生产的所有机器设备数量或生产面积数量。机器设备包括正在运转、正在修理或等待修理、正在安装调试的设备。已经判定报废的、不配套的、留作备用的、封存待处理的机器设备，不列入生产能力的计算范围之内。生产面积的数量，除了计算车间的生产面积之外，还要考虑辅助面积与生产面积相配套。生产面积数量对于铸造、铆焊、装配等类车间计算生产能力有重要意义。但一切非生产用房和场地，不应列入生产面积的计算范围。

（2）固定资产的工作时间：分为制度工作时间和有效工作时间。制度工作时间是在企业工作制度的规定下，固定资产可工作的时间，它等于制度工作日数与每日制度工人生产小时数的乘积。有效工作时间是在制度工作时间扣除设备修理停歇时间后的工作时间总数。计算生产面积的生产能力时，用制度工作时间；计算设备的生产能力时，用有效工作时间。

（3）固定资产的生产效率：分为设备的生产效率和生产面积的生产效率。设备的生产效率，可以用设备的产量定额（单位设备在单位时间内的产量）来表示，也可以用产品的时间定额（制造单位产品的台时消耗）来表示。生产面积的生产效率，也有两种表示方法，即单位产品占用平方米小时定额或单位平方米小时的产量定额。

上述三个影响因素相乘的乘积，便是设备生产能力或面积生产能力。在核定生产能力时，必须正确确定固定资产生产效率的定额水平，使之先进合理，才能使生产能力保持在先进适宜的水平上。

核定生产能力，是指根据决定生产能力的三个基本影响因素，在查清现状和采取措施的基础上，对企业、车间、工段（班组）在一定时期内的生产能力水平进行计算和确定。企业生产能力的计算和查定应从基层开始，自下而上一级一级地进行，经过综合平衡，最后确定企业的生产能力。在一般情况下，首先查定班组、工段、车间等各生产环节的生产能力；然后，在综合平衡各生产环节生产能力的基础上，核定企业的生产能力。具体核算过程如下：

第一步，核算设备组生产能力，进而确定班组生产能力。其计算公式如下：

$$设备组生产能力 = 设备台数 \times 单位设备有效工作时间 \times 单位设备单位时间产量定额$$

或：

$$设备组生产能力 = \frac{设备台数 \times 单位设备有效工作时间}{单位产品台时定额}$$

在生产能力主要决定于生产面积的条件下，生产能力的计算公式如下：

$$生产面积的生产能力 = 生产面积数量 \times 生产面积利用时间 \times 单位时间单位面积产量定额$$

或：

$$生产面积的生产能力 = \frac{生产面积数量 \times 生产面积利用时间}{单位产品占用生产面积时间定额}$$

第二步，核定车间生产能力。以主要班组生产能力或最低的班组生产能力，核定为车间生产能力。如果以主要班组生产能力核定为车间生产能力，而主要班组生产能力较低时，应采取相应的技术组织措施，提高主要班组的生产能力，再以提高后的主要班组生产能力核定为车间生产能力。

第三步，综合平衡，确定企业生产能力。当基本生产车间的生产能力不一致时，以其中主导车间的生产能力核定为企业生产能力；当基本生产车间与辅助生产车间的生产能力不一致时，以基本生产车间的生产能力核定为企业生产能力。如果主导车间的生产能力高于其他基本生产车间的生产能力，采取技术组织措施后，其他基本生产车间的生产能力仍不能适应主导车间的生产能力时，企业生产能力应以薄弱环节的基本生产车间的生产能力来确定。

第二节　设备的维护和修理

设备在使用和闲置过程中会逐渐发生磨损。磨损不仅影响设备的性能，进而还将影响企业的生产。在掌握设备磨损和故障发生规律的基础上，制定科学的维护与修理的方式和方法，加强对设备的维护保养和修理，使设备经常保持良好的技术状态，是设备管理的重要内容。

一、设备的磨损与故障

设备的磨损分为有形磨损和无形磨损。设备的有形磨损，是指设备在使用或闲置过程中，由于外力或自然力的作用而使设备实体产生的损耗和磨损。设备有形磨损有两种原因：一是由于机器设备运转时，零部件产生摩擦、振动、疲劳等种种冲击现象或化学反应作用，造成机器设备的实体磨损。磨损达到一定程度，整个机器故障率高，功能下降，达不到使用的效能。二是自然力的作用或保管不善而造成的磨损，即由于金属腐蚀、生锈、橡胶与塑料零件材质的老化等原因造成的磨损，致使设备丧失精度和工作能力。设备的无形磨损，是指经济磨损或精神磨损，是由于科学技术进步而不断出现性能更加完善、生产效率更高的设备，使原有设备的价值贬值。设备无形磨损也有两种情况：一是由于劳动生产率的提高，使生产同样设备的造价下降而导致设备贬值；二是由于效率更高、性能更完善的新型设备的出现和推广，使原有设备效能相对降低，导致原设备变得陈旧而贬值。

设备的有形磨损是有规律的，一般分为三个阶段：①初期磨损阶段。在这一阶段，将零件表面粗糙不平部分迅速磨去，磨损速度快，但时间短，设计上的缺陷也会暴露出来。因此，在新设备开始运转时，要特别注意检查，及时调整。②正常磨损阶段。在这一阶段，设备的磨损速度趋于缓慢，磨损量很少，设备处于最佳状态。在设备的正常磨损阶段，要求操作者合理使用、精心保养设备，以延长设备的使用寿命。③急剧磨损阶段。在这一阶段，正常磨损已经结束，设备磨损的速度急剧加快，设备如果得不到及时修理，就可能发生生产事故。因此，要在设备急剧磨损之前安排大修理。

设备在使用寿命周期内，由于磨损和操作使用等原因，会发生这样或那样的故障。设备的故障分为突发故障和劣化故障两大类。突发故障是指突然发生的故障，具有随机性，故障一旦发生就可能使设备完全丧失功能，必须停机修理。劣化故障是指由于设备性能逐渐劣化所造成的故障，有一定的规律，发生故障的速度比较缓慢。设备故障也分为三个阶段：第一阶段为初期故障期，故障主要是设计和制造中的缺陷造成或操作不习惯引起的；第二阶段为偶发故障期，设备正常运转，故障一般是由操作失误、维护不好所造成的；第三阶段为磨损故障期，设备的零部件已经磨损和老化，使用寿命完结。

研究设备磨损与故障的规律，针对设备在不同阶段出现的问题，采取相应的对策加以解决，可以延长设备的使用寿命，提高设备利用率。在初期故障时，对设备应严格筛选，认真检查验收、试验，找出设备可靠性低的原因，及时进行调整和改进，降低故障率。在偶发故障期，应注意加强工人的技术教育，提高工人的操作水平和责任心，加强设备的维护保养，从而延长设备的有效寿命。在磨损故障期，应加强对设备的检查、监测，实行计划预修，定时更换磨损的零部件，降低设备故障率，防止和减少因设备故障造成的损失。

二、设备的维护保养

设备维护保养的内容主要是：对设备进行清洁、润滑、紧固、调整、防腐、检查等。其目的在于及时处理设备在运行中由于技术状态变化而引起的大量、常见的问题，随时改善设备的使用状况，保证设备正常运行。设备的维护保养，根据工作量大小和难易程度，可分为四个类型：

（1）日常保养。又称为例行保养，主要工作内容是：班前班后检查和填写交接班记录；擦拭设备各个部位及对各油孔注油，保持设备的清洁和润滑。设备的日常维护保养是由操作工人每天进行的一种经常性例行保养，不占设备运转时间。

（2）一级保养。其保养内容主要是紧固、清洗、润滑、检查以及部分地调整。一级保养是在专职检验员的指导和配合下，由操作工人承担的工作。一级保养和下面的二级、三级保养都是定期进行的。

（3）二级保养。二级保养的部位主要在设备的内部，包括内部清洗、润滑、局部解体检查和调整。二级保养由专职检验人员承担，定期进行。

（4）三级保养。主要是对设备主体部分进行解体检查和调整，更换磨损零件；对主要零部件的磨损状况进行测量、鉴定。三级保养由专职检修人员定期进行。

设备维护保养工作中一项重要内容是设备润滑。正确及时地对设备进行润滑，对延长设备的使用寿命、维护设备正常技术状态具有重要作用。在设备润滑管理中，目前我国许多企业实行以"五定"为内容的工作责任制，即定点（规定设备需要注油的润滑点）、定质（规定油料质量）、定量（规定润滑油消耗量和消耗定额）、定期（规定添油和换油的时间）、定人（规定人员责任）。

在设备的维护保养工作中，企业应坚持"预防为主"的原则，做到勤检查、勤调整、勤清扫擦洗，正确操作，合理润滑。这些具体工作占用生产时间不多，但对减少设备故障、延长使用寿命、节约修理费用都有很大的作用。

三、设备的检查修理

（一）设备的检查

设备检查是对机器设备的运行情况、工作性能、磨损程度进行检查和校验。通过对设备进行检查，可以全面地掌握设备的技术状况变化和磨损情况，及时查明和清除设备隐患，针对检查发现的问题，改进设备维修工作，以提高设备维修工作的质量和缩短修理周期。

（1）按照检查的时间间隔不同，设备检查可以分为日常检查和定期检查。日常检查是指操作工人每天对设备进行的检查，一般同设备的日常维护结合进行。定期检查是指在操作工人参加下，由专职维修人员按计划规定的期限对设备进行的检查。定期检查要对设备进行全面检查，以了解设备的性能和磨损情况。定期检查可以划分为年、月、旬、周检查等。

（2）按照检查的技术功能不同，设备检查分为机能检查和精度检查。机能检查是指对设备的各项机能进行检查和测定，如检查设备是否漏油、防尘性能如何、零件耐高温高压性能如何、加工性能如何等。精度检查是指对设备的实际加工精度进行检查和测定，以便确定设备精度的优劣程度，为设备验收、修理、更新提供依据。

（3）按照检查的方法不同，设备检查分为直观检查和工具仪表检查。直观检查是指用人的感觉器官进行检查。工具仪表检查是指利用一定的检测工具或仪器仪表进行检测。运用科学的先进的仪器仪表，能够更全面准确地掌握设备磨损、老化、腐蚀的部位和程度。

近年来，在设备检查的基础上又发展了一种新方法，称之为设备状态监测和故障诊断技术。这种方法是利用仪器仪表，对设备的运行状态进行跟踪监测，对设备故障进行早期诊断，准确掌握设备的具体情况。通过这种科学方法，把设备以时间为基础的定期维修方式，逐步改变成以实际技术状态为基础的预知维修方式，依据设备的实际运行时间和实际状态，采取相应对策，从而避免盲目拆卸给设备带来的损伤，或因故障停产而造成经济损失，使设备从静态管理发展到动态管理。

（二）设备的修理

设备的修理，是指修复由于正常的或不正常的原因而造成的设备损坏和精度劣化，通过修理更换已经磨损、老化、腐蚀的零部件，使设备性能得到恢复。

目前，我国工业企业比较普遍实行的设备维修制度有计划预防修理制度、保养修理制度、预防维修制度和全员生产维修制度。各修理制度分述如下：

1. 计划预防修理制度

计划预防修理制度简称"计划预修制"，是我国从20世纪50年代开始普遍推行的一种设备维修制度。它的基础是设备的磨损理论和规律。它是有计划地进行维护、检查和修理，以保证设备经常处于完好状态的一种组织技术措施。计划预修制主要包括日常维护、定期检查、计划修理的内容，以及计划修理方法和修理的定额标准。

按照对设备性能的恢复程度，计划修理可分为小修、中修和大修。

小修是对设备进行局部的修理。小修通常只需修复、更换部分磨损较快和使用期限等于或小于修理间隔期的零件，调整设备的局部机构，以保证设备能正常运转到下一次计划修理时间。小修要对拆开的零件进行清洗，设备外部要全部擦净。小修一般在生产现场由车间专职维修工人执行，其费用计入生产费。小修之后，由车间机械员、维修工人和操作工人共同检查验收。

中修是对设备部分解体，修理或更换部分主要零件和基准件，主要更换件一般为10%～30%。同时要检查整个机械系统，紧固所有机件，消除扩大的间隙，校正设备的基准，以保证设备能恢复和达到应有的标准和技术要求。中修后要求恢复设备规定的精度、性能及功率，对机床的非工作面要打光后喷漆。中修的大部分项目由车间的专职维修工人在车间生产现场进行，个别要求较高的项目可由机修车间承担。设备经中修后，设备管理部门和质量管理部门要组织车间机械员、主修工人和操作者，根据中修任务书的规定和有关要求，共同检查验收。检查合格后，由中修质量检查员在检修任务书上签字，由工艺施工主修人员填写设备完工通知单，并由送修与承修单位办理交换手续。中修费用由生产成本开支，列入当月车间的制造费用。

大修是指机器设备在长期使用后，为了恢复原有的精度、性能和生产效率而进行的全面修理。大修需将设备全部拆卸分解，进行磨削刮研，修理基准件，更换或修复所有磨损、腐蚀、老化等已丧失工作性能的主要部件或零件，主要更换件一般达30%以上。设备大修一般可拆离基础送往机修车间修理。设备大修后的技术性能，要求能全面恢复设备的工作能力，达到设备出厂精度或行业设备修理精度检验标准。外观要求全部打光，刮腻子、刷底漆和喷漆。设备大修后，设备管理部门和质量管理部门应组织使用与承修车间有关人员共同检查验收。检验合格后，由大修质量检验员在大修技术任务书上签字，由工艺施工主修技术人员填写设备修理完工通知单，由承修单位进行安装、调试、移交生产，并由送修单位与承修单位办理交接手续。设备大修上固定资产的局部再生产，是对损耗的固定资产进行部分补偿，它的支出应小于重置固定资产所需的费用。大修费用数量较大，应按递延费用处理，在大修间隔期内分两期平均摊销。

计划预修制的计划修理方法有：①标准修理法，又叫强制修理法。这种方法对设备的修理日期、类别和内容都预先制订具体计划。不管设备运转中的技术状况如何，都严格按计划规定执行修理。②定期修理法。这种方法是根据设备实际使用情况，参考有关检修周期，制定设备修理工作的计划日期和大致的修理工作量。确切的修理日期和修理内容则是根据每次修理前的检查情况再详细规定。③检查后修理法。这种方法事先只规定设备的检查计划，根据检查的结果和以前的修理资料，确定修理的日期和内容。

计划预修制的修理定额标准大致有修理周期、修理间隔期、修理周期结构、修理复杂系数、修理劳动量定额和修理费用定额等。

修理周期，是指相邻两次大修之间机器设备的工作时间。修理间隔期，是指相邻两次修理之间机器设备的工作时间。修理周期结构，是指在一个修理周期内，大修、中修、小修（有时还包括定期检查）的次数和排列次序。例如，重量在10吨以下的轻型金属切削机床的修理周期和修理周期结构如图6-1所示：

图6-1 1-2-6修理周期结构

此结构图可称为1-2-6修理周期结构，即由一次大修、二次中修、六次小修组成的设备修理周期结构。

修理复杂系数，是指用来表示不同机器设备的修理复杂程度，计算修理工作量的假定单位。机器越复杂，修理复杂系数就越高。通常选择C620普通车床作为标准，将其修理复杂系数定为10，其他机床的复杂系数都与标准机床进行比较而确定。

修理劳动量定额，是为完成机器设备的各种修理工作所规定的劳动量标准，通常以完成一个修理复杂系数的大修钳工为40小时，机加工为20小时，其他工作为4小时，总工时为64小时。

处理费用定额，是规定一个修理复杂系数的大修费用定额，不同时期的费用定额有所不同。

2. 保养修理制度

这是一种由一定类别的保养和一定类别的修理所组成的设备维修制度。这种制度首先是在交通运输的汽车运输设备中推行的，后来扩展到金属切削机床等设备。设备保养修理制度的主要内容和措施是日常保养、一级保养、二级保养和计划大修。这是一种有计划进行三级保养和大修理相结合的保养修理制度。

3. 预防维修制度

这是我国从20世纪80年代开始，逐步研究、形成和推广的一种设备维修制度。它的基础是设备的故障理论和规律。其设备维修方式主要有：

（1）日常维修，即对设备进行检查、清扫、调整、润滑、更换、整理等。

（2）事后维修，也称故障维修，是指对非重点设备在发生故障后再维修，以节省维修费用。

（3）预防维修，是指对重点设备以及一般设备中的重点部位进行预防性维修。

（4）生产维修，是将事后维修与预防维修相结合的维修方式，对非重点设备采用事后维修，对重点设备采用预防维修。

（5）改善维修，是指结合修理进行设备的改装、改造。

（6）预知维修，也称预防维修，是指在设备监测技术基础上针对性很强的维修方式，一般对重要高精尖设备进行监测、预报、维修。

（7）维修预防，是指在进行设备设计、制造和选择时，就考虑设备的无故障和维修原则，提高设备的可靠性和维修性。

4. 全员生产维修制度

这是日本企业普遍实行的一种以提高设备的综合效率为最高目标，建立以设备一生为对象的生产维修系统，实行全员参加设备管理的生产维修制度。它的中心思想是"三全"，即①全效率。企业的产量、质量、成本、交货期、安全卫生、工人生产情绪等综合效率应达到最高水平，而维修费用最少、最经济。②全系统。要求从设备的一生即设计、制造、安装、调试、使用、维修、更新及报废等全部过程考虑加强管理，提高价值，减少损失，降低费用，以提高企业生产效率。③全员参加。从企业最高领导，到设备设计、制造、使用、维修人员和第一线工人，全体人员都来参加设备管护工作，并承担一定的职责。

全员生产维修适用于设备修理的所有维修方式，特别强调操作工人执行设备的点检制度，包括日常点检、定期点检和专题点检等。日常点检每日由操作工人按规定内容进行，一般用于重点设备，如大量生产流水线上的设备，精、大、稀设备，动能发生设备，受压容器等。定期点检由维修工靠感官感觉及仪器来完成对设备的检查，点检周期一般在一个月以上。专题点检是指点检周期不定，由维修工靠五官感觉及仪器完成对设备的检查。

全员生产维修强调"保护重点，照顾一般"的原则要求，区别不同设备的重要程度，划分重点设备，对重点设备实行重点管理、监测、维护修理等对策和措施，使企业有限的维修资源发挥更大的作用。

全员生产维修特别强调精神作风保证，要求严格推行生产现场管理中的整理、整顿、清扫、清洁、素养等五项活动，从企业的精神面貌、工作作风上保证全员设备管理的贯彻执行。

四、车间班组的设备管理和维护工作

车间班组处于企业生产第一线，直接担负着对机器设备的管理、使用和维护的责任和任务，要切实做好设备管护的具体工作。

（1）严格贯彻执行有关设备使用保养的规章制度，包括定人定机使用保养制度、设备润滑管理"五定"（定员、定质、定量、定期、定人）制度和设备操作规程及维护保养细则等。机器设备的定人定机使用保养和润滑管理是设备管理与维护的基础。要组织生产，人和设备之间必然产生种种关系，如操作、管理、检查、修理、维护保养等。而每台机器设备都有严格的操作规程和维护保养细则，为设备使用维护提出明确的要求。它是指导工人操作、维护保养和检修设备的技术法规。正确和严格执行这些法规和制度，是保证设备合理使用的重要条件，是车间管理人员、班组长、机台长和操作工人的基本职责。

（2）组织工人搞好应知、应全以及"三好四会"的学习和培训。现代机器设备具有机能高级化、结构复杂化、操作连续化和自动化等特点，要求操作者掌握多种技术理论和操作技能。车间班组要采取各种切实可行的形式，组织工人学好有关部门制定的技术等级标准中应知应会的内容，同时做好设备使用和管理的"三好四会"（管好、用好、修好，会使用、会保养、会检查、会排除故障），提高设备的管理水平。

（3）明确生产班组在设备维护与保养方面的责任和权利。班组各机台和生产工人要保证做到不因操作错误和润滑不良而引起设备故障；要认真执行设备日常点检和加油；要保持机器设备清洁、整齐以及文明生产；要确保设备安全以及生产安全；要管好、用好设备，确保完成生产任务；要大力协助维修部门搞好设备维护保养和修理工作；要组织职工努力学习和熟练掌握有关设备的操作方法，不断提高全班组职工的技术熟练水平。

（4）班组长要认真履行对班组设备管理与维护的职责。①组织本班组成员认真执行设备管理与维护制度，如设备操作规程、定人定机使用保养制度、设备润滑管理制度、设备交接班制度等。②督促本班组成员按设备管理规定管好、用好设备，使设备经常处于良好的技术状态。③组织本班组成员按规定对设备进行保养和点检工作，对查出的问题应协助维修部门进行消除；组织有关成员积极配合维修部门搞好设备预检、抢修及修后调整验收。④经常同本班组工人和设备员研究分析本班组设备现状、事故和定人定机的执行情况，发现问题及时协助车间主任和维修部门解决。⑤带领本班组成员按设

备维护消耗定额合理使用油料和擦料,保管好润滑工具,督促操作者按润滑"五定"及时润滑设备。⑥组织本班组老工人向新工人传授设备的合理使用和维护保养的经验,共同做好设备管理和维护工作。

(5) 严格要求和检查职工做好设备交接班工作。①交班人员要做好设备的清洁、润滑工作。②交班人员要检查设备各部位,发现不正常情况要及时处理,不能处理的要将运行情况作记录,交代清楚后才能离开机床。③接班人员应提前10分钟上班,认真查看交班记录,检查设备运转和润滑情况,确定设备正常以后才能进行操作生产。发现不正常情况,要及时向班组长或设备安全员反映。④单班次生产的设备,在下班前要关闭气、电、水、汽的开关和阀门,并将设备清扫干净。

第三节 工具的分类和管理

一、工具的分类和编号

工具有广义的概念和狭义的概念。广义的工具概念,是指政治经济学中所说的劳动工具,它的创造和应用是人类脱离动物界的决定性条件。这里所说的劳动工具,包括机器设备和工艺装备及其技术资料。狭义的工具概念,是指现代工业企业生产过程中所使用的工艺装备,更具体是指为完成产品及其零件的工艺加工,在各道工序上所使用的刀具、量具、夹具、模具、磨具、辅具、五金工具、木工工具、机动工具等加工工具。工艺是工具的技术基础,而工具则是保证工艺实践的必要物质条件,是保证产品优质高产的重要手段,所以工具通称为工艺装备。

企业的工具有如下不同的分类:

(1) 按使用标准分为标准工具和非标准工具。标准工具是指普遍使用的符合国家标准的工具。标准工具一般都是外购的,所以也叫外购标准工具。标准工具还细分为二类机电产品和三类机电产品。二类机电产品为刀具、量具、磨具类,按国家标准选购。三类机电产品为五金工具类,按地区工具目录选购。非标准工具是指国家标准工具中没有,而产品加工工艺要求又必须要用的自行设计、制造的工具,因此也叫自制非标准工具。由于非标准工具的品种多,为了控制其品种不必要的增多,以便于制造和供应,又将自制非标准工具细分为厂标和专用非标两类。

(2) 按使用性质分为一级工具和二级工具。一级工具属于专用工具,是用于直接加工基本产品的外购标准工具和自制非标准工具,按工具清单所规定的品种和消耗定额所规定的数量来组织供应,其价值直接摊销到基本产品成本之中。二级工具属于通用工具,是用于加工辅助产品的外购标准工具和自制非标准工具,按生产实际需要组织供应,其价值摊销到辅助产品成本之中。

(3) 按使用用途以"十进位"的方法,把全部工具分成类、种、组、项、型。就是把五金全部工具分成十类,每类十种,每种十组,每组十项,每项十型。例如,十类工具为:①切削工具;②量具;③磨具;④冷冲模;⑤热冲模;⑥模具;⑦金属模、压模；⑧锻工工具；⑨钳工装配工具；⑩辅助工具。其中，切削工具类分为刀等十种，切刀种分为车刀等十组，车刀组分为光车刀等十项，光车刀项分为直头右偏刀等十型。每样具体工具再用字母法或综合法，按类、种、组、项、型的代表数字给予具体编号。例如直头右偏刀的编号为1121。

二、工具管理的性质和特点

工具管理就是用合理的组织和严密的管理，建立健全各类工具的正常供应、使用、维修、磨锋以及回收、修复、利用等工作秩序，使各类工具经常处于良好的技术状态，按质、按量、按期，不间断地保证工具供应，合理储备，降低消耗，为生产服务。

工具管理要按照一定的科学管理秩序，把工具管理的各方面业务工作有机地联系起来，使工具在设计制造过程、选购过程、流通过程、耗损过程协调一致，保证工具供应，保证产品加工质量，提高产品生产效率，减少消耗，降低成本，提高工具使用的经济效益。工具不同于一般物资，它的特点是在使用过程中逐渐耗损，而在未完全耗损前必须保持其良好的技术质量状态。因此，工具管理具有自身的技术性、专业性和完好性的特点。所谓技术性，是指工具管理从其设计制造、选购、使用都有很强的技术性，非一般人员所担负得起，必须有较高技术水平和技术等级的工程技术人员和熟练工人才能将工具设计制造出来和选购回来，并正确使用于产品生产。所谓专业性，是指工具的制造和管理都是很专业性的工作。工具多是专业厂家或专业人员设计制造出来的，其管理也不同于一般物资，而是由内行的专业技术人员和技术工人去进行维护管理和修理的。所谓完好性，是指工具管理的重要任务就是维护和保证工具的完好状态，不允许将有任何损坏程度的工具投入生产使用，否则将造成不可挽回的质量事故或安全事故。可见，工具管理虽然也有一般物资管理的某些特色，但更有其不同于一般物资管理的明显特点，它不属于物资管理而属于技术管理的重要内容。工具管理是企业管理的组成部分，在企业的生产过程中是生产技术准备的关键环节，属于技术管理的范畴和性质。工具管理状况的好坏，直接影响企业技术水平的高低和生产能力的大小，对产品质量和生产效率影响极大。

三、车间工具管理的任务和内容

车间工具管理是整个企业工具管理的主要组成部分。生产工具主要在车间及其班组使用，因此车间是合理使用工具、延长工具使用寿命的基本落脚点，工具管理的任务、内容及其主要技术经济指标也要到车间落实。车间工具管理的具体任务，是组织车间职工按工艺文件规定，正确合理地使用工具；认真贯彻工具管理有关规章制度和工作程序；严格执行工具磨钝标准和消耗定额；积极提出改革工具的建议和方案，大力推广先进工具；采取及时有效的措施降低工具消耗，创造有利条件使车间各工位在用工具保持良好的技术质量状态；通过对工具的具体管理，把有关指标具体落实到班组和个人，使车间工具不仅得到合理使用，而且得到良好的维护、修理和保管，充分发挥工具在生产中的效能和作用。

根据车间工具管理的具体任务，其主要管理内容为：

（1）组织工具的合理使用。合理使用工具的标准是认真贯彻执行工艺文件，严格遵守工艺规程，切实执行工具磨钝标准和消耗定额，定时更换工具，防止工具过度磨损，这样做既有利于保证产品质量，又有利于保证工具供应和降低工具消耗。

（2）组织车间在用工具的合理保管、保养和维护修理，使车间工具得到整洁合理的放置，达到工具定置管理的标准，账实相符，干净整齐，取放方便，保证工具使用合格和技术质量状态优良。

（3）组织车间班组和个人管理好、使用好各种工具，降低工具的损坏和消耗。要根据专业管理所提供的统计资料和消耗定额，向班组和个人下达工具消耗的考核指标，严格控制和处理超消耗工具，对于已出现的工具事故要进行深入分析，并采取相应措施，以防止事故再次发生。同时要协同专业管理部门研究降低本车间工具消耗的具体措施，切实降低各班组、机台的工具消耗。

（4）组织车间人员积极提改革工具的合理化建议和改革方案、革新措施，大力鼓励和支持工人改进工具的尝试和钻研活动，对成功有效的工具改革方案要及时向厂部有关管理部门申报考核鉴定，对经过鉴定和批准的革新工具要积极推广使用，对改革工具的有功人员要及时申报奖励和宣传表彰。

（5）车间应主动争取专业管理部门的配合和协调，组织建立一套结合本车间实际情况的工具管理的科学秩序和有效办法，保持车间工具管理的科学性和有效性，不断提高工具管理水平。

四、工具的领用和保管

车间所有工具必须按规定的手续进行领用或借用。对领用或借用回来的工具，要有专人分工保管，做到账、卡、物相符。工具箱内的工具要做到分类保管，合理摆放，做到不磕碰、不变形、不生锈、不乱套。在用工具要放在适当位置，防止不必要的损坏或丢失，符合工具保管和保养的条件。各项具体要求和办法如下：

（1）个人用的常用工具，如五金工具之类，按工种常用工具配备目录和经验统计数配发，使用者持"常用工具手册"到工具库领取。工具达到使用极限，即不能再使用时以旧换新；未达到使用极限而交回时，不管什么原因都需办理报损手续。

（2）公用工具。车间公用工具由车间工具库保管，使用者可到工具库办理借用手续方可使用。班组公用工具由班组专人兼职保管，由兼职保管人员持班组"常用工具手册"到工具库领取，并按班组公议的管理办法管理使用。

（3）同一台机床有两个人以上进行操作者，对于该机床所常用的工具，由本机台人员共同推选一人保管，或轮班保管使用。

（4）机床随带的工具，在机床到来后，由机床管理者、工具管理者、使用者或调整验收者三方面开箱验收，按机床说明书所注，属于工具的由工具库收回，让使用者持"常用工具手册"办理领用手续。

（5）大型模具，由专业管理人员管理，并记入卡片、台账，工位上有关使用人员要保养、管理好模具。

（6）一次性耗损的工具，如砂轮、手用锯条、手锤木把等，采取正常耗损以旧换新的办法。

五、工具的使用和报损

工具的使用即是对产品的加工。对于产品加工的每道工序，应使用什么工具，在工艺文件上都有明确的规定。必须按工艺文件的规定和工具使用的规定，去正确选用工具和使用工具。

（1）工具的使用必须严格遵守工艺要求，按工艺文件和操作规程所规定的工具和加工条件进行安装、调试和加工，严禁工具串用或作他用。

（2）切削工具要严格按磨钝标准、更换时间或加工零件数进行及时换刀，防止工具过度磨损，未经允许不准私自改刀和磨刀。对于精密贵重工具，要固定人员使用。

（3）量具要专人保管，定点使用，严禁私自外借或作他用，并且要进行周期鉴定和强制调换。

（4）夹具做到班前检查、加油和调节；班中合理使用，经常清理，保持润滑；班后及时进行清扫和擦洗。

（5）金刚石工具按磨具一览表规定的使用点，定机床配备，不能相互串用，更不能以小钻石修大砂轮。下班后要及时卸下金刚石工具，妥善保存，严防丢失。

（6）冲模锻模使用以生产日计划及工作传票为依据。凡使用后的模具，必须进行清理和擦净，并根据最后加工零件的质量和冲模技术状态，决定退库或返修。

（7）对于非正常报损工具，要填明原因，经有关人员签字后，按手续领取合格工具。在发生工具非正常连续损坏、贵重工具损坏、夹模具事故时，要保护原有工作现场，及时进行现场分析，采取有效措施，防止类似情况继续发生。

（8）工具丢失或违反工艺、管理不善、责任心不强等造成财产损失，情节严重者，按工具赔偿制度处理。对于爱护工具、节约工具、革新工具等有显著成绩者，应进行表扬和奖励。

六、工位工具管理

工位上在用工具的管理是车间工具管理的基本内容。这部分工具对产品质量的影响很大，其中有刀具、量具、夹具、辅具、模具、五金工具等。

工位工具的管理组织形式主要有：

（1）常用工具。每天都需要使用、日使量在50%以上的品种为常用工具，多属五金工具和量具。按工种配给，其用量一般每种只配一件。由使用者直接到工具库领取，使用者以手册为账，工具库以卡片为账，两个账必须相符。工具库按使用期定时到工位更换。量具则要凭借条借用，以便进行周期检定，可不记入手册内。

（2）公用工具。公用工具分为小组公用工具、同台机床公用工具、同条流水线公用工具。月用量在35%左右的品种即为公用工具。其用量一般每种只配一件。由负责分管的使用者凭手册到工具库领取，工具库经管人员定期进行检查和更换。

（3）专用工具。专用工具主要是指夹具、辅具之类的品种。固定于某一工位上使用，由负责分管的使用者用手册领用，工具库或修理人员随时检查和按周期检修。若用量大且又是关键工序使用，只有一个使用点的，应准备一套备用量；有几个使用点的，则按用量大小准备20%～50%的备用量。备用量由专业库经管,以便检修或防止因突然事故而避免停产。

(4) 临时借用工具。这是一种规则性不大的工具,是批量和单件小批生产单位所采用的使用工具的形式。由使用者凭工具牌或借条到工具库借用,用后及时交回工具库保管。工具库要按产品加工总系列的特点来准备这类工具,作为工具库的库存流动借用量来核定其品种。工位用量一般占库存流动借用量的30%左右。

(5) 定时更换的工具。这主要对成批大量流水线生产的单位,有固定的使用点和使用量,有消耗定额和磨钝标准,按其使用情况配成一个单一的工具中心,由使用者按配套清单到工具库领取,工具库按定额时间进行定时更换。对这类成套工具,一般还要按工艺文件所规定的品种,在工位上保存一套,以便到定额时间及时更换。

以上为工位工具管理常用的组织形式。无论采取哪几种形式,都必须做到:①有人负责经管;②有必要的工位器具;③有账而且账物相符;④都是合格品;⑤技术质量状态良好;⑥领、借、配手续完备;⑦公用的有管理办法;⑧严格执行工艺规程;⑨认真贯彻磨钝标准;⑩严肃执行消耗定额。

七、班组工具管理

班组的生产性质各不相同,有毛坯加工的,有机械加工的,有热加工的,有冷加工的,所采用的工具不同,工具管理的使用要求也有所不同。这里仅就一般情况对工具管理提出五点共同的要求:

(1) 工具的领用和借用。要根据工艺部门制定的工艺文件和工具一览表、夹模具明细表、磨具一览表等所规定的工具图号、名称、规格、使用点和数量,按规定的手续进行领取和借用。

(2) 工具的妥善管理。班组内所有的工具要做到有物有账,有专人分工保管,有交接班制度。工具箱内工具要做到分类保管,合理摆放,账物相符,不磕碰、不变形、不生锈。在用工具要放在适当位置,防止不必要的损坏或丢失。个人常用工具也要求各人妥善保管,以防损坏丢失。

(3) 工具的合理使用。遵守工艺,严格按照标准操作规程所规定的工具和加工条件进行安装、调整和加工,严禁工具串用或作其他用途。严格按磨钝标准、更换时间或加工零件数进行及时换刀,防止工具的过度磨损,未经允许不准私自改刀和磨刀。在发生工具非正常连续损坏、贵重工具损坏、夹模具事故时,要保护事故现场,通知工艺员、技术监督工长、调整工、工段长、班组长等有关人员进行现场分析,采取有效措施,防止类似情况继续发生。

(4) 工具的报损处理。按规定手续填写工具报损单,分清正常报损与非正常报损。对非正常报损要填明原因,经有关人员签字后,按手续换取合格工具,严格贯彻夹模具事故分析报告制度。

(5) 工具的赔偿与奖励。工具丢失或因违犯工艺、管理不善、责任心不强等造成财产损失,情节严重者按工具赔偿制度处理。对于爱护工具、节约工具、革新工具等有显著成绩者,进行表扬和奖励。

八、工具的合理使用

工具管理的最终目标是提高企业经济效益，而其最直接的目的是促进工具的合理使用。企业生产工具的合理使用，要做好以下四个方面的工作：

（1）严格按工艺文件规定使用工具。在企业生产中，对于产品加工的每道工序应使用什么工具，在工艺文件里都有明确的规定。工具供应就是按照工艺文件所规定的品种和消耗定额所规定的数量来组织供应的。对于成批大量流水生产，在工艺文件中不仅规定所用的工具品种，而且还规定吃刀量、走刀量和切削速度，并要求认真按这些技术数据来使用工具。因为计算刀具的磨钝标准时是考虑到这些基本参数的，如有改变，必须同工艺人员和工具技术管理人员研究，通过科学试验来选择最佳参数。对于工艺文件中规定的定点使用的工具，也不能随便使用另外使用点的工具来代用，因为每个使用点的所用工具都是按其使用点和使用量与消耗量来计算的，用量和备用量也是以此为主要参数来计算的。如果随意代用工具，必然造成工具的积压与脱供，更严重的是影响产品加工质量。若确有改代工具的必要，首先要与工艺人员研究、申请更改工艺文件，主要是要更改工艺文件中的工具清单，这样才能使各方面有所准备和安排，不致造成不良的后果。因此，按工艺文件规定使用工具是合理使用工具的技术基础。

（2）积极发挥工具使用者的主观能动性。首先要提高工人的主人翁责任感，努力学习，自觉爱护工具。因此要加强工人的技术业务学习，掌握所用工具的性能和合理使用工具的基本知识，以及对工具管理的技术业务知识。其次要进行考核，主要考核每个工具使用者消耗工具的指标，按产品的生产任务和工具消耗确定月消耗数额，其中重点考核非正常消耗，特别是属于使用者自身责任部分的非正常消耗；同时也考核总消耗，以此促进每个工人正确合理地使用工具。最后要发动职工提合理化建议和搞技术革新，积极改革工具。通过开展技术革新活动，不但提高工具的技术水平，同时也促使工人爱惜自己的智力创造成果，进而推展到对所有工具的合理使用。可以说，发挥工具使用者的主观能动性是合理使用工具的思想基础。

（3）认真贯彻执行工具管理的规章制度，尤其是工具报损制度、使用制度、保管制度、工位工具管理制度、工具使用规程等，不允许任何违反规章制度而不受惩罚的现象存在，这是合理使用工具的制度基础。

（4）努力消除工具不正常消耗的因素。工具使用必然有消耗，但有正常消耗和非正常消耗。工具管理中要认真找出非正常消耗的影响因素，采取措施，有针对性地清除这些因素，使工具消耗控制在工具合理使用的正常消耗之内，提高工具管理和使用的水平。

第四节 工具的供应和消耗

一、工具的供应

工具的供应有两方面的渠道：一是标准工具原则上组织外购；二是非标准或专用工

具组织自制。此外,还有工具的修复和磨刀。大多数企业的工具供应采取集中统一组织供应的形式,也有的企业采用集中统一供应为主、分散组织供应为辅的形式。对外购标准工具和磨具采取集中统一供应,由工艺部门根据产品工艺加工所需,向工具管理单位分别提出一级工具和二级工具的需用品种,一级工具严格按工具清单配给,二级工具则由工具管理单位按需要逐步补充。对自制非标准工具采取集中统一组织供应和分散组织供应相结合的办法。具有本厂内通用性质的刀量具、夹辅机具、冲模等工具,按计划供应和订货供应。专用性的锻模、金属模、拔丝、冷镦、冷挤压模、压铸模、合金模等,由各专业分厂(车间)自制自供。

厂中心工具库负责接收、保管和向各车间发放工具。车间工具分发库根据限额卡片领取和保管本车间必需数量的工具,并向各工作地发放工具,同时还负责收集废旧工具上交中心库或送去修理。大车间可建立工具集中磨刃和修理间。

二、工具的供需平衡

工具供应的关键在于供需平衡。供应与需要之间的不平衡是经常发生的,而且往往是供应满足不了需要。由于工具供应满足不了需要而影响生产,这是绝对不能允许的。因此,必须及时、准确地采用科学方法把供需不平衡的差数计算出来,然后采取有效措施,解决不平衡的具体问题。在工具供需平衡中,供需平衡率是工具供应的核心,是这个核心推动着工具供应工作,促使整个工具管理工作的有机运转。

车间工具管理对工具供需平衡率影响很大,是提高供需平衡率的基础。从整个工具管理的角度来看,整个工具管理工作搞好了,可以提高20%以上的供需平衡率,反之就会降低20%以上的平衡率。企业工具供需平衡与否的关键是车间工具的非正常消耗和超消耗定额与实际消耗之差也在15%左右,这是在制订工具供应计划时应考虑到的问题。如果消耗定额与实际消耗之差超过15%,就会产生工具供应的严重不平衡。所以车间要想尽办法来降低工具消耗,特别是降低非正常消耗,确保不超消耗,以促进工具供应的平衡,降低生产成本。

为了搞好工具的供需平衡,必须及时掌握工具采购和生产情况,加强对工具供应信息的管理。工具供应信息管理,就是使供需之间的情况及时而准确地交流,采取措施,以便在供需之间不平衡的情况下也能有效地保证工具供应。工具供应信息包括对外和对内两大部分,生产车间是内部供应信息的基础。在当前新产品不断出现的情况下,内部信息是至关重要的,因为制造新产品所需的大量非标准工具是企业自制的,成为工具供应的主流。生产车间在工具供应信息管理中,主要把工具在使用过程中所出现的影响供需平衡的情况,如非正常消耗和超消耗的情况,及时而准确地报告给工具管理部门,同时协同工艺、工具管理人员采取相应措施,解决工具供需不平衡的问题,以保证车间生产顺利进行。

三、工具的消耗

企业生产必然要使用工具,在生产过程中形成工具消耗是理所当然的。但工具消耗有正常消耗与非正常消耗之分,我们要采取各种措施消除或减少非正常消耗和超消耗,降低正常消耗和不正常消耗。所谓正常消耗，是指工具按磨钝标准正常磨损，达到消耗定额所定的耐用度，一直使用到磨损极限，达到总的使用寿命要求的工具消耗。所谓非正常消耗，是指工具未达到总的使用寿命而中途损坏者的工具消耗。造成企业工具非正常消耗的原因，主要有以下方面：

（1）工具使用不正确，违反操作规程和使用要求。

（2）由于粗制滥造，工具质量不好。

（3）磨修质量不好。主要是刀具类，在反复磨修中达不到质量要求。

（4）修理质量不好。主要是夹模具和量检具，不及时检修或修理质量达不到要求。

（5）机床设备失灵。由于机床设备性能不好或出事故致使工具损坏。

（6）夹辅具质量不好。由于夹辅具制造质量和检修质量不好，造成相配套使用的工具损坏。

（7）工具设计有问题。所设计的工具结构陈旧、不合理，达不到优质、高效、长寿的要求。

（8）工艺安排不合理。在产品加工顺序和切削参数的确定，以及对工具的选择等方面不适合而造成工具损坏。

（9）产品材料有问题。往往是在代用材料上出现硬度高、余量大、切削性能不好，所用工具结构和几何参数不适于加工而造成工具报废。

（10）工具保管不良。生锈、磕碰、变形、变质，致使工具中途报损。

（11）行政指挥有问题。为了单纯地完成某批生产任务，不管工具的使用合理与否，下令使用，致使工具报废。

（12）工具维修不善。当更换的工具不更换，当修理的不修理，致使工具过早报损。

为了搞好工具供应的平衡，确保均衡生产，必须深入生产现场进行分析研究，采取切实有效的措施消除工具非正常消耗的因素，并降低工具使用的各种消耗。车间使用的工具都是按定额和限额来供应的，所谓降低消耗，就是不超过定额和限额，而且应努力做到实际消耗低于定额。但是按科学程序制定的先进定额不易降低，必须进行综合性的技术组织工作。

从车间工具管理的角度来看，车间对于降低工具消耗的措施主要有：

（1）组织工人认真学习工具的技术知识，正确合理地使用工具和爱护工具。

（2）组织班组和工人认真管理与保养工位在用工具。

（3）严格要求和监督工人贯彻执行磨钝标准和消耗定额，切实防止超标准和超消耗现象。

（4）把工具消耗指标具体分解落实到班组、机台和个人，实行岗位责任制和经济责任制。

（5）加强工具使用信息反馈，督促工具专业管理单位及时更换、磨修、修理、检定工具。

（6）协助工具专业管理人员对工具非正常消耗、超消耗的分析处理，以及采取相应的措施。

（7）主动报告和督促工艺设计人员，合理选择和设计加工工具，并修改工艺文件的工具清单。

（8）主动联系机修部门，督促做好机床设备的维护修理，以保证机床设备的良好技术状态。

（9）加强工人思想教育和纪律教育，要求工人严格贯彻执行工艺规程和工具管理制度。

（10）发动和组织职工大力开展技术革新和技术革命，不断改革工具，推广先进工具。

四、工具消耗定额

生产车间要使生产正常化，按计划组织均衡生产，就必须使所用的工具有节奏地、不间断地、及时而准确地供应。而要做到这一点，前提是首先要求车间及其班组和工人在工具管理方面认真贯彻执行工具消耗定额。工具消耗定额的主要作用在于：①是确定工具供应量和需用量的依据；②是编制工具计划、组织采购和自制工具的依据；③是核定工具各项技术经济指标的基础；④是测定降低工具消耗水平的主要尺度；⑤是衡量工具管理水平的主要标志。

车间在贯彻工具消耗定额中，首先应了解工具磨钝标准。所谓磨钝标准，主要是对刀具而言的，是指工具一次使用的最佳磨钝程度。超过这个磨钝程度会造成一系列不良后果：①降低刀具使用寿命；②增大磨修量，影响刀具质量；③影响机床设备和配套工具的性能；④影响产品质量，甚至造成产品报废；⑤影响工具的供需平衡；⑥影响工具消耗定额的准确度。磨钝标准主要依靠车间来贯彻执行，但车间的工具使用者在执行磨钝标准中，是通过刀具所使用时间或加工零件的数量来控制的，因此，磨钝标准又是制定刀具消耗定额的技术基础。

车间工具管理是以工具定额为依据的，因为车间所用的工具是按定额供给的，换刀的时间也是按定额所定的工具"耐用度"来更换的。工具若不到耐用度就磨损了必有其特别原因，车间对此要加以分析，并采取可能采取的措施。若到达耐用度尚未达到磨钝标准，说明该工具提高了寿命而又降低了消耗，也要进行具体分析，以便总结经验，加以推广，并进一步把消耗定额搞准确。车间在贯彻工具消耗定额中，特别要注意把住超消耗这个关口，一旦出现超消耗应立即深入进行分析，并采取有效措施进行制止和纠正，否则将会造成工具供应脱节而影响生产。车间及其班组处于生产第一线，最了解生产现场工具消耗的情况，无论是出现工具使用超耗、非耗还是降耗，都应十分重视，并及时与工具管理专业部门取得联系，报告情况，共同分析研究，总结降耗的经验和技巧，分析超耗、非耗的原因和教训，不断改进工具管理，不断提高工具利用水平，让工具更好地为企业生产经营服务。

【复习思考题】

1. 设备管理包括哪些主要内容？
2. 企业应怎样正确选择设备？

3. 企业应怎样合理使用设备？
4. 怎样核定企业的生产能力？
5. 简述设备磨损理论和磨损规律。
6. 设备维护保养有哪些类别？
7. 简述计划预防修理制度的修理类别和修理方法。
8. 全员生产维修的中心思想是什么？
9. 车间班组应怎样做好设备管护工作？
10. 简述设备使用管理"三好四会"的具体内容。
11. 企业的工具怎样进行分类？
12. 工具管理的特点和性质是什么？
13. 车间工具管理的主要内容是什么？
14. 车间工具使用有哪些具体安排？
15. 工位工具管理有哪些具体形式？
16. 怎样做好班组工具管理？
17. 在生产中怎样做到工具的合理使用？
18. 怎样发挥车间在工具供需平衡中的作用？
19. 什么叫工具磨钝标准？它在工具消耗定额中起什么作用？

第九章　车间生产现场管理和清洁生产

生产现场是出产品、出人才的地方，无论是计划经济时期还是市场经济时期，我国的企业都十分注重生产现场管理。现代企业生产现场管理涵盖面已大大加宽，管理上有了更多的要求，管理方法也有了许多新的改进。而清洁生产是实现社会生产可持续发展的先决条件，是企业改善环境、保持竞争力和利润的核心手段。

第一节　生产现场管理的任务和内容

一、生产现场管理的特点和意义

（一）生产现场的含义及特征

生产现场一般是指企业围绕经营目标的实现，通过管理，实现生产要素的合理组合和生产过程的有机转换的场所。更简明地说，生产现场是指从事产品制造或提供生产服务的作业场所。按照最通常的认识，到一个企业去，看到的一个个车间、工段、班组、工作地，就是习惯称之为生产现场。如果把思考集中于生产现场问题发生的地点，分析产生问题的原因，提出解决问题的办法和预防对策，那就深入到生产现场管理的内容和观念上来了。从企业实际来看，生产现场具体体现为加工、检验、运输、储存、供应、发放、管理等一系列工作现场和其他相关场所。不同企业的生产现场形式各异，但基本上都是输入—转化—输出的形式，其基本特征是场地功能的生产性，场地性质的专业性，场地要素的综合性，场地环境的群众性；其基本要求是体现出资源配置、组合的合理性，转换过程的准确快捷性，产出的有效性。

（二）生产现场管理的含义及特点

生产现场管理，是指为了有效地实现企业的经营目标，对生产过程要素，包括人（操作者、管理者）、机（机器设备、工艺装备）、料（原材料、辅助材料、零部件）、能（水、电、气、煤、汽）、法（操作方法、工艺制度、规章）、环（环境）、信（信息）等进行合理配置和优化组合，将它们有机结合达到一体化，通过生产过程的转换，产出符合市场要求的、质量合格的、成本较低的、交货及时的产品的一种综合性管理。生产现场管理的上述概念，明确地表明了它的目的、内容和应达到的具体目标。生产现场管理从其含义上说，是运用管理制度、管理标准、管理方法和管理手段来对生产过程要素进行有效性的综合管理。企业管理都应全面地理解其内涵，完整地做好生产现场管理的各项工作。

生产现场管理具有以下五方面的特点：

（1）基础性。一方面，生产现场管理属于企业三个层次管理的最下一层，企业大量的管理工作要通过基层来实现；另一方面，生产现场管理本身就是企业管理的基础工作之一，它的基础性是十分明显和突出的。

（2）系统性。企业是社会的一个细胞，是一个相对独立的系统，生产管理是企业系统的一个子系统，而生产现场管理则是生产管理子系统的孙系统。作为一个系统，必须符合系统管理的思想和要求，要有明确的系统目标，有实现目标的行为规范、统一要求、协作互助。

（3）开放性。生产现场是生产过程的重要载体，与其他部门和各个环节有十分密切、广泛的联系，生产现场管理就是要和其他各项管理工作形成密切的配合和协作，对系统内外都形成广泛的开放和合作，以发挥其在企业生产经营中的重要作用。

（4）动态性。生产现场管理总是随着生产任务的变化而变动的。企业外部的市场要求在不断变化，产品结构要调整，与之相连的生产形式要跟上，必然造成生产现场的变化。同时，随着生产技术的不断进步，应用新的生产设备和新的生产方式，也要求生产现场管理作相应改变；如果不变，就成为生产发展的阻力，最终成为改革的对象，因此要求生产现场管理具有动态性。

（5）群众性。生产现场管理处在企业生产第一线，直接与广大工人群众打交道，要把群众性体现出来。事实上，生产现场管理是大量的琐碎工作，离开了工人就根本无法开展。生产现场管理本身就主要是依靠生产第一线工人群众自己去做的工作，并在生产现场管理中提高自身的素质。因此，生产现场管理一定要依靠群众，把工人群众充分发动起来，群策群力做好各项工作。

（三）生产现场管理的目的及意义

生产现场是出产品的地方，同时，生产现场也是出人才的地方。生产现场管理的目的是优质、低耗、高效、均衡、安全、文明地生产。因此，必须十分重视生产现场管理，把它看成事关企业兴衰的大事来抓。生产现场管理的意义主要体现在以下四个方面：

（1）生产现场管理的好坏，直接决定着企业的竞争能力和经济效益。市场经济条件下的市场竞争就是生产现场的竞争，因为企业确定的经营目标要通过生产现场管理来实现。加强生产现场管理，可以提高产品质量，降低消耗，压缩成本，减少无效劳动和浪费。综观企业发展的过程，能打出名牌产品、在市场竞争中立于不败之地的企业，都是在生产现场管理上下了大气力，现场管理工作过硬的企业。生产现场管理的成功伴随着企业的兴旺发达，使企业不断增强竞争能力和提高经济效益。

（2）加强生产现场管理，可以保障操作工人的劳动安全和身心健康。现场物品摆放整齐、清洁、有条理，生产工人心情愉快，效率倍增，特别是减少了绊倒、砸伤的情况，安全生产有了保障。

（3）加强生产现场管理，可以培养工人的严细作风，普遍提高职工队伍的素质。通过高标准、严要求和精心细致的生产现场管理，持之以恒，使生产工人逐渐养成了一种良好的工作习惯和作风，最终不但出了好产品，而且提高了工人的素质，出了好队伍。

（4）加强生产现场管理，与企业文化建设互相促进，进一步提高企业精神文明建设的水平。生产现场管理所体现的人本精神、科学态度、严细作风和职业道德，都是企业文化建设的具体内容，两者相通相促、互相加强，企业生产面貌和精神面貌焕然一新，精神文明建设结出硕果。

生产现场管理在日本和西方发达国家备受重视，创造出许多先进的方法和经验。我国的企业在不同时期也曾经有过一些令人瞩目的好做法和好经验，在计划经济时期以大庆油田为突出代表。大庆人用他们高度的政治热情，对党、对国家、对人民的高度负责精神，创造了生产现场管理一套科学有效的先进经验，其中有严格的岗位责任制，把各项工作有机结合起来，做到事事有人管，人人有专责；提出"三老四严"（对待革命事业，要当老实人、说老实话、办老实事；对待革命工作，要有严格的要求、严密的组织、严肃的态度、严明的纪律）、"四个一样"（对待工作的认真精神，要做到黑天和白天一个样、坏天气和好天气一个样、领导不在场和领导在场一个样、没有人检查和有人检查一个样）、"三个面向、五到现场"（面向群众、面向基层、面向生产，指挥生产到现场、政治工作到现场、材料供应到现场、科研设计到现场、生活服务到现场）等精神作风，在现场库房管理中做到"四号定位"（库号、架号、层号、位号）、"五五摆放"（五五成排、五五成行、五五成堆、五五成串等）的科学摆放和管理方法。大庆经验作为一种典范，曾在全国企业界推广。大庆经验也是一种财富，不仅为国内企业所借鉴，许多外国企业在其管理中也从大庆油田的经验汲取了许多营养。

在我国实行改革开放后从计划经济向市场经济转变过程中，在全国开展了"抓管理、上等级，全面提高企业素质"的管理工作，也在生产现场管理上涌现出一批优秀企业，创造了现场管理优秀经验，其中吉林化学工业公司的生产岗位工人交接班的"十交情况""五不交接""三一交接""四到""五报"等工作规定，都是很值得学习和推广的现场管理经验。进入到市场经济时期，我国许多企业在适应市场经济、改革现场管理方面又摸索并形成了许多新模式，如青岛海尔集团的"日清日高"的管理方式，邯郸钢铁公司的"模拟市场核算，实行成本否决"中有关现场管理部分的做法，使生产现场管理工作在不断地深入和发展。也正是生产现场管理的加强和完善，使许多企业增强了竞争能力和经济效益，企业不断发展，市场不断拓展，走向全国，走向世界，走向全球化。

二、生产现场管理的职能、任务和内容

（一）生产现场管理的职能

(1) 计划职能。切实做好现场生产作业计划的制订和贯彻实施。
(2) 组织职能。合理组织作业班组和劳动轮班。
(3) 协调职能。协调班组之间、工序之间、操作者之间的生产进度。
(4) 控制职能。通过信息流反馈控制生产进度、质量和成本。

（5）激励职能。激励和鼓舞工人的士气和积极性。

（二）生产现场管理的任务

生产现场管理的总任务，是形成一支坚强的职工队伍，营造一个良好的生产环境，实现安全生产和文明生产，为社会生产出质优价廉的合格产品。从这个总任务出发，生产现场管理的具体任务包括：

（1）通过生产现场管理，塑造出一支目标明确、团结向上、精神面貌好、技术素质高、遵章守纪、战斗力强、职责分明的职工队伍。生产现场管理既是对物的管理，又是对人的自我管理，要克服过去现场管理重物不重人的现象，坚持以人为本，通过现场管理不但出优质产品、出经济效益，而且要出人才、出文明、出安全，形成一支坚强有力的职工队伍。

（2）营造一个良好的生产环境。这个环境在人际关系上是团结、和谐、关爱、民主、协作和奋发向上的，在客观现场上是整洁、清新、安全、文明和令人心情舒畅的。在这样良好的环境里从事生产劳动，安全有保障，文明成风尚，团结协作好，人的干劲大，生产效率高，完成任务好。

（3）严格执行操作规程，严明工艺纪律，认真做好生产控制和质量检验，保证产品生产合格，质量水平不断提高，且节能降耗，产品成本不断降低。

（4）科学设置生产岗位，合理组织生产，把握生产节奏性和均衡性，防止积压或脱空，减少生产波动性，实现均衡有序地进行生产。

（5）严格执行期量标准，分析现场物流规律，使各生产环节任务明确，环环相扣，物流顺畅，满足生产需要。

（6）大力做好设备的维护、保养、检修和合理操作，保证设备正常运转，决不让设备问题阻碍生产运行。

（7）做好生产过程中原始凭证、台账、报表的记录、整理和传输，保证生产现场信息畅通。

（8）完成生产任务，生产优质产品，满足市场需要和社会需要。

（9）提高经济效益，完成各项经济技术指标，包括品种、质量、产量、产值、成本、能耗物耗等指标。

（10）实行安全文明生产，防止人身事故、设备事故、职业病等劳动灾害产生。

（三）生产现场管理的内容

在生产现场管理的具体操作上，特别强调工序管理、物流管理、环境管理三大内容：

（1）工序管理。工序是指一个或一组操作者在一个工作地，对一个或同时几个加工对象进行加工所连续完成的那一部分工作内容。工序是生产现场工作的基本单位。工序管理就是按照工序专门技术的要求，合理地配备和有效地利用生产要素，并把它们有效地结合起来发挥工序的整体效益，通过品种、质量、数量、日程、成本的控制，满足市场对产品要素的要求。

工序管理的内容包括工序要素管理和产品要素管理。工序要素管理，就是对工序使用的劳动力、设备、原材料的管理。其中，对劳动力的管理，要根据工序对工种、技术水平、人员数量的要求配备人员，并要求上岗职工必须严格遵守操作规程，遵守劳动纪律，积极完成工作任务。对设备、工艺装备管理要完好、齐全。对原材料、辅助材料、零部件要保证及时供应、足量供应，质量符合要求。

产品要素管理，就是对产品品种、质量、数量、交货期、成本的管理。其中，品种、数量方面要按市场需求进行组织，并保证交货期。质量方面要选好生产过程的质量管理控制点，抓关键环节、重点部位的进行严格管理。成本管理要抓目标成本管理，实行逐级分解，层层落实控制，一级保一级，最终实现总体成本目标。

（2）物流管理。基本要求是使物流线路最短，在制品占用量最少，搬运效率最高。因此，要做好以下几方面工作：认真进行工厂总平面布置和车间布置；搞好生产过程分析，选择合适的生产组织形式；搞好各个生产环节和各工序间的生产能力平衡；合理制定在制品定额；提高搬运效率；等等。

（3）环境管理。环境管理包括人际关系处理和客观环境管理。人际关系处理要坚持以人为本，以和为贵，生产现场管理要体现尊重人、关心人、发展人、帮助人，团结友爱，分工协作，依靠群众，群策群力，发挥职工的主人翁作用。客观环境管理要做到安全、文明、清新、整洁，一进入生产现场，应使人感到心情舒畅，不会有烦恼、厌倦的感觉，更不会有不安全的危险和不文明的陋习。

三、生产现场管理体系

生产现场管理是企业生产管理中一项基础管理，自成体系，又和外界系统有密不可分的关联。这个体系结构由思想体系、组织体系、有机转换体系三部组成，三者对独立又相互包含，形成一个紧密的管理体系。

（一）思想体系

思想体系主要是指树立一种什么思想来认识生产现场管理，如何对待和处理生产现场管理的问题。思想体系强调树立一系列思想观点，主要包括以下六个方面：

（1）市场观点。生产现场管理要围绕企业经营目标，立足于市场需求，以市场需求作为现场管理的出发点和归宿，为市场服务，为顾客服务。

（2）质量第一观点。要使生产现场的每个职工都树立起质量第一的观点，真正明白和树立起质量在我心中、质量在我眼中、质量在我手中的理念，使"质量是企业的生命"成为全体职工的统一认识。

（3）讲究效益观点。要使生产现场的每个职工都有成本意识、利润意识，从具体的一时、一地、一事做起，节能降耗，减少浪费，增大产出，创造价值，增加效益。

（4）全局观点。要使生产现场的每个职工都明白什么是大局，把握大局，处理好全局与局部的关系、集体与个人的关系、上级与下级的关系、民主与集中的关系、服务与被服务的关系，局部服从全局，个人服从集体，同时要兼顾局部利益和个人利益，调动各方面的积极性。

(5) 通力协作观点。在总体目标的统领下，分工协作，相互配合，统一思想，统一认识，心往一处想，劲往一处使，形成合力，消除阻力，团结奋斗，共创佳绩。

(6) 安全生产观点。生产现场必须树立安全第一的观点，安全为了生产，生产必须安全，人人做到安全操作，搞好劳动保护，及时消除安全隐患，防止设备安全事故和人身安全事故发生。

(二) 组织体系

组织体系是生产现场管理的保证。在生产现场要抓好五个组织：

(1) 生产组织。企业生产组织的建设要体现产品制造特点和专业化生产要求，科学合理地设置基本生产组织、辅助生产组织和生产服务组织，强调为生产第一线服务的原则。改革传统生产组织体系一线职工上门求服务，转变为新的生产组织体系各部门出门主动为一线职工送服务。例如：建立设备在生产时间内不停机的保证体系，让一线职工与设备维修人员分工协作，互相配合，形成一种新型现场设备维修体系，维修人员到现场巡回服务，监督指导操作规范的实施，充分利用生产间歇时间检修、保养设备，实施设备故障快速处理程序化、规范化；实行工具直接送达生产岗位，及时、定期、快速更换工具；实行质量检验、把关、服务、指导到现场，把质量问题解决在现场；及时调整生产布局、设备布局，使更便于一线职工生产操作，以提高生产效率。

(2) 劳动组织。在生产组织确立的基础上，切实安排好劳动组织，使生产第一线职工进行操作劳动时更加省人、省力、省时，提高工作效率。因此，要从多方面采取对策，消除无效劳动和浪费，把住过量制造、窝工、生产动作不合理、多余搬运等关口；实行多工序管理、一人多能、多设备看管形式，让人尽其效；严格实行标准化作业，增强行为的规范性，提高作业质量，减少劳动消耗。

(3) 物流组织。生产过程是一个物流过程，要使生产现场物流顺畅，就必须深入细致地研究物料流向、运输方式、动量、运距、时间等问题，采取相应的对策，使物流线路最短、在制品占用量最少、搬运效率最高。

(4) 信息组织。现代生产现场信息的作用愈来愈突出，建立及时、准确、可靠的信息组织，可以使信息能够全面、完整地收集、整理、传输，及时反映生产状态，传达生产指令，调整生产运转。生产现场的信息主要有手工信息、目视管理信息、电讯信息、计算机信息等。许多企业采取看板、闭路电视、电脑网络等对生产现场的信息进行传递、显示，使生产有条不紊地进行，收到了很好的效果。

(5) 指挥组织。生产现场的各项活动都必须在一定目标下按计划实施和控制，这就需要一个强有力的指挥系统。对整个企业来讲，要形成厂长—车间主任—工段长的生产指挥系统；对于生产现场来说，有工段的应建立以工段长为核心的生产指挥组织，没有工段的则主要建立以车间主任为核心的生产指挥组织。这种指挥组织要能充分领会和理解上级的要求、工作任务、工作目标；要善于把握大局、统筹策划，指挥和调度下属去完成任务，做好工作，使下情上传；要善于处理一些临时出现的应急问题，情况了解得清，决策迅速，处理问题快，方法妥善得当。在生产现场指挥组织中，车间主任、工段长的配置特别重要。要把思想觉悟高，工作能力强，有一定决策、组织能力，务实勤奋,密切联系群众,有一定业务专长的人配置到这个岗位上来,让他们在实际工作中锻炼,积累经验,成为企业生产基层的优秀管理者。

(三) 有机转换体系

企业生产过程就是一个从原材料的投入到产品输出的有机转换过程,这个有机转换过程是在各生产环节的生产现场中实现的。因此,有机转换体系是生产现场管理的基地和基础。实现生产过程的合理转换要强调三个效应:一是时间效应,要求供应及时,缩短工期,交货及时;二是资金效应,要做到减少资金占用,加快资金周转,增加企业盈利;三是物料效应,要做到物料合格,供应及时,节能降耗,压缩成本,提高经济效益和社会效益。

第二节 生产现场的标准化管理

从生产现场管理的任务和内容可以看到,生产现场管理是生产第一线的综合性管理,管理对象非常多,工作千头万绪。经过长期以来的管理实践,人们摸索出了一套管理办法,即把生产现场管理中千头万绪的工作主要归纳为两个方面:一是标准化管理,把各项工作程序和要求标准化,有关人员都必须按规定执行;二是异常管理,管理人员的主要精力放在与标准不一致的异常现象的处理上。标准管理和异常管理是相辅相成的两个方面,以标准化为目标,从标准化出发→发现异常现象→追查原因→改进管理→标准化的循环,这就是生产现场管理全部工作的内容和方法。

一、作业程序标准化

作业程序标准化,是指从产品生产的工艺流程到每个工人的操作方式都制定有标准的规程和顺序,把设备和人更有效地组合在一起,工人按这些规定去做就是标准作业。标准作业包括生产节拍、作业顺序、标准在制品量三部分。标准作业是现场有效地进行生产的依据,是管理人员进行管理的基础,也是改进生产的基础。标准作业的目的是为了能有效地进行生产,把物品、机械和人力组合在一起。作业组合要求各工序之间必须很好地进行协作。为此,对生产现场的布置和人员的调配,必须注意:①把物品出口和入口安排在一起;②尽量把工人的作业区域集中;③作业人员的作业速度要保持平衡。

二、产品生产均衡化

要保证均衡生产,除计划做到均衡以外,生产现场工序之间、生产线之间、车间之间必须保持同步,实行同步化节拍生产。

(1) 以人的作业为中心,在规定的节拍时间内安排作业组合。

(2) 如果每日装配数量或装配节拍固定,则每条生产线按统一节拍进行加工;如果装配数量有变化,节拍可随之改变,各条生产线的节拍也随之调整。

(3) 工序之间、车间之间要形成一个有机的整体,后工序出现异常,前工序应自动停止作业;如前后工序节拍不一致,则服从"后工序不要,前工序不加工"的原则。

(4) 只保留工序中必要的标准在制品储备量,不允许超量制造。

(5) 注意消除无效劳动和产生零件碰伤的因素。

(6) 在不违反工艺的情况下,考虑各生产线的通过能力,可加快节拍,以提高生产能力。

三、设备工装完好化

设备、工装是实施现场生产最重要的条件,必须保证设备工装的完好。设备工装完好的目的是提高设备的可动率。可动率,是指需要开动机器时,机器都能运转的程度。可动率的标准应该是百分之百,即任何时候机器都可以开动起来。为此要求:①操作工必须做到"三好四会"(对机器设备管好、用好、修好、会使用、会保养、会检查、会排除故障),按操作规程操作,按"五定"(定点、定位、定期、定量、定人)进行设备润滑,清洁度达到85%以上。②维修工必须坚持日点检、巡检,设备完好率达90%以上。③工具箱内的工具要分类定位,摆放整齐,精密量具要定期鉴定,用后入盒摆放,保证工具齐全配套。

四、安全文明生产制度化

为了保证职工人身安全和生产安全,创造一个有良好安全保障的生产现场,必须建立一整套安全文明生产制度,例如:①遵守劳动纪律,按时上下班,做好交接班手续;②集中精力操作,不在岗位上吸烟、看报、闲谈、打闹;③遵守安全规则,不蛮干乱干;④严格遵守操作规程和工艺纪律,不违章作业;⑤认真执行开车前的润滑,严防运转部位和滑动面的干摩擦,设备的滑面上不准放工具、零件等;⑥工位器具要完好,不超量存放零件;⑦成品零件做到"四无一不落地",即无油污、无锈蚀、无毛刺、无磕碰,零件不落地;⑧车间所有工作点、工具箱、零件存放架要整齐清洁;⑨办公室内窗明地净;⑩车间周围不准乱放杂物,保持环境清新;⑪厂区干道整洁畅通,两旁不乱堆放物品;⑫讲究清洁卫生,经常打扫,要做到地面清洁,无烟头、无痰迹、无油污、无积水、积油、无杂物等。对各种安全文明生产规定要进行严格考核,做到"三检一评",即日检、周检、月检和月评比。每月定期召开班组、车间安全分析会,检查不安全事故隐患,及时排除。出现事故做到"三不放过",认真分析原因,吸取教训,采取措施,不准类似事故重复出现。积极开展"安全无事故"竞赛活动。

五、现场布置目视化

现场布置目视化,是指把生产现场建成一个谁看都一目了然的作业现场,称之为目视管理。目视管理要求各个作业现场采取以下措施:①车间的经营目标、方针要写在车间职工经常出入的门口处。②车间的生产、质量、成本、安全等动态,要编制成日、月一览表,做成挂牌悬挂于人员集中、醒目的地方,让全体人员每天知道自己的工序、班组的生产情况。③各种安全标志要美观、醒目,交通标志要明显,道路保持畅通无阻。④规定产品、零件、物料的放置场所,并做出标志;工位器具、工具箱、废屑箱、杂物箱要定位摆放整齐。⑤废次品、零件要有明显标志，并及时处理和隔离，避免正、次品混装而造成无效劳动和质量事故。⑥采用现代电子通信手段，设置生产线自动显示装置和工序控制信息显示，随时观察和控制生产运行状况。⑦生产看板悬挂于生产线上方便、醒目处，以便了解生产进行情况和进行生产准备。⑧标准作业单或图表悬挂于生产岗位上，生产工人根据图表中的规定进行标准作业，管理人员根据图表检查生产工人是否正确地进行作业，发现问题及时纠正。

六、产品质量自控化

生产现场决不能靠事后检查来控制产品质量，而必须实行产品质量自控化，即要求每个作业人员负起责任，每一项工作都要确保质量，开展不制造不良品、只制造优良品的活动；不让一切不良品流出本道工序，只让合格品流入下工序。为此要求做到：①把质量标准贯彻到作业指导书中，形成标准作业；②建立工序质量管理点，实行工序质量控制；③建立现场质量保证体系，实行严格的质量检查。

七、鼓舞士气多样化

生产现场职工的士气对生产效率影响很大。生产现场中影响职工士气的因素很多，其中主要的有：生产故障；停工待料；工作中困难得不到解决；工序之间、职工之间工作不协调，出差错；生产任务完成不好或出了质量事故；出现不安全事故；在困难或劳累时受到领导批评指责；班组里出现偷懒耍滑的人；等等。作为生产现场的车间领导人，应该针对上述影响士气的主要因素采取相应的积极措施，迅速解决各类问题，并要设法防止再度发生类似情况。同时，要从生产现场的布置，从现场职工的心理气氛上造成声势，如利用黑板报、现场广播、闭路电视、竞赛台、光荣榜、对完成任务出色的班组送祝贺信、慰问信等各种方法鼓舞士气。在困难的时候，领导要跟班作业，给职工以关心、支持；为加班职工送水送饭，给职工以慰问、温暖；提出鼓动性口号，张贴鼓舞性标语，振奋职工的精神。总之，要采取各种切实有效的措施，千方百计地把职工的士气鼓起来，创造一个热火朝天、龙腾虎跃的生产环境，使职工始终保持一种高昂的生产情绪，精神振奋，努力完成生产任务。

第三节 生产现场现代管理方法

国内外企业在加强生现场管理方面都有许多有效做法。特别是随着现代管理理论的出现和发展，生产现场管理也出现了新的现代管理方法。这里重点介绍的只是其中几种，它们在国内外生产现场管理中已经取得明显效果。

一、5S活动

5S活动是指对生产现场的各种生产要素（主要是物的要素）所处状态，不断地进行整理、整顿、清扫、清洁，从而提高素养的活动。5S活动是在西方和日本发展和流行的企业生产现场管理的方法。日本的许多企业长期推行5S活动，取得了十分显著的效果，成为生产现场管理中一个十分有特色的方法。由于整理、整顿、清扫、清洁、素养这五个词在日语的罗马拼音中的第一个字母都是"S"，故上述活动简称为5S活动。

5S活动是一个依次顺序进行、不断循环的过程，其具体内容如下：

（1）整理：是指对生产现场的各种物品进行彻底的清理，把长期不用和报废的物品全部、干净地清除出去，对有用的东西，按实际需要摆放好。整理活动的核心是对生产现场的物品加以区分，并决定是要还是不要。经过整理应达到如下的要求：①不用的东西不放在生产现场，坚决清除掉；②不常用的东西也不放在生产现场，可放在企业库房，用时取出，用毕回库；③偶尔使用的东西集中放在生产现场指定的地点；④经常使用的东西放在生产现场，处于马上就能用上的状态，并明确其用途、用法、用量。

（2）整顿：是指对整理以后留下的物品进行科学、合理的布置、摆放。经过整顿应达到以下要求：①物品在生产现场都有固定的位置，不乱丢乱放，不需要花费时间寻找，随手就可以拿到；②物品要按一定规则进行定量化摆放，规格化、统一化，整齐美观，便于清点；③物品要便于取出、便于放回，摆放有序，用毕原样放回，先进先出。

（3）清扫：是指对生产现场的设备、工具、物品、工作地面等进行打扫。清扫应达到如下要求：①明确分工，自己动手，包干清扫。自己用的东西、自己的辖区自己负责清扫，不依赖别人，专职清扫人员只管清扫公共区域。②对设备进行擦拭、清扫的同时，要检查设备有无异常和故障，同时加强对设备的润滑、维护、保养工作，保持设备的良好状态。

（4）清洁：是指对经过整理、整顿、清扫以后的生产现场状态进行保持清洁的工作，使生产现场的良好状态持之以恒，不变差，不倒退。清洁应达到如下要求：①生产现场环境整齐、清洁、美观，保证职工健康，增进职工工作热情、劳动积极性和自觉性；②生产现场设备、工具、物品干净整齐，工作场地无烟尘、粉尘、噪音、有害气体，劳动条件好；③生产现场各类人员着装、仪表、仪容清洁、整齐、大方，训练有素，做到仪表美、精神美、语言美、行为美；④生产现场形成一种团结向上、朝气蓬勃、相互尊重、互助友爱、催人奋进的气氛。

（5）素养：是指在开展整理、整顿、清扫、清洁活动以后职工要达到的一种思想境界，逐步形成一种良好的作业习惯和行为规范、高尚的道德品质。此为5S活动的核心。素养要求做到四点：①在生产现场工作时，不要别人督查，不需要人提醒、催促；②不要领导检查，不为应付检查而工作；③不用专门思考，不用考虑该不该做、该怎么做；④形成条件反射，看到不整洁马上清扫，随时保持整洁。

5S活动是一个依次顺序进行的过程，从整理开始，到整顿、清扫，再到清洁，最后提高职工素养，中间不可省略或跨越某个过程。5S活动又是一个不断循环的过程，循序渐进、循环往复，使职工的素养得到不断的巩固和提高。开展5S活动，要求全员参加，强调自我，持之以恒，绝不可搞突击，采取刮风的做法。开展5S活动必须依照一定的程序，扎扎实实地进行。

首先要提高思想认识，弄清5S活动的目的、意义，在全体职工中形成我要做而不是要我做的态度。在提高认识、统一思想的基础上，要建立组织，成立多层次的5S活动推行委员会和5S活动小组,在各级领导的指导下,有职、有权、有责地开展工作。组织确定后,要明确工作目标和制定详细的实施步骤,目标要明确具体,包括总体目标、具体目标、长期目标和中短期目标;实施步骤要切实可行,落实到人,明确怎么干、达到怎样标准。要抓好教育培训,让每个职工加深对5S活动的认识,明确每个职工在开展5S活动中的位置、工作内容、检查标准、奖惩办法等,了解自己的岗位责任。要搞好5S活动的检查评比,特别是车间主任、工会负责人、5S活动委员会人员,在每天下班前,对车间、班组开展5S活动活动情况进行检查评比,并将评比结果显示在5S竞赛活动评比栏上,月底根据评比结果进行奖惩,以此不断推动和改进5S活动,推动企业各项工作不断进步、生产现场管理不断上新台阶。

二、定置管理

定置管理实际上是取5S活动的前两项内容即整理和整顿的现场管理活动。定置管理是以生产现场为对象,研究生产要素中人、物、场所及有关信息之间的关系,通过整理把与生产现场无关的物品清除干净,再经过整顿把需要的物品摆放到合理、科学、符合标准化要求的规定位置,使各生产要素有机结合,实现生产过程的科学化、规范化、标准化,从而提高文明生产水平,生产产品质量优、成本低、效益高的现场管理活动。定置管理的研究对象是生产现场,强调物在场所中的科学定置是前提,以定置的信息系统为媒介,将实现人和物的有效结合为目的,达到生产现场管理的科学化、规范化和标准化。

定置管理的基本原理在于:①从人与物的直接结合和间接结合两种方式入手,来研究生产现场管理问题;②通过研究人与物的结合,扩展到物与场所的结合,强调物的固定位置;③定置管理的核心和关键,是研究人与物的连接信息,建立和健全人与物的连接信息系统;④物的定置三要素体现为:物的存放场所、物的存放姿态、现场标识;⑤定置管理的最终目的是要实现人、物、场所的有效结合和最佳组合,高效地完成预定的生产任务。

定置管理要处理好三个关系:一是人与物的结合状态,要坚决消除人与物失去联系的状态,改进人与物不能马上结合的状态,保持人与物能马上结合并发挥作用的良好状态。二是物与场所的关系。研究物与场所的结合,实际上是为人与物结合服务的。实现物与场所的有效结合,缩短人取物品的时间,消除重复、多余劳动,促使人与物的最佳结合状态。三是信息媒介与定置关系。信息媒介是指人与物、物与场所结合过程中起着指导、控制、确认作用的信息载体。信息媒介是实现定置的关键,离开了信息媒介,定置管理是空虚无力的。定置管理中的信息媒介主要有:台账、定置图、标志线、标志牌、标识,其中前两种为引导信息,后三种为确识信息。良好的定置管理要求信息媒介应达到以下要求:①定置台账齐全、准确、规范;②现场在显著位置挂有清晰的定置图;③场所标示明显,一目了然;④存放物的序号、编号齐全;⑤物品数量、流动变化、摆放做到标准化、目视化,层次分明。

开展定置管理要符合生产工艺的要求,围绕生产产品来进行;要从实际出发,结合生产实际、企业实际、现场实际、技术、资金、职工水平实际去开展活动,本着勤俭节约的精神,决不可搞铺张浪费、形式主义;要动员和发动全体职工参加,人人关心和参与;要把定置管理落实到各项工作的标准化上来。在具体进行定置管理操作时要做到以下五个要点:①定置必须有图,即在开展定置管理时要按定置图进行;②有图必有物,要把现场存在的各种物品,都反映到定置图上;③有物必有区,要做到物有所归,按区堆放;④有区必挂牌,发挥信息媒介的作用,让各区有鲜明的标志;⑤有牌必分类,将同一类别的物品放在一定的标志区内。总之,要实现按图定置,按类存放,账(图)物相符,图流一致。

企业定置管理的内容分为车间定置和办公室两大部分,而生产现场的定置管理主要是车间定置。车间定置主要包括以下五个方面内容:

(1) 设备定置:主要是考虑设备的工艺流程、安全、合理,进行运转过程的定置,同时还要考虑与之相关的备品配件、附件、专用工艺装备如量、刀、模具等的定置。

(2) 区域定置:是指把各个不同类别的物品分别摆放到指定的区域,如毛坯区、半成品区、待检区、成品区、废品区、返修品区、待处理区、垃圾停滞区等。区域内还要进一步实行两箱定置、三架两具定置和物料定置。其中,两箱是指工具箱、更衣箱;三架是指工艺架、吊具架、胎具架;两具是指工位器具、其他器具;物料包括原材料、辅助材料、零部件、半成品、待检品、完工品、废品、返修品等。

(3) 仓库定置:包括库房位置及库房内物品定置,应按"四号定位""五五摆放"的科学方法进行科学定置。

(4) 特别定置:是指对一些特别应当关注的问题进行定置,其中主要是安全定置和质量定置。例如:设备的安全定置、安全措施、消防、自动报警,水电气紧急情况下的自动切断;产品质量的关键设备、精密仪器、专用仪表、贵重物品的定置。

(5) 环境定置:主要是通过绿化、美化、净化设施的确定,把生产现场营造成具有良好的工作环境、能增进职工身心健康的场所。

开展定置管理要分阶段、有程序地进行,其中分为准备阶段、设计阶段、实施阶段和巩固提高阶段,每个阶段内又有许多具体细致的工作,从而形成科学的定置管理。通过生产现场的定置管理,达到改善劳动环境、提高劳动效率、提高产品质量,有利于安全生产、降低消耗的良好效果,最终达到增强职工素质、提高经济效益的目的。

三、目视管理

目视管理是利用形象直观、色彩适宜的各种视觉感知信息来组织现场生产活动,以提高劳动生产率。目视管理并非今日才有,古往今来,它一直是一种传递、表达信息的工具。例如,古代战场上的烽火台,一旦发生情况,烽烟点起,使在很远的地方的人都能知道出现情况,这就是一种目视管理。当今社会进行目视管理最多的要数公路交通部门,在公路两旁设置各种图案符号的标牌或路面上各种形状的线条,使过往车辆悉知前方道路的特点和管制情况,以保证公路交通的安全和畅通。企业生产现场利用目视管理的作用在于:①目视管理用视觉信号的显示为主要手段,明白易懂,有利于统一职工的认识和行动;②目视管理形象直观,简单方便,传递信息快,有利于提高工作效率;③目视管理信息透明度高,有利于生产现场的职工协调配合;④目视管理使生产现场环境条件大大改善，井然有序，条理分明，有利于现场职工心态平稳，减少事故。

生产现场的目视管理以生产现场的人—机系统及其环境为对象，贯穿于这一系统的输入、运作、输出等各个环节。其主要内容包括：

（1）目视管理将生产现场的生产任务、生产计划、生产要求、生产进度、生产实际完成情况公开化、图表化，生产职工的目标和行为状况一目了然，起到了协调、督促、激励的作用。

（2）目视管理把与生产现场紧密相关的规章制度、工作标准、工作要求公开显示出来，让现场工人常看常明，便于掌握和执行。

（3）目视管理配合了5S活动、定置管理工作的开展，使这些现场管理活动有了更好的基础。5S活动、定置管理在很大程度上要通过目视管理去实现。

（4）目视管理使生产控制更加形象与直观，使生产现场各种物品摆放明确整齐，人员着装统一，佩戴胸卡，精神焕发。

（5）目视管理在生产现场标识采用色彩管理，不仅醒目易辨，而且有利于职工身心健康。

目视管理的形式和手段多种多样，根据生产现场的实际需要出现和加以使用，包括仪表、电视、信号灯、标示牌、图表、标志线、彩色标志等形式。进行目视管理有六点要求应当做到：①按生产实际需要进行，讲求实效，不搞花架子，不搞形式主义；②要严格统一标准，以免人使用时无所适从、无法辨认；③内容要简单明了、一看就懂，便于执行；④形式要醒目清楚，设置于众人都能看见看清的地方；⑤要勤俭办事，决不可因开展目视管理造成新的浪费；⑥目视管理一旦实行，必须严格执行、严格遵守、严肃对待，决不可流于形式。

第四节 清洁生产

一、清洁生产的定义和意义

"清洁生产"是20世纪90年代初的一种说法，它是由"污染防治"概念演变而来的。最初各国对它有不同说法，称之为"减污技术""无公害技术""清洁工艺""绿色工艺""生态工艺"等，后来国际上才逐步统一说法，称之为"清洁生产"。联合国环境规划署最先提出"清洁生产"的概念，并将之定义为：将综合预防的环境策略实际应用于生产过程和产品中，以便减少对人类和环境的风险性；对生产过程而言，清洁生产包括节约原材料和能源，淘汰有毒原材料并在全部排放物和废物离开生产过程之前即减少它们的数量和毒性；对产品而言，清洁生产策略旨在减少产品在其整个生命周期过程中对人类和环境的影响。我国《清洁生产促进法》更进一步明确地指出：清洁生产是指不断采取改进设计、使用清洁的能源和原料、采用先进的工艺技术与设备、改善管理、综合利用等措施，从源头削减污染，提高资源利用效率，减少或者避免生产、服务和产品使用过程中污染物的产生和排放，以减轻或者消除对人类健康和环境的危害。

以上定义可以进一步简述为：清洁生产以节能、降耗、减污为目标，以管理和技术为手段，实施企业生产全过程污染控制和综合利用，使污染物的生产量最小化的一种综合措施。清洁生产是生产过程和产品使用过程中，既要合理利用自然资源，满足人类的需要，又使产生的废料和污染最小化，使经济效益和社会效益最大化的生产模式。

清洁生产的根本意义在于对传统的环境保护模式体系和人类社会生产模式体系实施双重变革，促使生产与环境保护两者的综合一体化，建立生态化的生产体系，促进社会经济可持续发展。清洁生产的现实意义在于，它是全过程控制污染的形式，开创了防治污染的新阶段；它是以预防为主的污染控制战略，减少了末端治理的困难，提高了治污效果；它是实现可持续发展战略的重要措施，使企业获得可持续发展的保证和机会；它是清洁产品的生产方式，使企业赢得形象和品牌；它节能降耗，减污增效，提高企业经济效益；它是实施循环经济的有力工具，有助于实现经济效益、社会效益和环境效益三者的统一。

二、清洁生产的目的和特点

清洁生产的目的，是通过资源的综合利用和节约利用，合理利用资源，减缓资源枯竭，减少污染物的产生和排放，实现产品生产和消费过程与环境相容，减少生产活动对人类和环境的危害，实现社会经济可持续发展。清洁生产从其本质特征来说就是清洁：清洁设计、清洁工艺、清洁产品、清洁能源、清洁原辅材料、清洁生产过程、清洁产品使用过程。而从清洁生产的工作特点来说，主要有以下四点：

（1）预防性。清洁生产突出预防性，体现对产品生产过程进行综合预防污染的战略，强调预防为主，抓源头、抓根本，通过污染物削减和安全的回收利用等，使废弃物最少化或消灭于生产过程之中。

（2）综合性。清洁生产贯穿于生产组织的全过程和物料转化的全过程，涉及各个生产环节和生产部门，要从综合的角度考虑问题，分析到每个生产环节，弄清各种因素，协调各种关系，系统地加以解决，以防为主，又强调防治结合、齐抓共管、综合治理。

（3）战略性与紧迫性。清洁生产是在全球工业污染泛滥成灾的关键时期提出来的，是降低消耗、预防污染、实现可持续发展的战略性大问题，决不可等闲视之，要从战略的高度去认识它、对待它，强调实施清洁生产的紧迫性。

（4）长期性与动态性。清洁生产是一个长期的运作过程，不可能一下子完成，要充分认识到它的艰巨性、复杂性和反复性，要持续不懈、永久运作。同时要认识到清洁是与现有工艺产品相比较而言，随着科学技术的发展和人们生活水平的提高，需要不断提升清洁生产的水平，不断改进和完善清洁生产。

三、清洁生产的目标和内容

企业开展清洁生产的总目标是：促进生产发展，满足人类需要，同时有效利用资源，减少污染，使经济发展与环境保护相协调。具体包括：①对市场需求的绿色设计（清洁设计），清洁产品，清洁工艺，清洁能源，无毒无害原材料，无污染或少污染的生产方式。②对资源的综合利用和节约使用。③减少"三废"的产生和排放。④保证生产人员和使用者的安全和利益。

清洁生产是用清洁的能源和原材料、清洁工艺及无污染或少污染的生产方式，生产清洁产品的先进生产模式。其基本内容包括：

（1）产品设计的清洁化。产品从设计、制造、使用、回收利用的整个寿命周期是一个有机的整体，在产品概念设计、详细设计的过程中，运用并行工程的原理，在保证产品的功能、质量、成本等基础上，充分考虑这一整体各个环节的资源能源的合理利用、生产工艺、环境保护和劳动保护等问题，实施绿色设计（清洁设计），使原材料能源使用最省，利用充分，对环境影响小，对生产人员和使用者危害少，最终废弃物可化为无害物。产品设计是清洁生产的龙头，至关重要。

（2）原辅材料和能源利用的清洁化。这是清洁生产的源头环节。在选择资源和能源上要坚持：清洁能源、无毒无害的原材料、利用可再生资源、开发新能源新材料、寻求替代品等。在使用能源和原材料上坚持：节约使用能源和原材料、实施节能技术措施、现场循环综合利用物料等原则。

（3）生产过程的清洁化。这是清洁生产的中间环节。应认真做好改进生产总体布局，改进生产工艺和流程，选择对环境影响小的生产技术，尽可能减少生产环节，改进操作管理，采用实用的清洁生产方案和清洁生产技术，合理调整生产配方，开发新产品，更新改造设备，提高生产自动化水平，对排放的"三废"进行综合利用等。

（4）产品使用的清洁化。这是清洁生产的末端环节。要把清洁产品（绿色产品）、清洁服务（绿色服务）生产出来提供给用户，满足用户要求，获得用户满意，并对使用后的废弃物回收利用、综合治理、开发副产品等。

四、清洁生产的基本方法

企业实施清洁生产的基本方法很多，其中主要的有：
(1) 设计生产清洁产品。
(2) 采用无毒无害或少毒少害的原辅材料。
(3) 改进生产工艺技术。
(4) 采用先进生产设备。
(5) 实施排污审核。
(6) 改进工艺方案。
(7) 强化作业管理。
(8) 提高能源利用水平。
(9) "三废"资源回收利用和循环利用。
(10) 加强污染末端治理。

五、车间是清洁生产的前沿

车间是企业的基层生产单位，是产品制造的生产现场，是企业清洁生产的落脚点和工作地，企业清洁生产的一切措施和效果都要通过车间生产现场来实现和显示。企业的产品设计、工艺方法、设备购置和原辅材料选用是由厂部决定了的，生产车间一般只有贯彻执行的权利，但在产品加工的生产过程中的大量工作，却是由车间生产所展开的。车间清洁生产，车间生产转化过程中的防污治污措施，在整个企业清洁生产中起着极其重要的作用。车间实施清洁生产的主要措施有：

（1）降低能耗物耗，直接减少"三废"数量。车间各工序、各岗位在对物料进行加工过程中，采取各种节能降耗措施，能直接减少能源消耗和原辅材料消耗，既能降低产品成本，又能减少废水废气废物的排放量。

（2）提高产品质量，减少物料浪费。车间各生产环节采取有效措施，精心生产，提高产品合格率，减少废品损失，自然就减少了废弃物料向环境排放。

（3）精心维护设备，防止"跑、冒、滴、漏"。现代工业使用大量机器设备进行生产，操作工人和设备维修工人精心维护好设备，保证了设备运转过程的封闭性和有效性，可以减少甚至杜绝了废水、废气、废油、废物泄漏而污染环境。

（4）革新生产工艺，安全文明生产。车间生产工人长年累月从事生产劳动，最了解各生产工艺的优点、缺点和存在的问题，只要刻苦钻研工艺技术，有组织、有安排地进行生产工艺革新，往往会收到多项综合效果，不但能提高工艺技术性能，提高产品质量，提高生产效率，而且促进安全文明生产和节能降耗，为车间清洁生产做出贡献。

（5）观察分析排污原因，提供合理化整改建议。生产工人在日常生产过程中，只要细心观察排污情况，分析排污原因，就能提出治污防污的意见，提出合理化整改措施，有效地减少生产过程中污染物的产生和排放。这就是清洁生产必须依靠工人群众的理由所在。

【复习思考题】

1. 什么叫生产现场管理？
2. 生产现场管理有哪些特点？
3. 生产现场管理有什么意义？
4. 生产现场管理的任务是什么？
5. 生产现场管理有哪些主要内容？
6. 生产现场管理的思想体系强调树立哪些思想观点？
7. 生产现场管理的组织体系包括哪些内容？
8. 生产现场管理有机转换体系强调哪些效应？
9. 生产现场的标准化管理包括哪些具体内容？
10. 什么叫5S活动？它包括哪些主要内容？
11. 什么叫定置管理？车间定置包括哪些主要内容？
12. 什么叫目视管理？生产现场目视管理有哪些主要形式？
13. 什么叫清洁生产？
14. 清洁生产有什么特点？
15. 清洁生产的目标是什么？
16. 清洁生产包括哪些基本内容？
17. 车间应怎样开展清洁生产？

第十章　车间安全生产

安全生产,就是要保证人和机器设备在生产中的安全。只有保证了人和机器设备的安全,生产才能顺利进行。在工业企业里,为了保证职工的安全和健康,还要做好劳动保护工作。车间是企业生产第一线,对安全生产和劳动保护负有特别重要的责任。

第一节　劳动保护和工业卫生

一、安全生产的概念和特点

安全生产是企业管理的一项义务和重要任务。安全的含义有两个方面:一是人身安全;二是设备安全。从顾客的角度安全生产还包括产品安全。安全生产就是指工人在从事劳动生产过程中,保护好自己的安全和健康,企业采取各种办法消除危害工人安全、健康和影响生产正常的因素,使工人有一个既安全又卫生的工作环境,使机器设备等经常保持正常运行,以促使劳动生产率的不断提高。概括地说,企业在生产过程中围绕工人的人身安全和设备安全开展的一系列活动,称之为安全生产工作。安全生产通常包括劳动保护、安全技术和工业卫生三部分内容。

安全生产是国家领导和管理生产建设事业的一贯方针,即安全生产方针,其基本含义是:生产必须安全,安全促进生产。因为,离开了安全,就不能正常地进行生产;离开了生产,讲安全就失去了意义。所以,安全和生产,两者必须同时抓好,不可偏废。但在安全与生产发生矛盾时,强调安全第一,必须保证在安全条件下进行生产。

贯彻安全生产的方针,必须注意安全生产工作的特点:①预防性。必须把安全生产工作做在发生事故之前,尽一切努力来杜绝事故的发生。它要求安全工作必须树立预防为主的思想。②长期性。企业只要生产活动还在进行,就有不安全的因素存在,就必须坚持不懈地做好安全工作。它是一项长期性的、经常性的、艰苦细致的工作。③科学性。安全工作有它的规律性,各种安全制度、操作规程都是经验的总结。只有不断地学习有关安全的知识,才能掌握安全生产的主动权。④群众性。安全生产是一项与广大职工群众的工作和切身利益密切相关的工作,只凭少数人抓是做不好的,必须使它建立在广泛的群众基础上,只有人人重视安全,安全才有保证。

搞好安全生产,对国家和企业有非常重要的意义:①以人为本,保护工人的安全和健康是最大的政治问题。在一个现代文明的国家里,在任何一个现代企业中,劳动者是国家的主人、社会的主人、企业的主人。保护工人在生产中的安全与健康,是国家法律和政府政策的重大问题,是重大的政治问题。②人是劳动者,发展生产首先要爱护劳动者。在一个企业里,人和设备工具构成企业生产力。人是劳动者,发展生产主要靠人,因此企业发展生产首先要爱护劳动者，当然也要爱护设备。也就是说，要搞好生产，必须保障劳动者的安全和设备的安全。③保证劳动生产安全，是国家经济建设和企业生产发展的一个极为重要的条件和内容。生产不安全，一旦发生了人身事故或设备事故，一是会打乱正常的生产秩序；二是增加开支；三是人身事故导致本人痛苦，又增加工人医疗、休工费用。所以，生产不安全对国家、企业和个人都是极为不利的。

二、劳动保护的任务和内容

劳动保护是指为了在生产过程中保护劳动者的安全与健康，改善劳动条件，预防工伤事故和职业病等方面所进行的组织管理工作和技术措施。企业劳动生产过程中存在着各种不安全、不卫生的因素，如果不加以消除和预防，对劳动采取保护措施，就有发生工伤事故和职业病、职业中毒的危险。例如：矿山企业的瓦斯爆炸、冒顶、水灾；机电企业的冲压伤手、机器绞轧、电击电伤、受压容器爆炸；建筑企业的空中坠落、物体打击和碰撞；交通企业的车辆伤害；从事有毒、粉尘作业，如铸锻作业、油漆、电焊、高频等作业，容易产生职业病。如果劳动者的工作时间太长，会造成过度疲劳、积劳成疾，容易发生工伤事故；女工从事繁重的或有害女性生理的劳动给女工的安全、健康造成危害。国家和企业为了保护劳动者在劳动生产过程中的安全、健康，在改善劳动条件以防止工伤事故和职业病、实现劳逸结合和女工保护等方面所采取的各种组织措施和技术措施，统称为劳动保护。

劳动保护的任务，总的来说，就是保护劳动者在生产中的安全、健康，促进社会生产建设的发展。具体包括四个方面任务：①预防和消除工伤事故，保护劳动者安全地进行生产建设。②开展工业卫生工作，防止和控制职业病的发生，保障劳动者的身体健康。③合理确定劳动者的工作时间和休息时间，实现劳逸结合。④对女职工实行特殊保护。主要是根据女性生理特点，认真贯彻执行国家对女性的劳动保护政策，做好经期、孕期、产期、哺乳期的"四期"保护工作；加强对妇女的劳动保护知识和妇女卫生知识教育；合理调整女工担负的某些不适合女性生理特点的工作。

劳动保护工作的基本内容可以归纳为：①安全技术措施。为了消除生产中引起伤亡事故的潜在因素，保护工人在生产中的安全，在技术上采取各种预防措施，如防止爆炸、触电、火灾等措施。②工业卫生。为了改善生产中的劳动条件，避免有毒、有害物质危害职工健康，防止职业病而采取各种技术组织措施。③劳动保护制度。主要是根据国家宪法原则，制定劳动保护的方针政策、法规制度以及建立劳动保护机构和安全生产管理制度，制定生产安全管理标准。这些劳动保护制度可以分为两大类：一是属于生产行政管理方面的制度，如安全生产责任制、安全教育制度等；二是属于技术管理制度，如安全操作规程、职工个人防护用品发放标准和保健食品标准等。④总结和交流安全生产工作经验，检查监督安全生产状况。

三、改善劳动条件

车间工作地的劳动条件是影响劳动过程中人的工作能力和健康状况的生产环境诸要素的总和。劳动条件分为：

（1）劳动清洁卫生条件，即工作区的表面环境状况。包括：①气温条件。生产现场的空气温度和流通速度必须符合工业企业的设计标准。一方面，要根据一年四季的气候变化，根据每日、每周、每月的天气预报做好临时性的保护工作，如夏天防暑，冬天保暖；另一方面，要根据现场的生产条件和生产特点，采取固定性的保护措施，如隔热层、通风系统、个人防护手段等。②空气条件。生产产生的灰尘分为有机的、无机的、有毒的、无毒的。防尘措施包括采用无尘机床和工业除尘设备，使生产过程自动化、密闭化，并采取个人防护措施。③噪音条件。噪音是危害工人身体健康的重要因素，消除和降低噪音是科学劳动组织的重要任务之一，要尽可能减少噪音源，安置抗噪音设备。④照明条件。工作地照明必须均匀，保证生产线有柔和的光照，能够清楚地分辨零件和背景。为了保证工作地的清洁卫生，必须推行文明生产，并把工作地清洁卫生区域落实到每个工段、班组、岗位，纳入责任制的考核。

（2）劳动的生理、心理条件，即劳动过程中对生理、心理的影响因素。包括：规定有利于生产和健康的工作速度和节奏；确定合理的工作姿势；制定合理的作息制度；规定单位时间内单一劳动方式和工序劳动重复的合理数值，以缓解劳动的单调性；丰富职工的业余文化娱乐生活；消除劳动疲劳；保护和恢复职工的身心健康；等等。

（3）劳动的美学条件，即影响劳动者情绪的各种设置方式、色彩等因素。包括：工作地、工具的结构，美术设计和生产环境的设计，以及设备、工作场地的色彩选择，上下班或间歇时间的功能音乐播放等，松弛紧张神经，减少精神疲劳。

（4）劳动的社会心理条件，即形成劳动集体成员之间的相互关系及其心理特征。劳动集体成员之间不仅存在竞争、竞赛关系，而且存在分工协作、团结友爱的工友、战友关系，要营造团结和谐、互相关心、互相爱护、互相帮助、共同奋斗、携手前进的集体大家庭气氛和放心、顺心的劳动环境，共同努力完成生产经营任务。

四、劳动保护组织工作

企业劳动保护的组织工作，一般由安全技术部门负责，主要应做好以下六项工作：①建立安全生产责任制；②编制并组织实施安全技术措施计划；③进行安全生产教育；④实行安全生产检查制度；⑤伤亡事故的处理和报告工作；⑥防护用品和保健食品的供应管理工作。

车间在劳动保护方面的组织工作，主要有两个方面：一是组织执行落实厂在劳动保护方面的有关规章制度和指令，并经常和厂有关部门反映劳动保护工作方面的要求和建议，维护和保障职工享受劳动保护的权利；二是抓好安全生产工作，这是车间在劳动保护工作中的重点。

（1）建立和健全安全生产责任制。车间生产副主任是车间安全生产的主要负责人。车间要有兼职或专职的安全员，负责车间安全生产方面的有关业务工作。班组要设立安全员，负责全班的安全检查和监督工作。安全生产的有关规定要落实到每一个岗位，并与奖金、浮动升级、立功评先进等相联系。凡安全事故，都必须与各级领导的奖金挂钩。

（2）加强监督，严格考核。为了使安全生产责任制落到实处，车间主任、副主任要加强对安全生产的检查和考核。①凡生产值班人员，都负有安全生产的责任，发现违反安全规则，不管造成事故与否，要百分之百填写事故反馈单。②班组除了每天开车前必须检查安全以外，每半个月召开一次安全专题分析会，检查安全方面存在的问题，及时消除安全的隐患。③车间每月要对安全工作进行一次全面大检查。④凡劳动竞赛都必须设安全指标。

（3）坚持安全技术教育。①要经常教育职工严格遵守安全操作规程，出了事故，或查出重大事故隐患，都要召开班组长以上干部会进行现场教育。②对特殊工种，如电气、起重、锅炉、受压容器、电焊、运输的操作人员，要进行专门训练，经严格考核合格后方能允许操作。③对新工人要普遍进行三级安全教育，分配岗位上班以后，经过一段时间的跟班学习，熟悉操作规程后才能正式顶岗。工人调换新的岗位也要进行岗位安全教育，还要有师傅监护操作一段时间后才能正式顶岗。

五、工业卫生和职业病防治

工业卫生是对职业毒害的识别、控制、消除和预防职业病的一门科学技术。由职业毒害而引起的疾病，称为职业病，具体是指劳动者在职业活动中，因接触粉尘、放射性物质和其他有毒、有害物质等因素而引起的疾病。与生产过程有关的职业毒害有电磁辐射、电离辐射、热辐射、强光、紫外线、高频、振动、噪声、生产性毒物（如铅、汞、苯、锰、一氧化碳、氰化物等）、生产性粉尘（如矽尘、煤尘等）、微生物与寄生虫的感染和侵袭等。国家卫生部、劳动保障部公布的法定职业病有十大类116种。这十大类职业病是尘肺病、职业放射性疾病、职业中毒、物理因素所致、生物因素所致、职业性皮肤病、职业性眼疾、职业性耳鼻喉口腔疾病、职业性肿瘤及其他职业病。

企业应积极采取控制职业毒害的措施，开展工业卫生工作：①新建、改建、扩建和技术发展项目的劳动安全卫生设施，要与主体工程同时设计、同时施工、同时投产使用；②改善劳动条件；③采取合理通风、隔离、密封措施控制有害物质逸出；④定期进行环境监测，严格控制生产环境中的有毒、有害物质的存在；⑤要以无毒或低毒原材料取代有毒或高毒原材料；⑥要尽可能将手工操作改为机械操作或自动操作；⑦要定期检查职工的健康情况，从事有毒、有害作业的人员上岗前要进行体检，要建立完善的健康档案；⑧发现早期职业病症状，要及时进行治疗，并调整工作岗位；⑨按国家规定给接触有毒、有害物质的工人发放保健食品。

第二节 安全生产技术和安全生产教育

一、安全生产技术

安全生产技术，是指为了消除生产过程中的危险因素，保证职工在生产过程中的安全所采取的技术措施。安全生产技术范围包括为了预防物理、化学、机械因素促成的突发性人身伤亡事故而采取的技术措施，分析研究事故的危害性、规律性、可防性及预防对策。物理方面的不安全因素有：声、光、强磁、放射性等引起的急性伤害；火焰、熔融、金属、热液、热气等引起的灼伤、烫伤；触电引起电击和电伤以及锅炉、受压容器和气瓶的爆炸事故；等等。化学方面的不安全因素包括：粉尘爆炸、化学物质爆炸、化学物质的急性中毒（铅、汞、强酸、强碱、汽油等的大剂量突然中毒）。机械方面的伤害包括：机器转动部分绞、辗，设备和工具引起的砸、割，以及物体打击、高空坠落等的伤害。

安全技术措施的内容，主要是改进工艺和设备，实行机械化、自动化、电气化、密闭化生产，设置安全防护装置，进行预防性机械强度试验及电气绝缘试验；加强机械设备维护保养和计划检修。合理安排和布置工作地，对安全生产和提高劳动生产率有十分重要的作用。为此，在进行工厂设计、厂房位置、工艺布置和设备装置时，不仅要考虑经济合理性，还要考虑安全性：

（1）厂房建筑要结构牢固，采光、通风良好，防止过度日晒，符合防火、防爆要求；厂房建筑与高压电线、储存易燃易爆物品的仓库应有足够的安全间距。

（2）工艺布置要符合防火、防爆和工业卫生的要求，并考虑过道和运输消防通道通畅。

（3）设备排列应有安全距离和科学排列方式，考虑工人操作安全方便，不受外界危险因素影响。

（4）设备要有安全装置，包括防护装置、保险装置、连锁装置、信号装置、危险牌示和其他安全装置。

二、安全生产教育

安全生产教育，是帮助职工正确认识安全生产的重要意义，提高他们实现安全生产的责任心和自觉性，帮助职工更好地掌握安全生产科学知识，提高安全操作水平，保证安全生产的重要环节。

安全生产教育的基本内容包括：

（1）思想政治教育。主要是要教育职工提高对安全生产和劳动纪律的认识，正确处理安全与生产的关系，遵守劳动纪律，自觉搞好安全生产。

（2）劳动保护政策和制度教育。要使企业全体职工都了解劳动保护的政策和有关制度，才能认真贯彻执行，保证安全生产。

（3）安全技术知识教育。包括一般生产技术知识、安全技术知识和专业安全技术知识的教育。①一般生产技术知识教育的主要内容包括：企业基本生产概况，生产技术过程，作业方法，各种机具设备的性能和知识，工人在生产中积累的操作技能和经验，以及产品的构造、性能和规格等。②安全技术知识教育的主要内容包括：危险设备、区域及其安全防护基本知识，有关电器设备（动力及照明）的基本安全知识，起重机械和厂内运输的有关安全知识，有毒、有害物质的安全防护基本知识，一般消防制度和规则，个人防护用品的正确使用知识等。③专业安全技术知识教育，包括工业卫生知识和专业的安全技术操作规程、制度，如锅炉、受压容器、起重机械、电气、焊接、防爆、防尘、防毒、噪声控制等知识。

（4）典型经验和事故教育。典型经验和事故具有指导工作、提高警觉的教育作用。用安全生产的先进经验和发生的典型事故进行教育，可以使职工从正反两方面的对比中深刻认识安全生产的重要性，推动安全生产工作的深入开展。

安全生产教育的形式和方法主要有：

（1）三级教育。这是企业安全生产教育的主要形式，包括入厂教育、车间教育和岗位教育。入厂教育，是对新入厂的工人或新调进的工人，在没有分配到车间或工作地之前，必须进行的初步安全生产教育。车间教育，是新工人或新调进的工人分配到车间以后所进行的安全教育。岗位教育，是新工人或新调进工人到了固定工作岗位开始工作之前的安全教育。三级教育逐级深入、具体细致和联系实际。

（2）特殊工种的专门训练。如电气、锅炉、受压容器、瓦斯、电焊、车辆等操作工人，必须进行专门的安全操作技术训练，经过严格的考试，取得合格证后，才能准许操作。

（3）各级生产管理人员的培训。主要是提高他们对安全生产的认识和责任感，杜绝违章指挥，加强安全管理。

（4）经常性的安全教育。一般应力求生动活泼、形式多样，如安全活动日、班前班后会、安全会议、安全技术交底、广播、板报、电视录像、事故现场会等。

三、安全生产检查

安全生产检查是推动安全生产的一个重要方法。通过检查，能够发现问题，总结经验，采取措施，消除隐患，预防事故的发生。安全生产检查的内容主要是：

（1）查思想认识。首先是检查领导对安全生产是否有正确的认识，是否能正确处理安全生产的关系，是否认真贯彻安全生产和劳动保护的方针、政策和法令。

（2）查现场、查隐患。主要是深入生产现场，检查劳动条件、安全卫生设施是否符合安全生产要求，特别要注意对一些要害部位进行严格检查。

（3）查管理、查制度。包括劳动保护措施计划的执行情况，各种技术规程的执行情况，厂房建筑和各种安全防护设备的技术情况，个人防护用品保管和使用的情况等。

安全生产检查必须有领导经常和定期地进行，采取领导与群众相结合的办法。检查应当和评比、奖励、采取措施相结合，注意表扬好人好事，宣传和推广有关安全生产的先进经验。

四、车间安全生产工作

车间领导和管理人员要十分明确安全生产的重大意义和重要责任，学会和掌握安全生产的科学知识，认真贯彻安全生产的规章制度，认真负责地做好安全生产工作。

（1）克服忽视安全生产的错误观点。特别要注意消除下列一些错误认识：一是重生产、轻安全的思想。有些人认为完成生产任务是头等大事，必须全力以赴，而安全工作可有可无，因此出现"生产是硬指标，安全是软指标""生产有计划，安全一句话"，放松安全生产工作，对安全无任何落实措施。二是安全与生产对立的观点。有些人认为安全与生产有矛盾，讲安全会影响生产，把安全与生产对立起来，形而上学，不讲辩证、危害极大。三是冒险蛮干的思想。有些人说"生产像打仗，哪能不死人"，实质上是为蛮干找借口，不关心职工死活，不注意劳逸结合，不讲究科学办事，是非常可怕的错误想法。四是消极悲观的观点。有些人对生产中发生的事故，认为无法避免。实际上绝大多数事故是由于领导和职工思想不重视、对采取预防措施不力而造成的，是思想问题而不是技术问题，很多事故是可以避免的。五是麻痹思想和侥幸心理。有些人对生产中的安全问题抱着无所谓和无所为的态度，凭侥幸心理去生产，甚至采用封建迷信的办法烧香叩拜神灵保佑，用一种愚蠢的心理状态对待安全工作，没有不出事的。

(2) 贯彻安全生产责任制度。安全生产责任制是企业各级领导对安全工作应该切实负责的一种制度，是做好车间安全生产的具体措施。它把"管生产必须管安全"和"安全生产，人人有责"的原则，用制度的形式固定下来，明确要求各级领导在安全工作中各知其责、各负其责、各行其责。①车间领导和生产管理人员在负责组织生产时要负责安全工作。要在计划、布置、检查、总结生产工作的同时，布置检查和总结安全工作。车间要每半个月对安全生产状况、事故发生情况、隐患整改情况进行小结，每月进行大结，每季做出总结。②车间、班组、个人都要认真贯彻执行安全生产责任制，逐项落实到工作岗位和人头，不能只靠少数人做安全工作。③组建车间安全生产领导小组，充分发挥专（兼）职安全员的作用。各班组长及兼职安全员要起模范带头作用，把搞好班组安全生产变成工人群众的自觉行动。④认真贯彻执行安全生产值班制，落实责任，值班人员认真检查督促，以避免事故的发生。

(3) 贯彻安全生产教育制度。安全生产教育是做好安全工作的基础，必须先行并贯穿于生产过程的始终。主要内容包括经常性的安全生产教育、新入厂工人的三级教育、调动岗位工人的再教育、特殊危险工种工人的专业安全技术知识教育。

(4) 贯彻安全技术操作规程。安全技术操作规程是每个工人在生产中为了预防事故而必须严格遵守的操作规程。安全技术操作规程反映了生产中的客观规律，根据不同的生产性质、不同的机械设备或工具性能，规定出合乎安全技术要求的操作程序。认真贯彻执行这个规程，就能达到不出事故的目的。因此，每一个操作工人要认真学习、严格执行各种安全技术规程，如生产工艺的安全要求、人的操作和设备安全上的要求等。随着技术的进步和方法的改进，有些操作规程也可以修改，但在没经上级批准修改方案之前，应仍自觉执行现行安全技术规程。

(5) 车间领导要带头自觉遵守安全规章制度，坚决杜绝违章指挥；车间专（兼）职安全员要切实负责协助车间领导搞好安全生产工作，发现工人有违章作业现象要立即纠正。

(6) 车间领导要及时做好工伤事故的组织抢救、报告、处理、慰问的工作，以及事故教育和安全完善措施工作。

五、班组安全生产工作

班组拥有各道生产工序和一定数量的工作地、生产岗位及生产工人，要十分具体细致地做好安全生产工作。

(1) 要教育、督促和检查工人自觉贯彻执行安全生产方面的各项规章制度，特别强调严格遵守安全技术操作规程。

（2）制止违章作业和野蛮作业，实行文明生产。要明确规定：操作者离开岗位时，调整机床速度、挂轮、注油时，调整工具、卡具时，测量工件尺寸、光洁度时，清理钻头、刀具上的铁屑时，工件松动或机床发生异常情况时等，必须先停机床。

（3）组织工人积极参加车间、厂部各种安全生产活动，及时向上级反映安全生产情况，查隐患，主动提出改进安全生产的措施。

（4）要求和检查本班组职工正确穿戴个人防护用品，女工发辫要挽在帽内，冷天不许围围巾，袖口衣角和裤角要扎好系紧，不许有飘荡部分，严禁上班穿拖鞋、木板鞋。

（5）保持工作现场整洁，工作完后坚持清扫场地，整理好工具、零件等，关闭好水、电、气、汽开关，并把当班情况向下班交代清楚。

第三节　安全生产责任制

安全生产责任制，是企业岗位责任制的一个组成部分，是安全管理的一项基本制度。它是根据"管生产必须管安全""安全生产、人人有责"的原则，明确规定企业各级领导和职能部门、有关工程技术人员和生产工人在生产中负的安全责任。安全生产责任制能把安全与生产从组织领导上统一起来，把"管生产必须管安全"的原则从制度上固定下来。这样，劳动保护工作才能做到事事有人管、层层有专责，才能使各级领导和广大职工分工协作、共同努力，认真负责地加强劳动保护，实现安全生产。

一、安全生产责任制的内容和要求

安全生产责任制的内容，概括地说，就是企业生产管理的各级领导对本单位的安全工作应负总的责任，领导应组织好本单位的安全工作；各级工程技术人员、职能科室和生产工人，在各自的职责范围内，对安全工作应负起相应的责任。具体内容要根据各单位和各岗位情况具体规定。

安全生产责任制对企业各级领导的要求是：经常分析研究本单位的安全生产情况，找出问题，对症下药，及时解决；把安全生产作为安排布置、检查、评比、总结生产工作的一项重要内容，并带头抓好安全生产；发生重大事故，应及时召开现场会，不仅要同群众一道分析发生事故的原因，总结教训，制定防范措施，而且抓住事故作为典型事例，力求使更多的单位、更多的职工从中吸取教训，提高认识，改进工作。

安全生产责任制对企业职能部门的要求是：生产部门管生产同时管安全，经常检查督促生产过程中的安全生产情况，及时发现和制止违章指挥和违章作业；技术部门要搞好安全技术工作，预防工伤事故的发生；卫生部门要搞好职业病和职业毒害的防治工作；人保部门要搞好安全防火工作，杜绝火灾、爆炸事故的发生，严防不法分子的破坏；政工部门要围绕安全生产方面存在的问题，积极开展思想政治工作，教育职工牢固树立安全生产思想；工会要协助行政对职工开展劳动保护的宣传教育，发动群众不断改善劳动条件，组织群众做好自上而下的安全生产监督检查工作。

安全生产责任制对职工群众的要求是：提高警惕，防止事故；自觉遵守规章制度和劳动纪律，禁止违章操作；爱护和正确使用机器设备、工具和个人劳动保护用品；积极参加有关安全生产的各项活动；等等。

二、安全生产责任制的贯彻和执行

企业安全生产不只是少数几个管生产的人的事，而是企业从上到下所有单位和全体人员的共同工作，安全生产责任制必须在企业各层次、各单位和全员中贯彻和执行。

(1) 企业、车间、工段、班组和个人，以及职能科室及其人员，都要有安全生产责任制，做到"安全生产、人人有责"。

(2) 企业各级领导和生产管理人员在负责组织生产时要负责安全工作。要在计划、布置、检查、总结生产工作的同时布置、检查和总结安全工作，坚决纠正把生产与安全对立起来的错误观点。

(3) 班组长管生产也应对本班组的安全负重要责任。要提高全员对安全生产重要性的认识，及时了解掌握工人的技术熟练程度、工作条件、工具设备状况以及工人的个性、嗜好、生活和思想情绪、日常工作表现情况，防止事故发生。还要通过班组长和骨干的模范带头作用，把安全生产变为工人群众的自觉行动。

(4) 实行奖金、浮动工资、评比奖惩与安全生产责任挂钩，大力奖励安全生产突出贡献者，表扬安全生产的好人好事，严厉惩处安全生产失职者和违犯者。

三、车间领导的安全生产责任

车间安全文明生产的好坏，关键在于车间领导的态度。车间领导要对本车间安全文明生产工作及工人的安全健康负责。车间领导安全生产的具体责任和工作如下：

(1) 认真贯彻执行国家安全生产方针、政策、法规及本单位有关这方面的规章制度，认真贯彻执行"管生产必须管安全"的原则，对其所领导的职工安全健康负责。

(2) 坚持每月一次安全生产大检查和每月两次安全生产日活动，并进行巡回检查，发现问题，做好记录，及时整改，严格考核。

(3) 制订作业计划和工艺规程应符合安全卫生要求，在计划、检查、总结、评比生产工作的同时要布置、检查、总结安全工作。

(4) 搞好安全生产教育，组织本车间工人认真学习安全文明生产的法规制度和安全技术知识，教育工人自觉遵守安全生产纪律和安全操作规程。

(5) 组织和安排好对防尘防毒、工业通风、防暑降温、防寒防冻、消防器材及安全装置等设备和附件的妥善保管和使用，及时维修保养，保持完好。

(6) 为了改善劳动条件，消除事故隐患，防止职业病危害，提出安全技术措施，报请厂领导有关部门批准后组织实施。

(7) 认真贯彻执行国家对妇女的劳动保护政策，做好女职工四期（经期、孕期、产期、哺乳期）的特殊劳动保护，合理调整女工担负的某些不适合女性生理特点的工作。

(8) 注意职工劳动作息时间和劳逸结合，合理组织和安排生产劳动，不滥行加班加点，不搞拼体力、拼设备的突击生产，使职工保持旺盛的精力从事生产劳动。

（9）积极组织职工开展"安全无事故竞赛"和"三保证"（个人保班组、班组保车间、车间保全厂）活动，促进全车间、全企业无安全事故发生。

（10）发生工伤死亡事故，应立即向上报告，并保护现场，积极抢救，参加伤亡事故的调查处理，及时召开事故分析会，按"三不放过"的原则吸取教训，采取措施，防止类似伤亡事故的再次发生。

四、车间专（兼）职安全员的安全生产责任

车间专（兼）职安全员应切实负责协助车间领导搞好本车间的安全生产工作，其职责任务如下：

（1）每天进行生产现场巡回检查，危险要害部位必须重点检查，次次查到；发现职工违章作业，必须坚决制止，及时纠正；对不正确穿戴劳保用品者要督促改正，对不听劝阻者要及时向领导反映，并有权批评教育，必要时可令违犯者停止工作。

（2）协助车间领导做好车间的三级安全教育工作，具体组织安排落实车间安全活动日的活动。

（3）凡在本车间内发生安全事故，必须立即向上如实报告，并协助车间领导开好事故分析会。车间安全员有权监督车间领导不得隐瞒事故或虚报、迟报。对隐瞒不报、虚报、迟报者应予以教育，并受纪律处分，情节严重的应负刑事责任。

（4）协助车间领导和企业有关部门进行工伤死亡事故的处理，做好善后工作。

五、班组工人安全员的安全生产责任

班组工人安全员是班组长在安全生产工作方面的助手，也是实行班组安全生产民主管理的体现，其安全生产的具体职责如下：

（1）积极组织开展班组安全活动，开好安全活动分析会，督促班组人员贯彻执行国家的安全生产方针、政策、法规和企业各种规章制度。

（2）协助班组长开展安全工作，做好三级安全教育，组织好安全生产活动日。

（3）及时上报工伤事故，积极参加车间、厂的事故分析和事故处理。

（4）处处起模范带头作用，并经常检查班组安全生产情况，做到及时发现、及时处理。

（5）工作要有计划，活动要有记录和分析，做到用数据说话，为车间、厂安全检查和总结评比提供准确数据。

六、文明生产

文明生产是指按照社会化大生产的客观要求，科学地从事企业的生产活动；此外，还包括文明施工、文明行车、文明装卸等。文明生产讲科学，其对立面是野蛮生产，愚昧、脏乱、乱干，不科学。

文明生产的重要意义在于：一是关系着物质文明建设，讲文明、讲科学，才能按自然规律（物理、化学、生物规律）生产出物质财富，创造物质文明；二是关系到精神

文明建设，讲文明、讲科学，才能安全操作，清洁卫生，才有良好的精神风貌。

文明生产的内容主要体现在如下三个基本点：

（1）文明的生产者和管理者。要求具有坚强的事业心和高度的责任感，具有科学技术知识和管理知识，具有良好的作风，如"三老四严"作风。

（2）文明的操作和管理。讲劳动操作和管理的科学化、民主化。

（3）文明的生产现场。做好生产现场的清洁、牢固、安全、整齐、美观、绿化，光线充足，通风除尘，安全生产，劳动保护，工业卫生。

第四节 安全事故处理

一、工伤死亡事故及处理

工伤事故是指工人在生产区域内发生与生产有关的伤亡事故，或者执行企业行政临时指定的工作而发生与生产有关的伤亡事故，或虽不在生产工作岗位上，但由于企业设备或劳动条件不良而引起的伤亡等。这些伤亡都应按工伤事故进行处理。

工伤事故分为轻伤、重伤、死亡和多人事故四种。轻伤一般指受伤后歇工满一个工作日的；重伤指受伤后经医生诊断，认为有残废可能的；死亡事故包括当时死亡和事后死亡的；多人事故指同时伤及三人以上的事故。重伤、死亡和多人事故要立即逐级上报，组织调查组，写出书面报告。具体要求做到：

（1）工人发生伤亡事故，使本人工作中断的时候，负伤人员或者最先发现的人应立即报告班组长、车间主任或厂长。发生多人事故、死亡事故，班组长应立即将发生事故的时间、地点、伤亡者姓名、年龄、工种和职称、伤害程度、事故原因等向上级报告。

（2）凡发生了工伤事故，必须立即组织抢救，同时要保护好现场。发生了重伤、死亡和多人事故，在没有经上级安全部门和检查现场的人员同意，不准破坏现场。

（3）做好伤亡事故的调查处理。对伤亡事故调查处理的目的，主要是找出事故原因，查明责任，吸取教训，采取措施，防止事故再次发生。对事故的调查分析，应切实做到"三不放过"，即事故原因分析不清不放过，事故责任者和群众没有受到教育不放过，没有采取预防措施不放过。

对造成事故的责任者要严肃处理。对于那种玩忽职守、不遵守安全制度、违章作业或违章指挥所造成的伤亡事故，应根据情节轻重，给予必要的处分，严重的应追究法律责任。

二、设备事故及处理

设备因非正常的损坏而造成停机或效能降低，停机修理时间或修理费用达到各厂规定的标准，叫作设备事故。设备事故会不同程度地影响生产，甚至危及职工人身安全。预防事故积极的办法是：遵守安全操作规程，勤保养设备，不超负荷使用等。

(一) 设备事故的划分标准及损失计算

设备事故按轻重程度可分为一般事故、重大事故。

对一般设备造成下列情况之一者为一般事故：①停产 4 小时以上；②修复费用在 50～500 元以内；③设备导轨研磨体积 0.5～1 立方厘米以内；④全厂或一个车间动能间断 10～30 分钟；⑤损失和停歇时间低于上述事故范围者，称为故障。

对一般设备造成下列情况之一者为重大事故：①停产 5 昼夜或以上；②修复费用在 500 元以上；③设备导轨研磨体积 1 立方厘米以上；④全厂或一个车间动能间断 30 分钟以上。

设备事故损失的计算：①停产时间，从设备损坏停工之时起，到设备修复后投入生产为止；②停机修理时间，从动工修理时起，到全部修复完毕交付生产使用时为止；③修理费用，包括材料费、备件费、修理工时费；④停产损失费，等于停产时间乘以单位时间工时费；⑤事故损失费，由修理费用与停产损失费用构成。

(二) 设备事故的性质和分类

设备事故按其性质可分为责任事故、质量事故和自然事故三类。

(1) 责任事故。因操作违章、维修质量不良、维护保养不当等人为原因，使设备损坏、停产或效能降低者，属于责任事故。

(2) 质量事故。因设备设计、制造质量不良，或检修、安装不当造成设备损坏、停产或效能降低者，属于质量事故。

(3) 自然事故。因遭受不可抗拒的自然灾害如地震、洪水灾害等，使设备损坏、停产或效能降低者，属于自然事故。

(三) 设备事故的分析和处理

(1) 设备发生事故后，应立即切断电源，防止事故扩大，保持现场，逐级上报。由事故车间领导人组织有关人员，根据安全事故"三不放过"的原则，进行调查分析。

(2) 发生事故的车间应根据事故分析结果，认真填写事故报告单。事故报告单应包括事故发生日期、地点、性质、类别、经过、损失和事故原因的分析、处理情况及防止再发生的措施等。事故报告单一式两份，交事故车间负责人签署意见，报经厂长批准后，一份报厂机动处 (科)，一份存本车间。

(3) 事故报告单应在三日内报厂机动处 (科)，车间于月后五日内向厂机动处 (科) 填报"月设备事故统计表"。

(4) 对事故责任者的处理，应根据情节分别给予处分，对隐瞒事故者要加重处分。

【复习思考题】

1. 什么叫安全生产？它有哪些特点？
2. 什么叫劳动保护？它包括哪些基本内容？
3. 劳动保护的任务是什么？

4. 劳动保护组织有哪些主要工作？
5. 什么叫职业病？它有哪些分类？
6. 企业应怎样开展工业卫生工作？
7. 车间生产应采取哪些安全技术措施？
8. 企业安全生产教育有哪些基本内容？
9. 安全生产检查的主要内容是什么？
10. 车间怎样抓好安全生产工作？
11. 什么叫安全生产责任制？
12. 企业应怎样贯彻执行安全生产责任制？
13. 怎样做好工伤死亡事故处理？
14. 怎样进行设备事故处理？

第十一章 车间经济核算和经济责任制

经济核算是对生产中劳动的耗费和劳动的成果加以记录、核算，通过对比、分析，争取不断降低消耗，提高劳动成果，以达到优质、高产、低耗和安全地完成及超额完成生产任务。经济核算是企业管理的重要环节，也是车间管理和班组管理的基础。要教育职工处处精打细算，事事讲究经济效果，用尽可能少的消耗，生产出尽可能多和好的产品，为社会增加财富，为企业增加效益，为职工增加收入。

企业经济责任制，是我国自 20 世纪 80 年代的改革开放以来，从我国国情出发，在总结我国企业管理实践经验基础上，逐步建立和发展起来的一项生产经营管理制度。车间经济责任制是企业经济责任制的重要部分和具体实施。经济责任制不仅体现了我国社会主义公有制为主体的特点，而且把中国式的企业管理推向一个新的阶段。实践证明，企业经济责任制适应我国现阶段生产力的水平，是社会主义市场经济条件下，有利于增强企业活力，充分调动广大职工积极性，办好企业的好办法。尽管经济责任制的内容和形式还在不断发展和完善之中，但在推行经济责任制的企业及其车间里无不收到显著的经济效果，充分显示了其旺盛的生命力。

第一节 经济核算的意义和基础

一、经济核算的概念和特征

经济核算，是指企业运用会计核算、统计核算和业务核算，以及经济活动分析等方法，对企业生产经营过程中的劳动占用、劳动消耗和劳动成果进行记录、计算、分析和对比的活动。全面经济核算则是按照统一领导、分级管理的原则，把企业经济核算的内容，推行到各个方面，使企业生产、技术、经营管理各部门、各级组织都有明确的经济权限和责任，各项经济活动的经济环节都要进行严格的、全面的经济核算，讲究经济效果。

全面经济核算主要有下列特征：

（1）全厂性。包括厂部、车间、班组以及生产服务、职工福利等各方面的核算。

（2）全过程性。包括从市场预测、产品开发、科研设计、试制鉴定到投产等全部生产经营过程，以及销售和售后服务等，都要实行经济核算。各个环节都应有明确的经济效益目标和切实可行的工作保证体系，它体现了企业经济核算的完整性和系统性。

（3）全员性。从企业领导到车间主任、班组长，到每一名普通职工，人人都要参与经济核算，处处都要讲求经济效益，它体现了经济核算的群众性。

二、企业经济核算的重要意义

经济核算的客观基础是社会生产的节约劳动时间规律和价值规律。节约劳动时间是企业经济核算的目的和任务,是社会生产发展的必要条件,而价值规律决定着企业经济核算的形式和方法。因此,企业实行经济核算有着重大意义。

(1) 可以帮助企业寻求改进生产、节约劳动时间的途径,保证企业用自己的销售收入来抵偿支出,获得盈利,以尽量少的劳动消耗取得最大的经济效益。

(2) 可以帮助企业总结生产经营的经验教训,发现问题,采取措施,改进工作,从而改善和提高企业管理水平。

(3) 能使全体职工关心生产经营活动,增强职工责任感,培养职工勤俭节约、艰苦奋斗的精神作风,调动职工厉行增产节约的积极性。

(4) 可以反映和正确处理国家、企业、职工三者的利益关系和企业内部责、权、利相结合的经济关系,充分调动企业和职工的积极性,增强企业活力。

三、车间经济核算的重要性

车间是企业的一级生产单位,对企业生产、技术经济活动起到承上启下的作用,企业的生产活动主要靠车间组织班组来实现,企业生产耗费大部分发生在车间,车间经济核算对企业影响很大。

(1) 车间经济核算是企业经济核算的基础。企业的资财耗费在很大程度上反映在车间,车间生产成本占产品成本比重的75%左右,车间经济核算的好坏,直接影响企业经济核算。同时,企业实行车间经济核算,也是企业经营管理改革的一项重要措施。

(2) 车间经济核算的数据是企业经营管理不可缺少的数据来源,通过对车间生产数据的分析,可以改善和提高企业生产经营管理的水平。

(3) 车间经济核算能够促使车间克服单纯生产观点,有利于促进车间合理组织生产,厉行增产节约,勤俭办一切事业。

(4) 车间经济核算是贯彻经济责任制的基础,能够把生产的好坏与职工物质利益直接挂钩,有利于按时完成产量计划,提高产品质量,降低物资消耗和能源消耗,提高企业经济效益。

四、班组经济核算的作用

班组开展经济核算的作用主要体现在三个方面:

(1) 班组是企业生产的最基层组织,没有班组的经济核算,厂部、车间的经济核算指标就不能落实。只有充分发挥班组工人群众的积极性和主人翁责任感,通过劳动者自己核算自己的劳动成果,及时了解自己的生产任务完成情况,不断找出节约的途径,挖掘潜力,突破生产中的关键,才能使整个经济核算任务的完成有可靠的群众基础。

(2) 班组是工人参加企业管理的最基本单位,班组经济核算不仅考核几个计划指标,更重要的是通过参加班组日常经济管理工作,发挥工人当家管家、当家理财的作用。

（3）经济核算的很多专业管理工作的基础资料在班组，如原始记录的填写、定额的制定和贯彻、物资管理责任制的建立等，都要依靠班组来贯彻落实。因此，班组核算工作健全以后，才可以使专业管理部门的经济核算有比较巩固的基础和落脚点。

（4）班组经济核算有利于加强班组科学管理。班组经济核算搞好了，不仅对促进班组各项任务的完成有重要作用，而且对于巩固班组以岗位责任制为主要内容的各项制度，加强班组管理和建设，都将收到很好的效果。

五、经济核算的基础工作

实行经济核算必须以科学的态度、认真负责的精神做好以下基础工作：

（1）原始记录。原始记录是通过一定表格形式，对企业生产经营活动的情况所做的最初的数字和文字的记载，是企业生产经营第一线职工亲自记载的真实情况。原始记录非常重要，它是经济核算的起点和依据，也是企业科学管理的基础。原始记录的基本内容包括：生产过程记录，材料、动力消耗记录，供销过程记录，劳动工时记录，设备工具记录，财务成本记录，等等。

原始记录具有广泛性、群众性、具体性和经济性的特点，要求原始记录必须做到正确、及时、完整，原始记录的内容、格式、填写责任、传递路线、汇总整理等也要明确规定，建立健全必要的原始记录管理办法。

（2）完善计量检测验收工作。要保证原始记录符合实情，必须有准确的计量检测和严格的验收手续。经济核算各个环节都离不开计量。因此，企业应该建立健全计量机构，制定计量管理制度，设置必要的计量手段，对量具定期检查，保证量值正确。根据生产技术经济管理最基本的需要，凡计量器具不完备的，应限期补齐。

（3）完善各种定额。定额是经济核算的基础，是经济责任制考核的依据，是衡量各项工作的尺度。实行经济核算必须加强定额管理，建立健全先进完整的定额体系，包括劳动定额，材料、燃料、工具、动力消耗定额，各种物资储备定额，设备利用定额，流动资金占用定额，管理费用定额等。定额应保持平均先进水平，即在正常条件下经过努力可以达到的水平。

（4）完善规章制度。企业的主要规章制度应包括企业内部经济责任制度和各种业务管理制度，如计划管理、质量管理、生产管理、技术管理、劳动管理、物资管理、销售管理、财务管理及指标考查、分配奖励、经济活动分析等规章制度。这些管理制度要相互协调，一经颁布就要严格贯彻执行，以维护制度的严肃性和权威性。

第二节　经济核算体系

一、经济核算指标体系

为了反映企业各项经济活动的效益，需要借助许多表明经济现象数量变化情况的指标，这就形成了企业不同层次的经济核算的指标体系。

（一）厂部核算指标

（1）生产成果指标。企业的生产成果主要是产品。核算企业的产品，主要是通过产量、品种、质量、产值等指标进行核算，这些指标分别反映和评价企业为社会提供使用价值的状况。具体包括：①产品质量指标，包括产品等级率、产品平均等级、废品率、返修率等；②品种指标，考核产品品种计划综合完成率；③产量指标，包括实物量、劳务量；④产值指标，包括总产值、商品产值、净产值。

（2）劳动工资指标。企业增产有两个途径：一是增加劳动力；二是提高劳动生产率。其中提高劳动生产率是主要途径。劳动工资核算包括两部分，即劳动生产率核算和工资核算。①劳动生产率指标，包括全员劳动生产率、生产工人劳动生产率；②工资指标，包括企业工资总额和平均工资。

（3）资金指标。①固定资金占用指标，包括每百元总产值占用的固定资金、每百元固定资金生产的总产值；②流动资金指标，包括每百元产值占用流动资金、流动资金周转天数、流动资金周转次数、月、季、年平均占用流动资金。

（4）产品成本指标。包括单位产品成本、全部产品总成本、可比产品成本降低额（率）、产值成本率等。

（5）利润指标。包括利润额、资金利润率、成本利润率。

（6）设备指标。包括设备完好率、设备利用率等。

（二）车间核算指标

车间、班组的经济核算内容和指标，因企业的规模、产品结构和承包要求等方面的不同而差别很大，应根据具体情况加以确定。具有典型意义的是作为利润责任单位的车间核算，属于完全型的车间核算，其内容主要包括以下各指标：

（1）产量指标，包括实物量、劳务量、价值量等。

（2）质量指标，包括产品合格率、返修率、废品率、产品等级率等。

（3）劳动指标，包括劳动生产率、出勤率、工时利用率、定额工时完成率等。

（4）资金指标，包括固定资金占用额、流动资金占用额、在制品定额、资金周转速度等。

（5）成本指标，包括原材料消耗指标、劳动力消耗指标、车间制造费用指标，即物耗定额、工资福利、各项费用定额、废品损失等。

（6）内部利润指标，包括车间成本盈亏、计划外劳务收入等。

（7）设备指标，包括车间设备完好率、设备利用率等。

（三）班组核算指标

班组经济核算是在厂和车间领导下，以班组为核算单位，由工人群众直接参加企业管理当家理财的一种核算形式，是企业全面经济核算的基础。班组经济核算的组织应与生产班组相适应，一般应当符合以下要求：能够划清各班组之间的经济责任，并有明确的核算指标；每个班组必须有一名熟悉核算业务并有一定组织能力的核算员，在班组内形成一个经济核算核心；班组内的工人要尽量稳定；有准确的核算记录如账、卡、表等资料。

班组经济核算内容要按照干什么、管什么、算什么的原则，主要核算产量、质量、消耗、出勤、设备等经济指标。

（1）产量指标。根据车间下达给班组的生产计划任务，核算全班组的产量指标。如果班组生产是单一产品，可以用产品的实物单位来计算；如果生产的品种多，可以用定额工时作计算单位。以产量的计划数与实际数对比，考核超产数或亏产数，计算完成计划的百分率。

（2）质量指标。即产品合格率、废品率，考核计划数与实际数的比率。计算合格品与废品的数量，如果是多品种生产，也要用定额工时作计算单位。有的还可以折算为废品损失金额。

（3）消耗指标。即原材料、辅助材料、燃料、动能、工具等消耗水平。它是由生产部门会同计划财务部门以限额、定额、降低额、降低率等形式下达给车间、班组的指标。

（4）劳动指标。一般以工时为单位进行核算，考核出勤率、工时利用率、劳动效率等指标。这些指标，如果是由车间下达的，按车间下达的指标考核；如果车间没有规定指标，班组可以自定指标，争取实现。

（5）设备指标。主要是核算设备的开动率和完好率，把规定的指标与实际完成情况进行比较。

二、经济核算组织体系

经济核算是经济管理的重要原则，因此企业的经济核算也要和企业管理的其他工作一样，实行统一领导、分级管理、依靠群众、发动群众、专业核算与群众核算相结合的组织原则，其组织工作体系由纵横两方面的内容构成。

（一）纵向核算体系

企业经济核算纵向方面通常是指厂部、车间、班组的三级核算体系，一般以厂级核算为核心，车间核算为纽带，班组核算为基础。

（1）厂级核算。也称企业经济核算，是以企业为核算单位，由专业人员进行的考核整个企业经济效益的经济核算。厂级经济核算的基本内容是：核算生产经营经济效果，核算资金利用的经济效果，核算投资效果等。厂部要根据企业的生产经营计划进行指标分解，向车间（科室）下达经济核算指标，考核车间（科室）经济指标的完成情况，并据此进行奖励；组织经济活动分析，总结推广先进经验，不断提高经济核算水平。厂级核算的中心内容是核算利润。

（2）车间核算。是在厂部统一领导下进行的，它核算厂部下达到车间的各项计划指标，如产量、质量、品种、产值、各种消耗、劳动生产率、成本、资金占用、出勤、安全等。其中心内容是核算车间成本。

（3）班组核算。是企业经济核算的基础，是工人自己记录、计算的群众性核算。

核算的内容，本着干什么、算什么的原则，中心内容是核算指标，主要有产量、质量、工时和消耗等指标。

（二）横向核算体系

企业经济核算横向方面是指由会计核算、统计核算、业务核算和经济活动分析所构成的业务核算工作体系。

（1）会计核算。它是以货币为主要计量单位，运用一整套有组织、有系统的方法，对企业生产经营活动进行控制和总结的一门科学。会计核算是按时间顺序不间断地对企业各项经济活动，通过记账、算账、结账、报账等手段连续地、系统地、全面地反映企业经营过程及其成果。

（2）统计核算。主要是以实物、劳动、货币为计量单位，运用全面、典型、抽样调查等手段，通过对经济现象的规模、水平、结构、比例等数量关系的研究，提供有关数量指标和质量指标，从而揭示这些现象发展的规律性。

（3）业务核算。主要职能是运用简便的方法，迅速提供业务活动所需的资料，以及各种业务指标。可根据业务性质和特点，灵活地运用各种计量单位及各种方法进行核算。

（4）经济活动分析。它是经济核算的继续和深入，利用会计、统计和业务核算及计划、定额、预算等资料，定期或不定期地对企业的全部或部分的经济活动过程及其结果进行分析研究，以便揭露矛盾，找出存在的问题及其原因，挖掘潜力，指明努力方向，提出改进措施。

三、经济核算方法

企业经济核算的核算方法，一般可分为指标分解、核定资金、内部结算、自计盈亏、物质奖励五个方面。

（1）指标分解。企业内部经济核算需要建立起一套指标体系。厂部计划部门应把规定的各项技术经济指标，包括产量、品种、质量、劳动生产率、消耗、资金、成本、利润、订货合同等，组成企业总指标体系，再将这些指标层层分解，下达到车间、科室，车间再将指标分解为小指标，落实到班组和个人。这是企业经济核算的前提条件，也是落实经济责任制的主要措施。

（2）核算资金。厂部应该核定各车间的流动资金，包括储备资金、生产资金和一定数额的货币周转金。还应该根据生产能力查定数和年度生产任务，核定各车间固定资产需要量，考核各车间固定资产占用情况。

（3）内部结算。企业内部各车间、科室之间发生经济往来，如相互提供材料、半成品、产成品、劳务等，应按一定的内部结算价格进行计价，并且采用一定的内部结算方式办理结算手续。这是在企业经济核算中，具体运用商品交换的形式和等价交换的原则进行的内部计价结算。企业内部结算以财务部门作为内部结算中心，具体结算方式可从下列三种方式中选择使用：①转账通知单。即由收款单位发出转账通知单并附有关原始凭证，通知厂财务科，由财务科把有关账目转给付款单位。②内部托收结算。即由收款单位将内部托收单送交财务科,由财务科转给付款单位,但是必须经付款单位承付后才能办理结算转账手续。③内部货币和内部银行支票。即厂内各单位之间发生经济往来,由往来双方直接进行收付结算,内部银行支票在双方交接后由收款单位送内部银行划拨转账。财务部门不再设置"内部往来"科目,而通过"厂内银行""内部银行存款"等科目,反映各单位内部货币资金的增减变动。

(4) 自计盈亏。是指企业内部各核算单位要核算本单位的成本和收入,以自身的生产经营收入补偿支出,并计算内部利润。计算内部利润通常是按照车间的完工产品(产成品、半成品、劳务)的实际完工数量和内部结算价格,计算车间的销售收入;再按照材料、半成品和劳务的实际消耗数量和内部结算价格,计算材料、半成品和劳务的成本,加上工资及车间费用,求得车间完工产品的成本;收入与成本相减,即得出内部利润。内部利润的结算方法,取决于内部结算价格的确定。

(5) 物质奖励。这是企业实施全面经济核算的重要条件,可以根据各车间各项经济指标的完成情况给予适当的物质奖励,使物质利益成为提高经济效益的经济动力。实行物质奖励要以实现经济责任为前提,要有明确的考核标准;要实行多劳多得,拉开差距,有奖有罚;要加强思想政治工作,既要鼓励各单位努力完成自己的责任指标,又要搞好协作,谋求提高全局经济效益;要控制奖金总额,实行按月考核颁发,年终总决算。物质奖励关系到企业内部各方面的经济利益,政策性很强,应该做到责、权、利相结合,才能有效地调动各单位职工的积极性。

第三节 经济活动分析

经济活动分析,就是利用各种核算资料,深入调查研究,定期或不定期地对企业全部或局部的生产经营情况进行分析,揭露矛盾,找出原因,提出措施,挖掘潜力,改进工作,以提高企业的经济效益。开展经济活动分析,对于加强企业计划工作和定额工作,更好地制定各种控制目标,也有重要的意义。

一、经济活动分析的内容

(1) 生产分析,即对产品品种、质量、产量、产值、生产进度等计划指标完成情况的分析,查明影响这些指标完成的原因,制定相应措施。

(2) 开发分析,即对产品研制、新产品试制、老产品改造、生产准备、中间试验、技术革新、基本建设、更新改造等计划完成情况及其对企业生产和效益影响的分析。

(3) 劳动分析,主要分析劳动生产率变化情况,由此查明劳动力构成的变化、出勤率、工时利用率、职工技术业务水平的提高及劳动组织等方面的情况,并分析这些因素对企业经济效益的影响,以便为不断提高劳动生产率挖掘潜力。

(4) 物资分析,即分析原材料、燃料、动力等供应、消耗和储备情况,以及外购件的供应保证、质量、价格的情况,为企业经营决策提供依据。

(5) 设备分析,即分析各类机器设备的完好情况、利用情况、检修情况和更新改造情况。

(6) 销售分析，即分析各种产品的销售情况、市场占有率及市场开拓情况，分析企业销售收入增长、销售业务开展、销售费用支出、销售货款回收等情况。

(7) 成本分析，包括对全部产品总成本、单位成品成本、可比产品成本升降情况的分析，以及对各成本项目支出情况的分析。

(8) 利润分析，主要对产品销售利润完成情况进行分析，同时对其他销售利润和营业外收支作分析。要分析利润额增减情况、上交税额增长情况，以及各种利润指标完成情况。

(9) 财务分析，主要是对固定资金和流动资金的占用和利用情况，专项资金使用情况，财务收支状况进行分析。

二、经济活动分析的组织和形式

企业经济活动分析的组织分工，应当同经济核算工作的组织分工相一致。全厂由厂长及其助手总会计师来领导。全厂性的全面分析由计划、财务两部门负责组织。专题分析由各职能部门根据需要分散地进行。车间的分析由车间主任领导，经济核算员负责组织。班组的分析由班组长领导，工人核算员组织进行。

按不同标准，企业经济活动分析可划分为多种形式：

(1) 按分析的组织级别分，有企业、车间和班组三级分析。

(2) 按从事分析的人员分，有专业分析和群众分析。

(3) 按进行的时间来分，有日常分析和定期分析。日常分析可以灵活适应需要，及时发现和解决问题，并为定期分析积累资料。定期分析是指按周、月、季、年进行的分析。通过对一定时期积累资料的分析研究，可以比较系统、全面地发现问题，总结工作。

(4) 按分析问题的范围来分，有全面分析和专题分析。全面分析是对全厂或全车间班组生产经营活动情况进行全面系统的分析，它的内容广泛，工作量大，所以往往定期举行，而且要组织有关各方面的力量分工协作。专题分析是对某个专门问题进行具体深入的分析。它可以针对生产经营活动中的关键问题或紧迫问题，组织力量深入实际，摸清情况，提出解决办法。专题分析可以是日常分析，也可以定期分析。

三、经济活动分析的程序

经济活动分析，一般应遵循下列程序：

第一，占有资料，掌握情况。将分析所依据的各种资料（计划资料、核算资料、企业历史资料、国内外同行先进水平资料等）收集起来，整理归类。对某些主要问题还要深入实际，作专门的调查，掌握第一手情况，把数字资料同活的情况结合起来。资料与情况的准确和完整性在极大程度上决定着经济活动分析工作的质量与效果。

第二，对比分析，揭露矛盾。利用各种资料相比较，从对比差距中即可发现矛盾。

第三，因素分析，抓住关键。发现矛盾后，应该找出产生矛盾的原因，这些原因也正是影响企业生产经营活动和经济效益的主客观因素。找出影响因素才能克服缺陷，挖掘潜力，总结经验，巩固成绩。但是影响因素很多，必须分清主次，抓住关键，着重分析关键因素的影响。

第四，制定措施，改进工作。在分析矛盾、找出原因的基础上，即可制定出巩固成绩和挖掘潜力的措施、对策，并落实到有关责任部门或人员，改进工作，使生产经营活动按既定的目标和方向进行。

在上述程序的四个步骤中，调查研究、占有资料是分析工作的基础，对比分析和因素分析是手段，制定措施并保证实现才能达到提高经济效益的目的。因此，能否针对分析中发现的问题，采取切实有效的改进措施，将最终决定着经济活动分析的成败和效果。

四、经济活动分析的方法

常用的经济活动分析方法有如下三种：

（1）比较法，又称对比分析法。即以实际与计划比较、本期与上期比较、本企业与同行业先进水平比较等；可用绝对数比较，也可用相对数比较。对比时要注意指标的可比性，不同性质或不同口径的指标不能比较。

（2）因素分析法，又称连环替代法。这是对因素的影响做定量分析的方法。当影响一个指标的因素有两个以上时，要逐个分别计算和分析各因素的影响程度。在应用时，以计划指标中各个因素的计算式作基础，依次替代各因素的实际数，后替代计算式的乘积与前替代计算式的乘积之差额即为该替代因素对指标完成情况的影响，最后，各因素影响额之和，就是实际数与计划数的差额。应用此方法时，应注意的是：①确定某项指标是由哪几个因素组成、各因素的排列顺序如何。②确定各种因素与某项指标的关系，如加减关系、乘除关系、乘方关系、函数关系等。③根据分析的目的，按各种因素的排列顺序，逐个因素替代测定其对指标的正负影响程度。④综合各种因素的影响结果。

（3）平衡分析法。这是一种将具有平衡关系的各项指标进行对照、平衡，借以发现工作成绩和问题的方法。工业企业中需要进行平衡分析的主要平衡关系是：原材料供应量与需要量之间的平衡分析，产销之间的平衡分析，劳动力需要量与现有量之间的平衡分析，各种设备能力之间的平衡分析，生产能力与生产任务之间的平衡分析，生产各阶段对各种零部件、半成品供求之间的平衡分析等。

经济活动分析最终要形成分析报告。经济活动分析报告是经济数字分析的继续和结果，是对分析中揭露的主要问题所作的结论。它一般包括情况、成绩、问题、建议等几个方面，以及企业在生产经营过程中存在的主要问题和解决的方法等。经济活动分析报告作为企业生产经营决策的重要依据，将对日后的生产经营活动产生重要影响。

第四节　车间成本管理

企业的基本活动是进行产品生产及销售。产品成本是指企业在一定时期内，为生产和销售一定的产品所支出的各种费用总和。产品的价值包括已耗费生产资料的转移价值和生产者新创造的价值。其中，耗费生产资料的转移价值分为已耗费劳动手段的价值（表现为固定资产折旧费）和已耗费劳动对象的价值（表现为材料费用）；劳动者新创造的价值分为劳动者为自己创造的价值（表现为劳动工资）和为社会创造的价值（表现为利润和税金）。在上述两大类四大项当中，耗费生产资料的转移价值和劳动者为自己创造的新价值构成了企业的产品成本。成本管理成为经济核算中最重要的内容。

一、成本管理的意义

产品成本是反映企业生产经营活动的一个综合性指标，它决定着企业的竞争实力和经济效益，是考核一个企业的科学数据。产品成本的作用在于：

（1）产品成本是补偿生产耗费的尺度。企业进行生产经营必需的生产耗费由产品销售收入中得到补偿，应当补偿多少，产品成本就是衡量这一补偿数额大小的尺度。

（2）产品成本是反映劳动耗费和监督劳动耗费的工具。产品在制造过程中发生的耗费反映着劳动生产率的高低，反映出设备利用程度和人力支出状况。作为综合指标的成本水平最能衡量企业的经营管理水平，从而采取措施改善管理，提高效率，降低消耗，使产品成本下降，就能提高企业的经济效益。

（3）产品成本是制定产品价格的一项重要依据。产品价格是产品价值的货币表现。产品价格一般应符合它的价值，因此在产品定价时，必须考虑产品成本水平，使制造产品的耗费能够通过产品销售得到补偿。同时还要考虑到劳动者为社会创造的价值的实现（积累），因此产品价格一般应高于产品成本水平。

（4）产品成本是企业经营决策的基础资料。企业在编制下年度生产技术财务计划和测算企业盈利水平时，成本是一个非常重要的基础资料。有了可靠的产品成本数据，厂长就可以据此决定下年的经营计划和经营方针，把企业生产经营任务建立在可靠的数据基础之上。

产品成本从理论上讲，它是商品生产中耗费的物化劳动和活劳动的货币表现，是企业为了制造满足社会需要的产品，对物化劳动和活劳动的消耗以及管理费用的货币表现。在实际工作中所应用的成本的概念，是按照现行的有关成本开支范围所规定的。它以理论为基础，但考虑到生产经营的特点和管理工作的要求，是反映企业全部生产经营活动的一个综合性指标。它用货币形态综合反映了企业生产经营活动的耗费水平，反映了物质和劳动资源的利用程度，新技术和新工艺的利用成果，劳动生产组织水平和管理水平。搞好成本管理，不仅是企业上层管理水平问题，而且更是车间管理水平问题。产品成本的高低主要由车间成本所决定的，它关系到企业能否为社会提供物美价廉的产品及提高产品的竞争能力，是关系着企业兴旺发达的重大问题。

二、企业成本开支的范围

国家对企业产品成本开支范围有统一规定，并以立法的形式，要求企业必须遵守国家规定的成本开支范围，不准乱挤、乱摊成本，应该计入产品成本的要准确及时，以保证产品成本准确和杜绝浪费。国家规定的企业产品成本开支范围如下：

（1）生产经营过程中实际消耗的原材料、辅助材料、备品配件、外购半成品、燃料、动力、包装物、低值易耗品的原价以及运输、装卸、整理等费用。

（2）固定资产的折旧费、维修费。

（3）进行科研、技术开发和新产品试制所发生的不构成固定资产的费用，以及购置样品、样机和一般测试仪器的费用。

（4）按国家规定列入成本的职工工资以及特定原材料节约奖、技术改进和合理化建议奖。

（5）按规定比例计算提取的工会经费和按规定计入成本的职工教育经费。

（6）产品包修、包退、包换的费用以及废品的修复费用或报废损失停工期间支付的工资、设备维修费和管理费、削价损失和经同级财政机关批准的坏账损失。

（7）财产和运输保险费、契约、合同公证费和鉴证费、咨询费、专有技术使用费，以及应列入成本的排污费等。

（8）流动资金贷款利息支出。

（9）办公费、旅差费、会议费、劳动保护用品费、冬季采暖费、夏季降温费、用在消防的费用、检验费、仓库经费、商标注册费、展览费等管理费。

（10）销售商品发生的运输费、包装费、广告费以及销售机构的管理费。

（11）经财政部审查批准列入成本的其他费用。

三、车间成本的构成

企业产品成本项目一般分为如下10项：

（1）原材料，指构成产品实体的原料和主要材料。

（2）辅助材料，指用于生产不构成产品实体，但有助于产品形成的材料。

（3）燃料动力，指直接用于生产的燃料和动力。

（4）固定资产折旧，指对逐年损耗的固定资产的补偿。

（5）生产工人工资，指直接参加产品生产的工人的工资。

（6）生产工人工资附加费，指按规定比例计算的工资附加费。

（7）废品损失，指生产中产生废品所发生的损失。

（8）车间经费，指为管理和组织车间生产而发生的各项费用，如车间管理人员的工资及工资附加费、办公费、劳动保护费、固定资产折旧费及修理费、低值易耗品摊销费、润滑油及棉纱费、在制品盘亏和损毁等。

（9）企业管理费，指为管理和组织全厂生产所发生的费用，如厂部管理人员的工资及工资附加费、办公费、旅差费、运输费、利息支出、罚金赔偿、文体宣传费等。

（10）销售费用，指产品在销售过程中所发生的各项费用。

在产品成本的十大项目中，第（1）至（8）项构成产品的车间成本，即在车间生产过程中发生的成本，一般占产品成本的75%左右。第（1）至（9）项构成产品的工厂成本，又叫生产成本。第（1）至（10）项构成产品的完全成本，又叫销售成本。

四、车间成本的核算

成本核算是企业经济核算的主要内容之一。成本核算就是记录、计算生产费用的支出，核算产品的实际成本，以反映成本计划执行的情况。车间是企业的组成部分，但不是独立的经济核算单位。因此，车间的成本核算也叫责任成本核算，即只核算与本车间有直接关系并能加以控制的指标。车间的成本核算是在厂统一领导下，按厂下达的核算指标和产品的厂内价格进行的，是保证企业提高经济效益的重要环节。

成本核算是车间经济核算的重点。各车间的生产特点不同，核算成本的范围和方法也有区别。例如，对于那些产品较少，具有相对独立的完整生产过程的车间，应当按产品计算产品成本；对于那些产品品种较多，生产不大稳定的车间，为了便于计算，可以采用综合的工时成本或吨成本；对于那些核算条件暂不具备的车间，可以暂时只核算几个直接费用项目（如材料消耗、工时消耗、工具费等），以及车间经费等单个费用指标，以后创造条件逐步改进和完善成本核算。

车间成本核算的基本程序是：首先制定出控制标准即计划标准；然后用实际发生数与标准进行对比，计算差异；再分析产生差异的原因，制定改进措施；最后对成本进行反馈控制。制定控制标准时，可用"数量×价格＝标准"的公式来确定。

车间成本核算在车间主任直接领导下进行，日常工作由车间职能管理人员具体组织。车间成本核算要求准确、及时。只有准确地核算成本，才能如实反映生产经营状况，发现工作中的成绩和缺点，这就要求各班组及车间职能人员认真做好各种原始记录。只有及时地核算成本，才能迅速采取措施，解决问题或推广经验，促使成本进一步降低。车间通常是按月进行成本核算。成本的具体计算方法，可根据企业、车间的产品特点和生产类型，由厂部统一确定。

在车间成本核算的同时，要结合进行成本分析。通过成本核算发现实际成本与计划成本产生差异时，就要进行成本分析，查明原因，采取有效的措施予以解决。成本分析的作用在于：检查成本计划完成情况，观察产品成本的构成及其水平，找出影响成本的各种因素，揭示节约的源泉和费用超支的原因，进一步挖掘降低产品成本的潜力。成本分析要求及时、准确，使能起到降低成本的作用。车间成本分析的组织形式，一是车间分析会，由车间主任主持，各职能组负责人、有关班组长、技术人员参加，成本分析报告由车间核算员提出；二是班组分析会，由班组长主持，班组全体职工参加，成本分析报告由班组核算员负责。成本分析的方法有比较法和因素分析法。车间、班组两级成本分析会都应对分析出来的问题做出决定，属于本级范围内能解决的，应采取果断措施进行解决；本级解决不了的问题，及时反映到上级，以求尽快解决。

五、车间成本的控制

成本控制是指在成本形成的整个过程中，对各项具体活动进行严格的监督，及时纠正发生的偏差，使产品成本的形成和各项费用、消耗的发生，限制在一定的范围内，以保证达到预期的成本水平和利润目标。车间是直接组织生产的单位，产品成本大部分是在车间形成的，车间成本控制的好坏对工厂成本影响极大。要做好车间的成本控制，必须抓好以下几项工作：

1. 提高职工"当家理财"的思想认识

成本控制有许多具体工作要做，而首要的应该是思想认识问题。思想问题解决了，管理工作跟上来了，其他工作就好做了。因此，车间主任要教育职工树立"当家理财"的思想，发扬主人翁精神，把企业当成自己的家产，人人都有一个经济头脑，精打细算，厉行节约，减少浪费，各种各样的想法和措施都要与降低成本相联系，把成本观念牢记在头脑里，贯彻于每一项具体工作和行动之中。

2. 建立和健全班组经济核算制

班组经济核算是企业财务民主的具体体现，它可以激发广大工人群众当家做主的主人翁责任感。广大职工处在生产第一线的不同岗位，分布于生产过程的各个环节，人人都是他所负责的工作的里手行家，只有他们才最清楚他们的设备该怎么改进，材料消耗怎样才能节约。开展班组经济核算，就可以做到人人搞核算，处处有核算，事事算细账，节能降耗蔚然成风。

班组核算的内容，依据"班组核算指标，车间核算成本，厂部核算利润"的分工和干什么、管什么、算什么的原则，本着少而精、突出重点的精神，通常核算产品产量、产品质量、材料消耗和工时利用四项指标，个别班组也可以进行简单的成本核算。班组经济核算直接在生产现场紧密结合生产活动来进行，最能直接、及时、具体、正确地反映班组的生产消耗和生产成果。它能把干、管、算三者紧密结合在一起，生产中发生的问题，就能及时发现和及时改进，使成本控制能产生最及时、最具体的效果。因此，搞好班组核算，是控制成本、降低消耗的最好措施。

3. 建立成本管理点

影响车间成本的因素很多，但总有几个是最主要的。把几个主要因素抓住了，成本控制的大局就稳定下来了。在几个主要影响因素中建立成本管理点，抓好几个管理点，就能有效地控制住成本水平。可以运用 ABC 分类法，对影响成本的各种因素进行分类筛选，选出对成本有重大影响的品种（材料或产品）作为控制对象，突出了重点，抓住了主要矛盾，简化了管理内容，精力集中，效果显著。

4. 抓好成本的综合治理

成本指标是反映一个车间管理工作好坏的综合指标之一。要控制好成本，必须进行综合治理，寻求降低产品成本的各种途径：

（1）节约原材料。原材料在产品成本中比重较大，减少原材料消耗是降低产品成本的一个重要手段。为此，要采用先进技术，改造产品结构，减轻产品净重，以节省材料；制定先进的材料消耗工艺定额，在管理上控制材料消耗量；综合利用材料，做到废物利用、修旧利废；加强材料管理，建立健全保管制度，减少材料损耗。

（2）加强产品质量管理。提高产品等级率，减少废品损失，从质量中求增产是最大的增产，从质量中求节约是最大的节约。

（3）提高设备利用率。提高设备利用率就是有效地发挥固定资金的作用，以减少单位产品的固定成本（折旧费），从而使产品成本下降。

（4）节约动能。使用耗能少的设备，改造耗能多的设备。完善动能计量装置，按表分配，按表收费。建立健全动能管理制度，消灭常流水，减少长明灯。

（5）搞好均衡生产，合理利用流动资金。搞好均衡生产，不但能减少在制品占用量和资金积压，而且能加快资金周转速度，做到增产不增资，科学地核定定额流动资金需要量，减少贷款利息支出。

（6）严格财经纪律，执行成本管理条例，以防止乱挤成本、滥摊成本。

（7）压缩非生产开支。要挖掘潜力，精打细算，节省管理费用开支，合理压缩非生产人员比重，采用限额凭本办法，有效控制管理费支出。

（8）从挖潜、革新、改造中要效益。挖潜、革新、改造是一种内涵扩大再生产的方法，是立足于现有生产条件，在不花钱或少花钱的情况下，扩大生产能力，降低各种消耗，达到降低单位产品成本、提高综合经济效益的一项最有效的措施。特别是挖潜和革新，是车间大量的、经常性的工作。挖潜、革新、改造的课题来自生产实践，是生产第一线工人身边的工作。只要充分发动职工群众，广泛开展技术协作活动，人人出主意，个个想办法，就能把挖潜、革新、改造工作广泛深入地开展起来，做到月月有成果，年年有收益。

第五节　经济责任制

一、经济责任制的体系和内容

企业经济责任制体系包括四个组成部分：生产行政指挥系统经济责任制、职能科室经济责任制、基层生产单位经济责任制、岗位经济责任制。

（一）生产行政指挥系统经济责任制

企业生产行政指挥系统一般分为三级：厂部、车间、班组。主要管理权力要集中在厂部，同时车间、班组也具有一定的管理权限和责任；实行统一领导，分级管理，逐级指挥，逐级负责。严格企业生产行政指挥系统经济责任制，是搞好企业内部经济责任制的中心环节。生产行政指挥系统经济责任制具体体现为企业领导干部和车间、班组负责人的经济责任制。

1. 企业领导干部经济责任制

厂长是企业的法人代表，对企业的生产经营和行政管理工作实行统一领导，全权负责，对国家承担全部经济责任。副厂长和总工程师、总经济师、总会计师等厂长助手，负责厂长委派的某一方面的工作，对厂长负全部经济责任。企业领导干部经济责任制的主要项目和内容包括：①经济技术指标，如产品品种、产量、质量、产值、利润、安全生产、"三废"治理等。②主要工作，如计划决策、组织指挥、监督控制、统筹协调等。③奖罚制。企业领导干部经济责任制应做到责任重、标准高、考核严、奖罚明。没有确保经济技术指标完成的，不能得奖；对改善经营管理有成绩者，应给予奖励。

2. 车间主任经济责任制

车间主任是企业车间的负责人，执行厂部下达的生产经营计划，担负着组织指挥生产的直接责任。其经济责任制的主要项目和内容包括：①确保完成经济技术指标，主要有产品品种、产量、质量、产值、利润、车间成本、材料动能消耗、在制品资金定额、职工定员、安全生产等。②履行基本职责，包括：贯彻执行厂部指令，编制车间、班组和机台个人各项指标计划，并及时下达组织实施；建立健全质量保证体系，组织开展QC 小组活动，完成产品质量指标；贯彻设备维修保养制度，制订大、中、小修计划并组织实施，达到设备验收标准；合理安排劳动组合，坚持按定员定额组织生产；贯彻安全生产方针，严格执行操作规程，达到安全生产和文明生产。③做好管理基础工作，包括完善班组、岗位的经济责任制，各项指标落实到人；建立健全各种原始记录和台账；建立健全有关规章制度。

3. 班组长经济责任制

班组长是企业最基层组织的负责人，其基本职责是执行车间作业计划，协调班组内部岗位之间的生产活动，并认真做好原始记录和岗位责任制的考核工作。

对车间主任、班组长的奖罚，也要体现责任重、标准高、考核严的精神，在完成其职责之后，奖励应高于一般职工。

（二）职能科室经济责任制

企业的职能科室，是按照一定专业分工，担负着生产经营的管理业务，对生产起着指导和保证作用，在企业生产经营中发挥着参谋职能、检查监督职能、指导职能和服务职能。职能科室是厂长同车间联系的中间环节，其经济责任制包括五方面内容：

（1）经济技术指标。综合职能科室（计划、生产、财务、技术、劳资等）在经济责任制中分别承担企业的利润、品种、产量、质量、成本、资金、消耗、劳动生产率、合同、新产品试制等指标。保障性职能科室（供应、设备、动力、运输、工具、计量等）在经济责任制中承担生产维修费用、资金占用、物资消耗、设备利用等指标。服务性职能科室（行政、福利、卫生、房产等）在经济责任制中应承担企业的福利基金、行政事业费支出等指标。

（2）基本任务。包括按职责分工，分别负责拟订生产经营活动的组织指挥方案；建立专业管理工作标准、管理流程、信息数据；加强财产财务管理，掌握资金费用收支情况，进行全面经济核算；制定定员、标准、规程、制度、办法，保证企业管理的正常进行；组织全员培训，提高职工技术、业务、文化水平；推广应用现代管理方法，交流技术业务工作经验，提高生产效率和工作质量。

（3）服务与协作要求。一是职能科室要为车间完成任务提供必要的保证条件；二是职能科室之间相互协作；三是职能科室与外部经济组织之间发生的供需关系、信贷关系、协作配套关系和承包关系等经济合同的履行。

（4）管理业务基础工作。一是建立健全各种规章制度，使各项业务管理都有一定规范；二是数据信息管理，制定各种指标、定额、价格、核算等数据体系；三是各项管理业务的数量、质量标准和工作程序。

（5）领导交办工作。对企业领导根据变化情况提出的新任务和临时工作，必须按时、按质、按量完成。

(三) 基层生产单位经济责任制

基层生产单位是指车间、班组。车间经济责任制的要求是把厂部下达的各项经济技术指标和经济利益，层层分解落实到班组、职工个人，使人人都明确对厂部承担的经济责任，保证完成和超额完成厂部下达的各项经济技术指标。对车间经济责任考核的项目和内容包括产品品种、产量、质量、消耗、车间费用、设备完好率、在制品资金、安全生产、文明生产、对外协作任务等。

对班组经济责任制考核的项目和内容主要是车间下达的生产计划和承担的协作任务，一般包括产量、质量、品种、出勤率、消耗、安全生产、文明生产、协作任务等。

在车间、班组的经济责任制中，都必须包括严格、具体的奖惩办法。

(四) 岗位经济责任制

岗位经济责任制是企业经济责任制的基础。它一般包括以下内容：①责任指标，包括产品在该岗位加工时应达到的各项经济技术指标、各种定额、操作要求、工艺数据、应知应全、交接班制度等。②工作标准，包括岗位工作的产品质量标准、材料标准、设备维护标准、安全生产标准、文明生产标准等。③协作要求，即岗位之间互为条件的协作要求。④奖罚规定，将岗位责任、工作标准和协作要求实现的程度，与岗位劳动者个人利益分配挂钩，对失职者进行处理。

二、经济责任制的基本形式

由于行业性质、规模和生产条件各不相同，企业经济责任制不可能有统一的模式，具体形式应是多种多样的。目前应用比较广的基本形式有：

(一) 承包奖励制

承包奖励制具体分为：

(1) 逐级承包。逐级承包是把企业对国家承担的经济责任层层分解包下去，即车间（科室）对企业承包，工段、班组或生产线向车间承包，个人或机台对班组承包，业务组向科室承包。在承包的同时，为了协调横向联系，要在企业内部各单位之间、岗位之间进行互保，并把包保任务同严格的考核结合起来，形成一套"包、保、核"的科学方法。这种承包采用综合承包的形式，即以多项指标综合起来进行承包。一般厂内各生产车间对厂部实行包产量、质量、品种、消耗、安全文明生产和包奖金等指标，具体包哪些指标，应根据车间生产特点来决定。科室承包除了经济技术指标外，还应该有管理业务任务。

(2) 技术攻关承包。为了促进开发新技术、新工艺、新产品科技成果的推广应用，对于正常岗位责任制范围内解决不了的技术关键问题，可以实行技术攻关承包责任制。

(3) 单项指标承包。这是以达到某项指标要求或完成某一项目任务而进行的承包，如节能降耗指标承包、大修承包、利润承包等。

(4) 后勤服务承包。如对食堂可实行营业额承包，对锅炉房、托儿所等实行定员、定责、定标准的承包。

（二）浮动工资制

根据浮动部分占工资、奖金比重的大小，分为三种具体形式：①奖金浮动。基本工资照发，资金随经济效益浮动。②工资、奖金部分浮动。把基本工资的一小部分和奖金加在一起作为浮动工资。③全额浮动。取消基本工资，按照经济效益的高低确定工资总额，按职工劳动的数量和质量进行分配。

（三）岗位工资制

按岗位规定标准工资，凡是达到劳动定额和质量考核标准的，得本人基本工资。如果本人工资低于岗位标准工资，则加发岗位补差。超过定额的，再计发超定额工资；未完成定额的，按落额量扣减本人基本工资。

（四）记分计奖制

企业把产品质量、数量、品种、消耗、产品成本、利润等技术经济指标加以分解，包到车间，车间再分解包到班组和职工个人。每项指标都规定基本分数和奖惩的增减分办法，然后按月记分，根据可分配奖金数计算分值，按分计奖。指标完成得好，得分多，奖金也多；完不成基本指标的，不得奖；有的还要扣减基本工资。

（五）计件工资制

计件工资是按一定质量产品的数量或作业量为单位来计算劳动报酬的形式。工人应得的计件工资＝生产某合格产品的数量×该产品计件单价。实行计件工资的企业，因为取消了综合奖，有的企业便采用了年终分红制，即根据企业全年的经营成果和每个职工的基本成果，从企业基金中提取一部分作为分红基金，年终对职工进行一次性奖励。

（六）结构工资制

结构工资可以由以下几种工资形式组合而成：①基本工资，这是保证员工基本生活需要、维持劳动力再生产的部分。②技能工资，主要反映技术复杂程度、劳动熟练程度和技术能力，是对员工投入所给予的回报。③岗位工资，主要反映劳动的重要程度及岗位责任、劳动条件等因素，是依据工作岗位进行的区分。④职务工资，主要反映干部的水平、能力和责任，是对不同职位管理者进行的区分。⑤绩效工资，主要反映员工的劳动成果与贡献，是对员工产出所给予的回报。⑥工龄工资，是对员工过去积累劳动的报酬。⑦津贴，主要反映随时间、地点、条件变化而引起的劳动消耗的补贴。⑧奖金，是对日常超额劳动的报酬和年终一次性奖励。结构工资制是工资制度发展的方向。

三、企业内部经济责任制的考核标准

推进企业内部经济责任制，必须定期进行考核。考核企业内部经济责任制的效果有六条标准。

(1) 是否完成了企业的各项计划指标和订货合同。在各项指标中，又应该重点考核质量和成本指标，产品质量不能降低，可比产品成本不能提高。
(2) 经济效果是否明显提高。
(3) 是否在保证照章纳税的前提下，兼顾投资者、企业、职工三者利益。
(4) 职工之间的利益分配是否贯彻各尽所能、按劳分配的原则。
(5) 各项规章制度、管理基础工作是否已经建立并健全。
(6) 是否遵守国家的各项法律、政策规定。

对车间、科室、班组、岗位和职工个人的经济责任的效果的考核，应根据上述六条标准并结合具体情况细化后进行考核工作。

四、经济责任制的基础工作

实行企业内部经济责任制，是规范企业内部治理的重要改革。为了保证内部经济责任制的正常运行并达到预定目标，必须做好扎实的基础工作。

（一）企业管理基础

在实行经济责任制的时候，要进一步健全企业管理基础工作，并根据经济责任制的要求，重点充实定额、原始记录和计量工作。首先，要查定各种主要定额。定额是核算考核的依据，没有健全的定额，经济责任制是无法实行的。查定定额的主要内容，一是检查是否所有应该制定定额的都有了定额。如有缺门短线，应配合有关部门补齐。二是审定原有定额是否适应企业的生产技术组织条件，是否有畸高畸低现象。使用陈旧不准的定额，将会严重影响经济责任考核工作。很多企业都根据经济责任制的要求，对机器设备及生产能力利用定额、物资消耗定额、劳动定额和流动资金定额等进行一次全面审查和修改。

原始记录要进一步完善和充实。企业生产经营活动的所有环节，都必须有及时、完整、准确的原始记录，不全的要求补齐。原始记录的内容要满足经济核算的需要，项目不全、口径不一的，要在保证计划管理需要的前提下，做相应的修改和补充。

计量工作要进一步改进。计量器具要齐全、准确，并要完善相应的计量工作制度。很多企业为了进一步分清各核算单位的经济责任，都相应地调整了水、气、电管线，增添了计量仪表，按表结算消耗和成本费用。

（二）清产核资

实行经济责任制，必须对企业各环节的全部劳动资料、劳动对象以及其他资金，做彻底的清查核算与重新估价的工作。要在财产清查的基础上，根据生产任务的需要，重新落实各单位的财产占有数量，核定其资金定额。这是实行经济责任制的基本基础。只有这样，才能严格分清各单位的经济责任，准确核算经济效果，切实考核生产经营活动的工作质量。

核资的重点是流动资金。一是核定储备资金，主要是包括原料及主要材料、辅助材料、燃料、包装物、修理用备件和低值易耗品等物资占用的资金。二是核定生产资金，包括基本生产车间和辅助生产车间的在制品、半成品和待摊费用所占用的资金。三是核定成品资金定额，是指产品已完成生产过程并验收入库，直至销售收回货款或取得结算货款为止这一阶段所占用的资金，包括自制产品和外购商品所占用的资金。物资供应部门、各生产车间和产品销售部门，应当分别核算其资金定额。

（三）厂内价格

为了使企业内部各单位之间的经济往来都能够准确计价结算，必须建立厂内计划价格。厂内计划价格要集中由企业财务部门制定和修改，并保持相对稳定。厂内计划价格包括：

（1）原材料、辅助材料、低值易耗品、外购配套件、修理用备件等的厂内计划价格。一般根据采购价格加上合理的运杂费和厂内仓储费用来规定厂内价格。

（2）半成品和产成品的厂内计划价格。对于只考核车间成本的，半成品价格按各车间的计划成本来定价；对于考核车间利润指标的，半成品价格按车间计划成本加计划利润来确定。产成品的厂内计划价格一般用计划成本加计划利润来确定。

（3）劳务的厂内计划价格。主要是辅助生产部门的电力、蒸气、压缩空气以及机修、运输的厂内计划价格，原则上根据计划成本加或不加内部利润来定价。一般要求厂内计划价格要低于社会上同类劳务的价格，以免产生本厂有关单位到社会上购买劳务的情况发生，充分发挥本厂辅助部门的作用。

（四）各项有关制度

实行企业内部经济责任制，必须建立健全有关经济责任制的各项制度。主要有以下几个方面的制度：①财务管理制度，包括预算、决算制度，会计制度，成本核算制度，现金管理制度，财务责任和财务纪律。②统计制度，包括生产经营日报表、旬报表等数据资料统计报表。③材料、工具管理制度，包括采购制度、保管领发制度、盘点制度、工具修理和报废制度等。④在制品转拨、成品入库及其盘点制度，包括在制品转拨、报废制度，半成品转拨报废制度，成品入库交接制度，定期清查盘点制度等。⑤工资及奖励制度，要有与经济责任制相适应的工资奖励制度，保证职工劳动成果与物质利益挂钩，保证起到奖勤罚懒的作用。

【复习思考题】

1. 企业经济核算有什么意义？
2. 企业经济核算要做好哪些基础工作？
3. 车间经济核算有哪些内容和指标？
4. 班组经济核算要具备哪些条件？
5. 什么是企业三级核算体系？
6. 企业经济核算有哪些业务类别？
7. 企业经济核算的核算方法是什么？
8. 经济活动分析包括哪些主要内容？
9. 经济活动分析有哪些具体形式？

10. 经济活动分析的基本程序是什么？
11. 什么叫产品成本？产品成本有什么作用？
12. 车间成本主要由哪些项目构成？
13. 怎样搞好车间成本控制？
14. 企业内部经济责任制体系包括哪些组成部分？
15. 车间主任经济责任制有哪些主要内容？
16. 车间经济责任制考核的项目和内容是什么？
17. 岗位经济责任制有哪些主要内容？
18. 企业承包奖励制有哪些具体形式？
19. 企业内部经济责任制的考核标准是什么？
20. 企业经济责任制的基础工作有哪些？

第十二章　车间思想政治工作与企业文化建设

加强和改进思想政治工作，是我党我国的优良传统，也是企业管理工作的重要内容。它对于凝聚和鼓舞人心，充分调动广大职工的工作积极性，增强大局意识、责任意识和主人翁意识，促进企业改革和发展，都具有十分重要的作用。进入社会主义市场经济新时期和科学技术迅速发展的新时代，社会利益关系日趋多样化，新情况、新问题层出不穷。我们必须在总结和改进思想政治工作经验的基础上，加强企业文化建设，坚持以人为本原则，强化职工主体意识，发挥企业职工的主人翁作用，为我国现代化建设事业贡献更大的力量。

第一节　企业思想政治工作的任务和基本内容

一、思想政治工作的地位和作用

人为万物之灵，能思维，有思想，思想支配着人的一切。各种不同的思想支配着各种不同的行为。因此，企业管理首先是对人的管理，对人的思想的管理。谁管住了人的思想，掌握了人心，谁就真正取得了领导权。无论是企业管理还是车间管理，都必须把职工的思想政治工作放在首要地位，一点也不能忽视。思想政治工作关系到职工能不能树立起主人翁意识，有没有兴趣发挥自己的才能，能不能创造性地使用和利用物质技术，愿不愿意约束自己的行为，服从统一指挥，乐不乐意自觉遵守和维护规章制度，为企业多做贡献，是直接决定着企业兴衰成败、生死存亡的根本性问题。

二、企业思想政治工作的任务

企业思想政治工作的目的，是把全体职工培育成有理想、有道德、有文化、守纪律的全面发展的一代新人，形成一支思想好、作风硬、技术精的职工队伍，出色地完成企业、车间的生产经营任务。

企业思想政治工作的根本任务，是通过对企业全体职工进行共产主义思想体系的教育，提高他们对本阶级所处的历史地位和历史责任的正确认识，增强他们认识世界和改造世界的能力，树立主人翁的思想意识。为实现这一根本任务，还要通过一系列的具体任务来保证。企业思想政治工作的具体任务有以下三个方面：

（1）通过思想政治工作，使企业职工对党和国家的路线、方针、政策有正确的理解，在思想上、政治上、经济利益上摆正国家、企业、职工个人的关系。

（2）加强职工队伍建设，提高职工队伍的思想政治素质，使职工成为有理想、有道德、有文化、守纪律的劳动者。

（3）通过企业文化建设，增强职工主人翁的责任感，以主人翁的姿态积极主动地完成企业生产经营任务。

三、企业思想政治工作的基本内容

企业思想政治工作的基本内容，大体上可以分为两大部分：一是系统的思想政治教育；二是日常的思想政治工作。

（一）系统的思想政治教育

系统的思想政治教育是为从根本上提高职工的思想政治觉悟，使职工树立起社会主义和共产主义的伟大理想。主要有以下内容：

（1）爱国主义教育。爱国主义是每个公民必须具有的神圣职责。通过爱国主义教育，增强广大职工的民族自尊心和自豪感，爱祖国、爱人民，热爱领导人民翻身解放、振兴国家的中国共产党，激励企业职工勤劳奋斗的爱国之情、改变祖国落后面貌的建国之责，致力于振兴中华，搞好现代化建设。

（2）集体主义教育。集体主义集中体现了无产阶级大公无私的优秀品质和团结奋斗的合作精神。通过集体主义教育，使职工具有全心全意为人民服务的思想，正确处理好国家、集体和职工个人三者之间的利益关系，坚持国家利益和集体利益高于职工个人利益的正确思想，以个人利益服从国家和集体利益，努力为国家建设和企业发展贡献力量。

（3）共产主义道德教育。道德是人们之间以及个人与社会之间的关系和行为规范的总和。社会主义社会要提倡先进的共产主义道德思想，要求职工勤恳地劳动，在劳动中讲究团结互助，遵守劳动纪律，爱护公共财物，发扬艰苦奋斗的精神，以及正确对待恋爱、婚姻和家庭问题等等。发扬共产主义道德思想，将直接有助于社会主义经济基础的巩固以及生产力的发展。但是，先进的道德思想并不是自发形成的。在企业的思想政治教育工作中，必须采取各种有效措施，清除旧道德思想的影响，通过宣传、教育等方式，经常地、持久地培养和提高企业全体职工的共产主义道德品质。

（4）法制思想的教育。社会主义市场经济就是法制经济，为使企业广大职工能够适应市场经济发展的要求，必须进行法制教育，增强职工的法制观念，树立守法为荣、违法可耻的新风尚。社会主义法制是保持企业正常生产秩序的重要手段，也是正确处理国家、企业和职工个人之间，以及职工之间的内部矛盾，维护纪律，增强团结，调动职工积极性的保证。要组织职工学习民法、刑法、刑事诉讼法、治安管理处罚法和有关经济方面的法律知识，以保证社会主义法制的贯彻和实现。

（5）科学思想的教育。我们要进行科学无神论的教育，同时也要依法保护人民群众宗教信仰自由的权利。要通过思想政治教育，理直气壮地讲唯物论、无神论和辩证法，用科学的世界观、人生观、价值观武装企业职工的头脑，以全面实施科教兴国、科技兴企的战略，大力推进社会主义现代化建设。

（二）日常的思想政治教育

这是根据社会经济发展不同时期和不同形势的要求，针对职工现实思想认识问题进行的日常教育。主要内容有：①国内、国际形势教育；②党和政府的方针政策教育；③厂规厂纪教育；④配合企业生产经营中心工作的宣传动员教育；⑤先进模范人物事迹教育；⑥根据职工思想情况而进行的个别教育。

思想政治工作除了以上基本内容之外，还要结合职工绝大部分时间在车间、班组生产第一线劳动、学习和生活的特点，更具体地抓好车间的思想政治工作。车间的思想政治工作主要围绕着"三讲"去进行：

（1）讲现实。围绕车间的生产经营活动，做好统一思想的工作。车间在每开展一项生产经营活动之前，必须进行思想摸底，层层动员，消除各种思想障碍，统一思想认识，使大家都明确为什么要干这件事、干好这件事的效果是什么。同时要有针对性地解决好每个职工一个时期的特殊思想问题。使广大职工能消气、明理、顺气，上下齐心协力，步调一致，出色地完成生产经营任务。

（2）讲目标。从车间高标准目标要求出发，做好激励思想的工作。面对一轮又一轮的甚至更加繁重的生产经营任务，车间必须激励起每个职工迎难而上、奋发向上的精神，像体育运动员争冠夺魁那样，最大限度地激发劳动热情，挖掘人力资源，夺取生产经营的优异成果。激励思想的工作要采取多种形式，有物质的、有精神的，其中更有效、最普遍的办法就是开展劳动竞赛，使车间形成一种比、学、赶、超的生动活泼的场面，推进车间生产经营从胜利走向新的胜利，实现一个又一个新的目标。

（3）讲远景。从车间、企业的长远利益出发，做好思想教育工作。车间要向职工讲企业、车间的远景和发展规划，讲车间、企业的长远利益，讲职工将从企业、车间长远发展中获得的成就和利益，这不仅能鼓舞广大职工努力奋斗的信心和决心，而且能培养职工对企业的归属感，为企业的发展和个人的前途努力奋斗。

企业的思想政治工作，就是要科学地把日常的思想教育工作和系统的思想政治教育结合起来，培养职工崇高的思想、高尚的情操、良好的工作作风、强烈的集体荣誉感及主人翁的劳动态度，这是关系到企业兴旺发达的根本问题，是企业管理工作的首要问题。

四、切实改进企业思想政治工作

我国实行改革开放，从计划经济转变为市场经济，目前正处在一个政治、经济、文化全面而深刻的伟大变革时期。社会主义民主政治建设的推进、对外开放中各种思想文化的交流和人们思想的空前活跃，要求思想政治工作必须采取群众乐于接受的新的内容和方式方法，使思想政治工作与经济体制改革、政治体制改革相适应。因此，要切实加强和改进企业的思想政治工作。

（1）思想政治工作要密切联系实际。思想政治与现实生活不能脱节。在改革开放和新旧体制转换过程中，广大职工特别需要寻求对各种新问题的答案和思路，诸如怎样认识现代资本主义，怎样理解社会主义，怎样认识人生的价值、个人的前途等。思想政治工作不能再用从概念到概念的抽象说教来解决职工中的各种思想认识问题，而要用生动活泼的事例，理论联系实际地进行分析，去解答现实生活中人们关心的各种问题。这就要求思想政治工作者要花大力气，下苦功夫，深入实际，钻研理论，用马克思主义的立场、观点和方法，做好思想政治工作。

（2）要把尊重人、理解人、关心人、爱护人作为思想政治工作的首要原则。思想政治工作要从过去"抓辫子""扣帽子"，转变到以服务、引导、帮助为侧重点上来。要在挖掘、调动人的积极性和主动性上多下功夫。尊重人、关心人当然并不是意味着对错误的思想和不合理的要求做无原则的迁就和迎合，而是在坚持正确的原则和指出某些要求不合理的同时，仍然要以尊重、理解、关心和爱护的态度去耐心地加以说明和引导。

（3）要以平等的姿态开展思想政治教育。要改变思想政治工作只是少数人向多数人简单说教、单向灌输的旧模式，建立领导者与被领导者双向交流、职工群众之间横向交流的讨论型的新模式。这就是说，领导者和被领导者既是思想政治工作的主体，又是思想政治工作的对象，既是教育者，又是受教育者，将心比心，设身处地，在讨论交流中提高思想认识，解决思想问题。

（4）建立新的思想政治工作领导体制。在过去的工业企业中，厂长抓生产，党委书记抓政工，结果出现"两张皮"现象，企业工作互相扯皮，思想政治工作与生产经营脱节，甚至产生矛盾。现在《工业企业法》明确规定，企业生产经营和思想政治工作都由厂长统一领导，厂长对企业的精神文明建设和物质文明建设全面负责，企业党委要起保证和监督作用。这样将"两张皮"合为"一张皮"，从根本上消除了企业管理工作互相扯皮的现象，有利于使思想政治工作更紧密、更有效地服务于企业的生产经营管理工作。这就要求企业各级领导干部、管理人员，特别是思想政治工作者，必须深入企业生产经营现场做调查研究，掌握职工的现实思想动态，将思想政治工作愈做愈细和科学化。同时也要学习一些管理心理学、行为科学和社会学等方面的科学知识，适当运用这些行之有效的知识和方法做思想政治工作，才能有效地解决职工的思想问题，更好地调动职工的积极性和发挥他们的聪明才智。

总而言之，在市场经济条件下，加强和改进思想政治工作，要努力探索新方式、新方法。要坚持系统的思想政治教育与日常思想政治工作相结合，进一步加强理想信念教育，弘扬以爱国主义为核心的民族精神和以改革创新为核心的时代精神，弘扬集体主义、社会主义思想，使全体职工始终保持昂扬向上的精神状态。要坚持思想政治工作统一领导，齐抓共管，思想政治工作为生产经营服务，进一步抓好职工的职业道德建设，在全体职工中倡导爱国守法、明礼诚信、团结友善、艰苦奋斗、勤俭自强、敬业奉献的基本道德规范，反对拜金主义、享乐主义、极端个人主义，消除封建主义残余影响，抵御资本主义腐朽思想文化的侵蚀。要坚持以人为本，实事求是，有针对性地解决不同职工的思想问题，既要鼓励先进又要照顾多数，既要统一思想又要尊重差异，既要解决思想问题又要解决实际问题。要加强企业文化建设，塑造崇高的企业价值观，弘扬优秀的企业精神，从职工的思想深处激发出生产经营的积极性、主动性和创造性。要广泛开展群众性精神文明创建活动，积极发展健康向上、各具特色的群众文化，寓教于乐，让职工在宽松、愉悦、顺心的环境中增加见识，提高觉悟，勤奋工作。

第二节　企业文化与思想政治工作的异同

一、企业文化的概念和作用

企业文化是指在一定的社会大文化环境影响下，经过企业领导倡导和员工长期实践所形成的具有本企业特色的、为企业成员普遍遵守和奉行的一套行为方式，体现为企业价值观念、经营理念和行为规范，也就是企业的意识形态。企业文化在层次结构上包括物质文化、行为文化、制度文化和精神文化。精神文化在整个企业文化体系中处于核心地位，是制度文化、行为文化、物质文化之源。精神文化是指企业在生产经营过程中，受一定的社会环境氛围、时代精神以及企业发展战略等影响所形成的文化观念和精神成果，是体现企业经营理念的一种理念文化，包括企业价值观以及与之相关的企业使命、企业哲学、企业精神、企业宗旨、企业道德、企业作风等，是核心层的企业文化。狭义的企业文化主要是指精神文化。企业文化的构成要素包括企业环境、价值观念、经营理念、英雄模范人物、典礼仪式、文化网络等。其中，价值观念是企业文化的核心和灵魂，是一个企业在追求经营成功的过程中，对生产经营和目标追求以及自身行为的根本看法和评价，是企业内部成员对某个事件或某种行为好与坏、善与恶、正确与错误等一致的认识和判断标准。

企业文化的作用体现在其各项功能所发挥的作用：一是"塑造人"的作用。企业文化能够培养企业所需要的人。具体地说，企业文化可以使企业成员学到进行生产经营及管理的知识、经验，使人树立崇高的理想，培养人的高尚道德，锻炼人的意志，净化人的心灵，学到为人处事的艺术，从而提高了人的能力，有助于职工的全面发展。二是导向作用。企业文化能够对企业整体和企业每个成员的价值取向和行为取向起导向作用，使之符合企业的目标。三是凝聚作用。企业文化能够使得企业全体成员形成共同的理想追求和价值观念，并团结在一起为之奋斗。四是激励作用。企业文化能够激发和提高企业成员的积极性，并使之为企业的事业而自愿奉献。五是约束作用。企业文化能够对企业经营管理行为和企业每个成员的思想行为起约束、规范以及协调作用，使之符合企业的要求。六是辐射作用。企业文化能够通过企业形象和企业人员对外交往，对企业外界和社会产生一定的影响作用。七是效益作用。现代企业文化强调以人为本和崇高的社会目标，并非刻意追求企业的最大利润。但是企业文化可以通过上述功能的充分发挥，使企业取得最好的效益，在激烈的市场竞争中立于不败之地。

二、企业文化与思想政治工作的相同点

（1）指导思想的共同性。我国的企业文化和企业思想政治工作的基本指导思想都是以马克思主义、毛泽东思想、邓小平理论为指导思想，都必须坚持为实现国家的新世纪宏伟蓝图服务，为企业的改革和发展服务。

（2）形成和发展的实践性。企业文化和企业思想政治工作都是同企业经营管理实践紧密相连的，都必须在正确理论原则指导下，对企业产品生产、市场营销、行政管理实践进行科学的概括和总结，再把得出的规律性的经验用于实践，在实践中检验、巩固、完善与发展。

（3）作用的能动性。企业文化和企业思想政治工作都对提高企业职工的素质，调动企业职工的积极性，保证企业正确的经营方向，协调企业内部的人际关系，规范企业职工的行为，有着重要的能动作用。

（4）环境的依赖性。企业文化和企业思想政治工作的内容、形式和方法，都受到社会环境和企业内部环境的影响和制约。我国计划经济时期和当今市场经济条件下的企业文化与思想政治工作是明显不同的。

三、企业文化与思想政治工作的不同点

（1）涵盖范围不同。企业文化的外延大于企业思想政治工作。企业文化是社会化商品生产流通和现代企业管理发展的产物，而企业思想政治工作是党领导下的政治工作。企业文化建设要有企业全体职工共同参与，而企业思想政治工作以政工部门为主体，企业职工是政治工作的对象。

（2）地位与作用程度不同。企业文化是精神文明建设，起营造、凝聚、激励和协调作用，企业思想政治工作在企业文化建设中处于核心地位，起方向性、规定性作用。企业文化对传统文化和外来文化接受量大，企业思想政治工作仅接受符合本阶级利益的内容。

（3）工作方式不同。企业文化的方式丰富多彩，方法多种多样，依靠企业所有部门齐抓共管，而企业思想政治工作主要由政工机关和党政部门开展工作，方式方法也有一定局限性。

四、企业文化与思想政治工作的相互作用

企业文化与企业思想政治工作有许多相同点，也存在不同点，但是它们都是在企业管理工作中做人的工作，可以相互促进、相互补充和完善。

1. 发展企业文化是加强和改善思想政治工作的重要途径

（1）通过企业文化建设，实现企业思想政治工作与企业经营管理活动的有效结合。企业文化与企业经营管理活动具有天然的亲和力，能有效地克服单纯的思想政治工作与经营管理活动分离的"两张皮"现象，使融合在企业文化中的思想政治工作与企业经营管理紧密地结合在一起。

（2）通过企业文化建设，促进思想政治工作方法创新。企业文化建设活动丰富多彩、生动活泼，为加强和改善企业思想政治工作提出了新的工作方式和方法。

（3）通过企业文化建设，促进企业思想政治干部队伍素质的提高。企业文化建设活动对企业管理干部，特别是对政工干部提出了更高更全面的素质要求，包括文化素质、技能素质、思想素质和文才、口才及活动能力等，并在企业文化建设实践中不断锻炼提高政工干部的上述素质和能力。丰富多彩、生动活泼的企业文化活动，也使思想政

治工作寓教于乐,摆脱了教条主义、形式主义、事务主义和生搬硬套等束缚。

(4) 通过企业文化建设,提高思想政治工作效果。随着企业文化建设的深入发展,企业在价值观念、道德规范、形象塑造的过程中,提高企业的整体素质,增强职工的主人翁责任感和事业心,激发广大职工工作的积极性、主动性和创造性,形成尊重知识、尊重人才、尊重实践、务实进取、奋发创新的良好风气,而这些也正是企业思想政治工作者苦苦追求而不易得的工作效果。

2. 加强思想政治工作,促进企业文化建设

(1) 加强思想政治工作,保证了企业文化建设的社会主义方向。企业文化作为社会主义商品生产流通企业的意识形态,客观上存在着社会性质的问题。社会主义企业文化与资本主义企业文化尽管存在着相互融通和吸收因素,但其阶级属性不能抹杀。通过企业思想政治工作,贯彻执行党的路线、方针、政策,可以保证企业文化建设的社会主义方向。

(2) 加强思想政治工作,增强企业文化建设和发展的动力。通过思想政治工作,使企业职工树立科学的世界观和方法论,提高认识世界、适应环境和改造环境的能力;激发职工的劳动热情和工作积极性,全面完成各项任务,实现企业目标;深入改革开放,促进企业文化建设。

(3) 加强思想政治工作,为促进企业文化建设与发展提供基础、保证和有力手段。通过对思想政治工作的加强和改进,既提高政工队伍的素质,又有的放矢地做好职工思想政治工作,优化思想政治工作的客观环境,恰当选择思想政治工作的载体(方针、原则、方式、方法、工作过程等),推动企业文化建设。

第三节 加强企业文化建设

一、企业文化建设的迫切需要

企业文化是人类文化、民族文化发展的崭新阶段,是当今社会市场竞争的结果。人类文化先后经历了渔猎文化、农耕文化、商业文化等阶段,而企业文化则是商业文化的一部分,是商品经济高度发展的工业社会特有的社会文化现象。可以说,有企业和企业管理存在,就有企业文化存在。但是,一般的企业文化属于自然生成的企业文化,真正把企业文化当作一门科学来对待,刻意地受到人们专门研究和企业高度重视并运用于企业管理实践,则是 20 世纪 80 年代以后的事情。

企业文化研究热潮始于 20 世纪 80 年代,源于日本经济迅速发展对美国的挑战,形成于总结企业文化推动日本经济腾飞的经验。企业文化理论坚持以人为本原则,不仅把人看成社会人,而且看成文化人、企业主人,注意从理论的高度和思想的深处调动人的情感和创造性,弥补了科学管理理论、人际关系理论、行为科学理论等的不足,为管理科学注入了新的生命要素,提高到一个新的高度。企业文化理论的主要贡献在于实现了组织目标与个人目标的统一、工作与生活的统一、管理与被管理的统一、约束与自由的统一、物质奖励与精神鼓励的统一、硬性管理与软性管理的统一,开辟了企业管理科学化的新途径。

我国悠久的民族传统文化和优越的社会主义制度为企业文化的产生和发展奠定了思想基础,随着我国民族工商业的发展,企业文化的一些思想观念已经融入企业的经营管理中。改革开放以来,随着社会主义市场经济的建立和发展,企业文化有了新的发展和新的需求。20 世纪 90 年代是我国企业文化研究和应用的最活跃时期。目前企业文化已广泛应用于我国的企业管理,成为推动我国近十几年来经济腾飞和中华崛起的强大原动力。目前,我国企业文化研究和建设的必要性,主要来自四个方面的迫切需要:

一是企业发展的内在需要。随着市场经济的发展和人民群众物质生产水平的提高,那种以物质激励为手段的企业管理模式的作用大大减弱了。因为社会需求和个人需求已不能完全用物质范畴来覆盖,人们的文化需求、精神需求越来越多,必须依赖文化力的管理模式,才能使企业具有活力,充分调动职工的积极性,以适应市场的需求。

二是消费者的文化需求。随着市场提供的商品数量、品种的增多以及买方市场的形成,消费者对商品的选择越来越挑剔,不仅要求商品适用,质量好,价钱便宜,而且在选购商品时附加了许多文化方面的要求,如受到尊重、有良好的售中服务和售后服务等。企业及其营销人员如果缺乏文化素养,就根本无法满足消费者的需求,也就很难在市场竞争中立足。

三是市场竞争的需求。企业文化热的兴起是市场激烈竞争的必然结果,企业文化的建设是市场激烈竞争的需要。中国文化的主要观念与企业文化以人为本的观念正相吻合。一旦市场经济的竞争机制与中华传统文化的核心精髓相结合而形成鲜活的企业文化,必然激发中国企业的活力和生机,增强企业竞争能力,使我国的市场经济在一个较高的起点上向前发展。

四是社会主义精神文明建设的需要。建设社会主义市场经济需要两个文明一起抓,既要抓好物质文明建设,又要抓好精神文明建设。加强企业文化建设,通过讲究经营之道,培养企业精神,塑造企业形象,优化企业内外环境,使企业的经营发展坚持社会主义方向。企业文化的发展对社会有很大的辐射作用,对全社会的精神文明建设也必然产生积极的影响。

二、企业文化建设的基本内容

企业文化建设要有基本条件:一是通过经济体制改革,企业成为自主经营、自负盈亏的经济实体;二是经过改革开放,企业处于竞争的商品市场环境之中;三是要以科学和民主的新文化作为企业文化产生的文化背景;四是企业管理者和职工有较好的文化素质。只有具备了上述基本条件,才谈得上开展企业文化建设。

企业文化建设总的来说要解决两大问题,即建设什么样的企业文化和怎样建设企业文化,前一个问题就是企业文化模式及其内容的问题。模式,是指某种事物的标准形式。企业文化模式,就是指企业在发展过程中所形成的基本价值观念体系和标准形式,它反映企业整体文化的特征和一般精神状态。企业文化不是建设出来的,但又是需要总结、培养、建设的。企业文化是发展形成的,在发展过程中需要总结、培养和建设,因此又叫企业文化建设。

我国企业文化目标模式的选择要依据社会主义市场经济体制的基础和经济运行规律以及人们心理活动规律,依据社会主义道德原则和政治理论原则,依据中华民族优秀文化传统和中国国情以及本企业特点。根据上述条件和依据,我国企业文化建设目标模式应包括以下基本内容:

(1) 以主人翁意识为核心的人本精神。强调人是企业的主体与根本,企业管理要以人为中心,坚持人的因素第一。要求企业尊重职工的人格,尊重职工的劳动,保障职工的一切合法权利,关心职工的物质利益,关心职工的疾苦,解决职工的困难,让职工参与本企业管理,对职工进行教育和培训,促进其全面发展,充分调动职工的积极性、主动性和创造性。

(2) 以集体主义为核心的团结友爱、互相协作精神。要求企业形成崇尚的集体主义文化氛围,职工热爱自己的企业和集体,关心企业的前途和命运,具有强烈的集体责任感和荣誉感,争为企业做贡献,正确对待国家、集体与个人的利益关系。企业在对有突出贡献的职工给予奖励的同时,其激励的对象主要针对集体,使职工能从集体劳动成果和荣誉中得到心理的满足和精神动力。

(3) 以勤劳俭朴、艰苦奋斗为核心的创业精神。艰苦奋斗是中华民族自尊、自信、自强精神的反映,勤劳俭朴是中国人民的传统美德。我国是一个人口大国,在现代化建设中不可能依赖外国,必须立足在自力更生的基础上,永远发扬勤劳俭朴、艰苦奋斗的创业精神。要求企业职工具有强烈的危机感和振兴意识,具有不怕苦、不怕累,忘我工作,勇于拼搏和奉献的精神和行为;企业要树立勤俭节约光荣、铺张浪费可耻的风尚。职工要在企业经营管理活动中努力挖掘潜力,精打细算,节能降耗,降低成本;企业领导者要为政清廉,勇于吃苦,带头艰苦奋斗。

(4) 以与时俱进、勇于竞争、开拓进取意识为核心的创新精神。一是企业整体的创新精神,以经营观念的创新推动生产经营活动各方面工作创新;二是改革创新成为企业职工的主导意识,形成一整套鼓励职工改革创新的奖励制度,发挥每个职工的积极性、创造性和聪明才智,提合理化建议,大力开展革新改造和增产节约活动,创新成为企业的新风尚。

(5) 体现从实际情况出发、实事求是的求实精神。要求企业发展战略和经营目标建立在科学、先进、可行的基础上,生产经营注重实效,企业活动求实成风,企业职工脚踏实地地工作,企业成员能够以实事求是的态度对待改革和发展,正确看待工作追求和物质利益,人际关系明朗化和实在化,同事之间、职工之间敢于实事求是地提意见、批评和建议,畅所欲言,心情舒畅。

(6) 顾客至上、用户第一的服务精神。全心全意为人民服务是我们一切机关、团体、企业、事业单位及其工作人员的根本宗旨,体现在企业的生产经营中就是一切以顾客为中心、用户第一的服务宗旨。要求企业依法生产经营,一切为了顾客的需求、安全、卫生和消费满足;要正确处理企业与消费者的利益关系,依法维护消费者的合法权益,企业职工应普遍具有强烈的顾客意识和服务意识,并落实到其生产经营管理和服务行为中,诚心诚意地为顾客服务。

（7）以现代时效观为核心的追求卓越的精神。在社会化大生产、大流通、大竞争和市场经济不断发展的条件下，时间就是金钱，效率就是生命，失去时间就等于失去财富，失去效率就是缩短生命，不追求卓越就意味着甘居人后、接受淘汰。要求企业职工要有强烈的时效意识，紧张而有效地工作；对职工的工作要严要求，节奏快，少拖拉；企业能够运用先进科技设备和先进管理方法，以不断提高办事效率和管理质量；企业要树立争先进、争上游、争冒尖的新风尚，建立按照劳动的效率、效益进行利益分配的新机制，形成讲求时效、追求卓越的企业文化氛围。

企业文化建设是一个过程。企业文化建设模式内容的确定及文化纲领的起草意味着开端，更重要的在于使企业文化落地生根、开花结果，而不仅仅是拿出一个时髦的文本炫耀一番而已。企业文化建设就是要把企业文化渗透到制度建设、流程建设和职工的行为规范的过程中去，并把制度建立在心理契约的基础之上，使职工行为从他律走向自律，使企业进入组织管理的最高境界——文化管理。我国在 2005 年年底制定颁发的《中国企业文化建设发展规划纲要》（以下简称《规划纲要》），对未来 15 年（2006—2020 年）企业文化建设提出了具体的要求，即"以人为本，铸造和谐；诚信为基，创新为魂；打造特色，彰显个性；积极引导，逐步推进"。我们要按照《规划纲要》的要求踏踏实实地开展企业文化建设，使企业文化真正源于企业，长于企业，总结提高，落地生根，结出硕果。

企业文化建设的关键要素是作为企业高层领导的企业家与企业家群体，他们必须树立明确的企业理念、使命和核心价值观，有意识地了解和创造企业的核心价值体系，并在此基础上完成企业战略性系统思考，包括企业发展方向、核心能力、关键业务、商业运作模式等。企业高层领导要成为企业文化建设的忠实追随者、布道者、传播者、感召者、激励者。企业文化要由企业高层来讲，通过讲文化、讲战略，迫使高层不断思考这些问题，在整个企业中不断地"布道"，形成浓厚的企业文化氛围。企业文化建设的第二个要素是企业各层管理者要承担企业文化建设的责任：一是共同参与企业文化纲领和核心价值观的制定；二是提炼经验，总结教训，探讨方法，确立准则，行为带动；三是将核心价值观融入制度建设和流程建设之中。在企业里真正接触职工的是中层、基层管理者，所以他们是企业文化的真正推动者。职工更多地要靠舆论导向和氛围带动，开始时要有宣传灌输的强化过程，之后逐步走向自觉贯彻执行，最终内化为思想观念和行为习惯。企业文化建设的第三个要素是循序渐进。第一步是企业文化体系的构建提炼，即挖掘企业优良传统作风，加入时代因素、企业发展要求、职工共同心愿等，经过筛选梳理、精选升华，形成企业文化系列内容。第二步是企业文化的推广与传播，即从外在形象到核心价值观念、经营理念、行为规范、制度建设等各方面表达和传播企业文化。第三步是企业文化资源的共享利用，真正树榜样，入心田，成习惯，变物质，出效益，显辐射，使企业文化真正成为广大职工的思想观念和行为习惯，企业文化真正落地生根，开花结果。

三、坚持以人为本原则

所谓"以人为本"，是指以人为考虑一切问题的根本，尊重人、爱护人、关心人、信任人、激励人、发展人。在企业里,"以人为本"是指把人作为企业管理的根本出发点,把做人的工作、调动人的积极性作为企业文化建设的重要任务。坚持以人为本的企业文化建设主旨,在实际工作中要解决好以下四个问题:

(1) 充分地重视人,把企业管理的重心转移到如何做人的工作上来。在我国企业中,普遍存在着重经营、轻管理的现象。有些管理者虽然对管理工作有所重视,但往往将管理的侧重点放在建制度、定指标、搞奖惩上,忽视了做人的工作。实践证明,在管理中只见物不见人,只重视运用行政手段和经济手段来进行外部强制,不注意发挥人的主观能动性,只把人作为被管理约束的对象,不尊重职工的自我能动意识,最终都会背离管理的预期目的,也不可能增强企业的生机和活力。所以,管理者必须把管理的重点转移到调动职工的积极性、增强职工的主动性和创造性上来。

(2) 正确地看待人,切实处理好管理者与员工之间的关系。围绕企业职工是什么人的问题,西方管理学者经过探索先后提出以下几个假设:"工具人""经济人""社会人""组织人"。这些都是从管理主体怎样去控制、利用管理客体角度来看待职工的。这样,管理的真正民主化,职工的积极性、主动性和创造性的充分发挥是难以实现的。企业文化突破了过去对企业职工的看法,将职工看成是"自我实现的人""文化人""主人",是企业管理和企业文化的主体。企业文化建设必须高度重视企业职工素质的培养与提高,使企业文化的主体真正成为有高度素养的文化人,成为关注自身与社会双重价值的现代企业主人,充分发挥职工的主人翁作用。

(3) 有效地激励人,使人的积极性和聪明才智得到最大限度的发挥。确保职工在企业管理中的主体地位,充分调动职工的工作积极性,将蕴藏在职工中的聪明才智充分地挖掘出来。首先,要进一步完善民主管理制度,保障职工的民主权利,使职工能够广泛地参与企业的各种管理活动。其次,要改变压制型的管理方式,变高度集权的管理为集权与分权相结合的管理,变主要使用行政手段的管理为多为下级提供帮助和服务的管理,变自上而下的层层监督为职工自我监督控制。最后,为职工创造良好的工作环境和发挥个人才能、实现个人抱负的条件,完善人才选拔、晋升、培养制度和激励机制,满足职工物质和精神方面的各种需求。

(4) 全面地关心人和发展人,努力把职工培养成为自由发展的人。一方面,要全面关心人,包括全面关心企业内部各种不同的人和全面关心社会上与本企业有关联的各种各样的人,如顾客、协作者、原材料供应者等;另一方面,大力加强对企业职工的培养和发展,努力把职工培养成为有理想、有道德、有文化、守纪律的社会主义新人以及专业自由发展的各种专门人才。

四、强化企业职工主体意识

实践经验证明,企业职工是否具有积极向上的风貌,能否充分发挥自身的积极性、主动性和创造性,首先取决于职工是否成为企业的主人。职工一旦成为企业的真正主人,成为企业名副其实的主体,就会自觉地将企业目标内化为自己思想行为的规范,企业目标就不再是强加在职工身上的外在的约束和限制,而变为职工发自内心的执着追求和为理想而献身的精神力量。诸如质量意识、创新意识、成本意识等问题不再是某种方式或技术上的问题，其实质是职工的主人翁责任感和义务感，是职工的热情和自豪感，没有这些作为基础的观念，其他一切观念都会成为无源之水、无本之木。

职工参与是增强职工主人翁意识的重要方式，强化企业职工的主体意识即主人翁意识，就必须树立职工的参与意识和实施职工参与活动。职工的主体意识主要包括：

(1) 参与观念。参与观念是职工主体意识的核心。树立参与观念的重要性在于：有利于把企业经营目标转化为职工自觉的行动；有利于发挥企业职工的想象力、创造力，进一步完善企业领导的经营决策；有利于企业所制定的各项合理的规章制度得到广大职工的认同，并使其转化为职工自觉的行动。职工参与观念的培育不是一个自发的过程，因此需要创造一个有利于职工参与的良好环境，建立起使职工能够真正参与的机制和制度。我国宪法以及有关经济体制改革的决定，都明确规定了企业职工参与企业管理的基本形式和基本制度，企业应结合自己的具体情况做出具体的贯彻落实。

(2) 社会责任观念。企业是以自己的产品和劳务服务于社会的。因此，任何一个企业都具有双重效益，即经济效益和社会效益，并且世界各国优秀企业总是把社会效益置于企业经济效益之上。树立社会责任观念的意义在于：能够使企业职工正确处理经济效益与社会效益的关系，避免将企业经济效益放在社会效益之上，甚至为追求金钱而不惜牺牲国家和人民的利益；能够使职工树立起全心全意为人民服务的观念，为社会提供优质产品和优质服务；能够使职工出于对国家和社会的高度负责精神，自觉保护环境、保护资源。

(3) 敬业精神。敬业精神要求职工：热爱本职工作，对工作高度负责；努力完成生产任务，对技术精益求精；严守劳动纪律和各项规章制度，保证安全生产；遵守职业道德，全心全意为顾客服务。我国社会主义建设的各条战线都涌现出许多可歌可敬的英雄模范人物，他们的一个共同特点就是具有高度的敬业精神。

(4) 集体主义观念。企业中的每一个职工都置身于群体环境之中，人与人之间结成相互作用的特定关系。集体主义观念首先来自职工对所属群体的认同感和归属感。持有认同感和归属感的职工，才能热爱自己所属的群体，对群体具有高度的责任心和荣誉感，自觉地协调自己与集体的关系。集体主义观念还来自职工对所属群体内部其他成员的态度。它表现为对群体成员的信任、宽容、热忱和诚挚的基本态度；表现为互相协作、默契配合的自觉意向；表现为创造团结、融洽氛围的强烈愿望。职工的集体主义精神是企业的无价之宝，是企业发展的动力之源。

上述职工主体意识的各种观念当中，参与观念反映的是企业职工对企业的态度；社会责任感观念表明企业职工对国家和社会的态度；敬业精神体现着企业职工对自己所从事的工作的态度；集体主义精神体现的是企业职工对企业内部人际关系的态度。它们由此而构成职工主体意识的一个完整体系，体现出企业职工作为企业主人翁的重大作用，形成企业走向成功的基本条件。

职工参与活动主要是指职工参与企业管理的活动。从现代企业管理的基本特点来看，目前不论是社会主义国家的企业还是西方资本主义国家的企业，都毫无疑问地想方设法动员和组织企业职工参与各种形式的企业管理活动。国内外比较普遍的做法是：①公司董事会或监事会的职工代表制。即在董事会或监事会中设立职工代表董事或监事。参加董事会的职工代表人数不等,少则一人,多则占董事会人数的1/3。工人董事的权利和义务,一般与董事会的其他董事的权利和义务相同。而监事会中职工代表所占比例更大些,监事会由劳资双方代表按人数对等的原则组成。通常由资方代表担任监事会主席,表决票数相等时,主席享有决定性的一票。监事会的职能是掌握政策,监督企业的经营活动,参与企业的重要决策。②工厂管理委员会职工代表制。管理委员会由企业各方面的行政负责人和职工代表组成,职工代表人数可以多达1/2,管理委员会主任由厂长兼任。企业在生产经营管理中的重大问题,要经过工厂管理委员会充分讨论后,再由厂长做出决定。③职工代表大会制。职工代表大会是企业职工行使民主管理权力的机构,其日常工作机构是企业的工会委员会。职工代表大会主要是听取和审议厂长关于企业生产经营方针、规划、计划、方案的报告,提出意见和建议,评议监督企业各级领导干部,提出奖励和任免的建议。④工人集体谈判。过去集体谈判的内容只限于工资和劳动条件问题,现在谈判的范围可扩大到如人事变动、公司投资等有关企业重要决策。

职工参与管理除了在企业一级全面实行外,在车间、班组基层的民主管理有更加具体的形式,如车间一级的职工大会(职代会)制、班级的职工民主会、工人自治小组、工人民主管理员等;工会分会和工会小组则是企业工会委员会的基层组织,分别负责车间职代会和班组民主会的日常工作,具体主持和安排车间、班组的工人民主管理活动,使广大职工在企业各层级确确切切地参与企业管理工作,充分发挥职工作为企业主人翁的作用。

第四节 企业文化落地生根

20世纪末,一场企业文化建设运动在我国企业勃然兴起,文化造势成为这个时期企业发展的特色。尽管企业文化已被我国越来越多的企业所认同,但是企业不同程度的实践,带来了对企业文化不同的理解、定位和效果。企业文化作为一种新的管理手段,许多企业纷纷效仿,企业核心价值观建立起来了,企业形象设计也做了,企业识别系统也完成了,商标、口号、厂歌、厂服等所有在企业文化建设中能用到的手段都用了,但是没有形成预想的企业文化氛围,没有达到预想的效果。究其原因,关键的问题在于企业文化没有落实到基层,没有化为广大员工的实际行动。企业文化不能作为时髦的理念只在天上飘、空中挂,它应当到企业基层广大员工之中落地生根,开花结果。

一、企业文化的关键在执行

企业文化的源头来自企业的传统作风和企业家在经营管理实践中的深层次思考。企业家在思考过程中构建了企业的基本价值观、基本理念和行为准则。它通过一定的方式传达出去,为员工所接受,并在将其贯彻于企业的经营管理制度和经营管理过程中,体现于员工的行为。这就是企业文化的实质。企业文化的建设和弘扬过程,本质上就是企业文化理念复归实践的过程。中国的企业并不缺少伟大的、崇高的经营理念,缺少的是持之以恒的信仰、承诺、追求和脚踏实地的执行。没有执行或执行不到位,这就是问题的关键。

执行企业文化,谁去执行?首先应该是企业领导人带头执行。企业文化悬在空中,飘在天上不着地,主要责任在于企业领导人不能以身作则、身体力行。其次是企业管理阶层,包括车间主任在内的中层干部必须坚决执行,进而率领企业全体员工广泛、深入地贯彻执行。执行企业文化,具体执行什么?执行的不是物质层次和理念层次的企业文化,而是承载了企业文化、战略和机制的规章制度。须知,企业中所有人员流程、战略流程、运营流程、物质流程,都需要机制和制度的支撑和保证。如何保证企业文化的贯彻执行?依赖于企业内部的激励机制和约束机制,依赖于企业健全的规章制度。企业员工不可能人人都认同企业的文化,但通过机制的调节和制度的执行所产生的巨大执行力和影响力,就能坚持不懈地引导和规范员工的行为,并久而久之变成行为习惯,提高素质,使企业文化落地生根,开花结果。

二、软硬兼施实施文化管理

企业文化是以人和人的精神为管理重点,称之为"软"管理、柔性管理,即对无形之物的管理。企业文化管理似虚却实,似无形却有形,说软实硬,说柔却刚。表面上看,企业文化管理的对象是精神、观念等虚的、无形的东西,但这种精神、观念的载体都是有形的、活生生、有情感、有血肉的人。文化管理的性质是柔性的、软的管理,但其管理手段(制度、纪律等)却是刚性的、硬的管理。因此,要处理好虚与实、无形与有形、柔与刚的关系,实行两种管理相结合。一方面,要用文化手段管理文化,坚持以文化引导人、培育人,以提高员工的心智和能力。要运用心理学原理缓解员工的心理压力,培养兼容并蓄的开放性心态和宽容平和的心理素质,形成员工优化的心理结构。要通过知识技能更新培训、生态平衡意识培训、企业文化培训、国际合作意识和精神培训、人际关系培训等,提高员工的知识素质、思想素质和能力素质。另一方面,要用制度、纪律等这种企业文化中看得见、感受到、亲身做的手段,去切实地引导、约束、规范员工的行为,并养成良好习惯和自觉行动,使之符合企业文化建设的目标和要求,使企业文化真正落地生根。企业文化管理的这种就实避虚、软硬兼施、刚柔相济的管理办法,既注重软管理的"内功修炼",使文化管理见人见事,完成两个形象(员工的社会主义新人形象和企业的整体新形象)的塑造,又能硬化管理手段,健全必要的管理制度和纪律,刚化管理目标和考核办法。最终,使企业意志内化为全体员工的共识和行为,外化为企业形象和风格,使企业成为内外双修、形神合一的金刚之躯,增强企业的凝聚力和竞争力。

三、企业文化落地生根的途径和措施

企业文化不能只作为时髦的理念和口号在天上飘、墙上挂,它应当来到作为企业基础的广大员工之中落地生根、开花结果。要在创造良好的文化环境的基础上,通过有效的形式,强化和固化文化理念,使先进的企业理念变成企业员工可执行的规范。

(1)企业文化宣传化。开展多种形式的企业文化舆论宣传,搞好企业文化意识培训,进行各种行之有效的企业文化教育活动。

(2) 企业文化制度化。将企业文化的精神理念落实成各种完善的企业组织制度、责任制度、民主制度和管理制度，用规章制度指导、约束、规范企业和员工的行为。

(3) 企业文化人格化。通过发现典型、树立典型、评选模范、宣传典型和模范人物来塑造企业文化。

(4) 企业文化环境化。人能改造环境，环境也能改造人。从以人为本的企业文化理念出发，为广大员工造就企业的向心环境、顺心环境、放心环境和荣誉感环境，塑造企业所需要的人。

(5) 企业文化激励化。通过各种有效的激励形式、方法和手段，如信念激励、目标激励、支持激励、信任激励、关心激励、竞争激励、参与激励、榜样激励、归属激励、数据激励、精神激励、物质激励等调动员工积极性。

(6) 企业文化示范化。通过企业领导人的以身作则、率先示范和模范人物的模范作用，引导广大员工贯彻执行企业文化。

(7) 企业文化活动化。以各种活动为载体，拓展企业文化。如英模报告会、读书会、经验交流会、文艺晚会、表彰会、运动会、合理化建议评奖会等，使员工潜移默化地接受企业文化，并指导其行为。

(8) 企业文化物质化。以各种物质为载体，将企业文化尤其是企业精神文化物化到企业的物质设施之中，从企业文化建设的观点出发，建设好生产环境工程、福利环境工程和文化环境工程。

(9) 企业文化形象化。开展企业形象识别系统设计和建设，塑造企业形象和品牌，增强企业文化价值及企业竞争能力。

(10) 企业文化礼仪化。包括工作惯例礼仪、生活惯例礼仪、纪念性礼仪、服务性礼仪、交往性礼仪等，都要寓企业文化理念于其中，成为固定的礼仪形式。

四、车间是思想政治工作和企业文化管理的落脚点

车间是企业的基层生产行政管理单位，是企业组织结构中至关重要的生产环节。企业的经营决策，要通过车间具体落实到广大员工中去实施；企业的经济效益，要通过车间精心组织工人去奋斗获得；企业的和谐环境，要通过车间深入细致的工作得以实现。企业离开了生产车间，就不成为企业；企业的经营目标得不到车间广大员工的认同、支持和努力，生产经营必败无疑。因此，企业的一切工作，包括思想政治工作和文化建设，都必须以车间作为落脚点。

立足车间首先要了解车间。当今年代的车间已经不是二三十年前的车间，它不但拥有更为先进的技术设备，而且集中着更高知识文化、更广阔思想视野和更多种类、更高层次需求的生产工人。现代企业中对车间员工的管理，除了需要继续进行更加完善的行之有效的思想政治工作之外，更多的是必须加强车间的文化建设和文化管理，以崇高价值观为核心塑造企业的灵魂和员工的思想，以员工为本改善企业管理和车间管理，以满足员工需求为方针去调动车间生产工人的积极性、能动性和创造性。因此，在管理方式上，既要有思想政治工作的灌输式和启发式，更要善于采用文化管理的诱导式、参与式、培训式、换岗式、娱乐式、考评式等办法措施，当然更要加强制度式的约束、规范

和奖惩,以扎扎实实地进行车间文化建设,使企业文化真正在基层车间,在生产第一线广大员工中落地生根,开花结果,展示出现代企业的新形象和新一代工人阶级的新风采。作为企业的物质基础和思想基础的车间搞好了,广大员工胸怀理想和事业心,积极主动,同心协力,努力奋斗,企业就拥有了强大的原动力和创新力,生产经营必将根深叶茂,繁荣昌盛。

【复习思考题】

1. 企业思想政治工作的根本任务是什么?
2. 企业思想政治工作的基本内容有哪些?
3. 怎样开展车间的思想政治工作?
4. 在市场经济条件下怎样改进思想政治工作?
5. 什么叫企业文化?它有什么重要作用?
6. 企业文化与思想政治工作有哪些相同点和不同点?
7. 企业文化与思想政治工作是怎样发挥相互作用的?
8. 怎样看待我国企业文化建设的必要性?
9. 企业文化建设必须具备哪些基本条件?
10. 我国企业文化建设目标模式应包括哪些基本内容?
11. 在企业文化建设中应怎样坚持以人为本原则?
12. 企业职工的主体意识包括哪些内容?
13. 国内外组织职工参与企业管理有哪些基本形式?

参 考 文 献

[1] 周三多. 生产管理 [M]. 南京：南京大学出版社，1998.
[2] 李卫星. 现代企业生产管理 [M]. 北京：中国商业出版社，1997.
[3] 张仁侠. 现代企业生产管理 [M]. 北京：首都经济贸易大学出版社，2003.
[4] 潘家韶，曹德弼. 现代生产管理学 [M]. 北京：清华大学出版社，2003.
[5] 中国人民大学工企管理教研室. 工业企业生产管理 [M]. 北京：中国人民大学出版社，1985.
[6] 中国工业企业管理教育研究会编写组. 工业企业生产管理 [M]. 北京：中国财政经济出版社，1986.
[7] 鲍学曾. 工业企业管理 [M]. 大连：东北财经大学出版社，2003.
[8] 何业才. 新编现代工业企业管理 [M]. 北京：经济管理出版社，1995.
[9] 徐盛华，陈子慧. 现代企业管理学 [M]. 北京：清华大学出版社，2004.
[10] 杨永华. 最新工厂管理实务 [M]. 深圳：海天出版社，2002.
[11] 牛国良. 现代企业制度 [M]. 北京：北京大学出版社，2002.
[12] 李树华. 企业车间管理·车间业务管理 [M]. 北京：经济管理出版社，1987.
[13] 唐贤信. 企业车间管理·车间主任领导艺术 [M]. 北京：经济管理出版社，1987.
[14] 营云川. 基层干部管理实务 [M]. 广州：广东经济出版社，2003.
[15] 聂云楚. 杰出班组长 [M]. 深圳：海天出版社，2003.
[16] 李飞跃. 如何当好班组长 [M]. 北京：北京大学出版社，2003.
[17] 王玉臣. 工业企业班组管理知识问答 [M]. 北京：工人出版社，1981.
[18] 常言. 班组长工作手册 [M]. 太原：山西科学教育出版社，1987.
[19] 王守安，等. 环境经营 [M]. 北京：企业管理出版社，2002.
[20] 张仁德. 企业文化概论 [M]. 南京：南开大学出版社，2001.
[21] 朱成全. 企业文化概论 [M]. 大连：东北财经大学出版社，2005.
[22] 侯贵松. 企业文化怎样落地 [M]. 北京：中国纺织出版社，2005.